第四届中国轻工业优秀教材二等奖
中国轻工业"十四五"规划教材
高水平高等职业学校和高水平专业群建设工程项目

农产品营销

(第2版)

主　编　刘厚钧　张晓丽

副主编　李翔辉　刘瑞霞　汤中丽

西北工业大学出版社

西安

【内容简介】《农产品营销》(第2版)依据中国式市场营销"生意经"三部曲——"找生意""做生意""管生意",将课程内容分为3个模块:找农产品生意——发现(创造)农产品消费需求、做农产品生意——经营农产品消费需求、管农产品生意——管理农产品消费需求。本书融入了思政元素,突出了农产品网络营销,创建了"制定××农产品公司市场营销方案工学结合团队项目任务化"实践培养模式,体现了职业性、实践性、技能性。

本书可作为职业院校和职业培训教材,也可供相关人员自学使用。

图书在版编目(CIP)数据

农产品营销/刘厚钧,张晓丽主编. —2版. —西安:西北工业大学出版社,2023.7
 ISBN 978-7-5612-8782-8

Ⅰ.①农⋯ Ⅱ.①刘⋯ ②张⋯ Ⅲ.①农产品-市场营销学 Ⅳ.①F762

中国国家版本馆CIP数据核字(2023)第144239号

NONGCHANPIN YINGXIAO
农 产 品 营 销
刘厚钧 张晓丽 主编

责任编辑:杨 睿	策划编辑:孙显章
责任校对:陈 瑶	装帧设计:侣小玲

出版发行:西北工业大学出版社
通信地址:西安市友谊西路127号　　邮编:710072
电　　话:(029)88491757,88493844
网　　址:www.nwpup.com
印 刷 者:兴平博闻印务有限公司
开　　本:787 mm×1 092 mm　　1/16
印　　张:16.75
字　　数:387千字
版　　次:2019年8月第1版　2023年7月第2版　2023年7月第1次印刷
书　　号:ISBN 978-7-5612-8782-8
定　　价:49.50元

如有印装问题请与出版社联系调换

第2版前言

《农产品营销》在荣获第四届中国轻工业优秀教材二等奖,入选中国轻工业"十四五"规划教材后,为了深入贯彻党的二十大精神,我们进行了修订、完善,以期形成新时期农产品营销的特色教材,以全新的面貌展现在广大教师和学生面前。

我国是农产品生产和消费大国,随着消费水平的提高,人们对农产品产业的发展提出了更多的需求和更高的要求。在"互联网+"的新形势下,数字经济蓬勃向前发展,农村经济中的新业态不断融合,包括乡村旅游、乡村电商、乡村物流在内的许多新业态,都呈现出了融合发展的趋势。这些新业态借助于数字平台,实现了渠道融合,也促使农产品销量得到了巨大的提升。农村地区的特色产业发展较快,特色产业营销方式不断创新,为农产品营销带来新局面、新机遇和新发展。本书正是在此环境下对数字经济时代的营销新策略进行了探讨。本书是落实教育部、财政部《关于实施中国特色高水平高职学校和专业建设计划的意见》,打造高水平专业群建设的项目,也是2021年河南省职业教育教学改革研究与实践重点项目"产教融合背景下'双创'导向课程体系构建与实践——以农产品营销与储运专业为例"的成果之一。

在延续《农产品营销》的体例的基础上,本书的创新和特色如下。

1. 课程定位的创新

农产品营销是农产品企业生存和发展的经营之道、生财之道,具有极强的职业性、技能性和实践性。农产品营销课程的培养理念是"把学生培养成能够适应农产品营销岗位工作需要的综合能力的创新型营销合格职业人",要贯彻落实农产品营销课程的培养理念,把传统的营销学知识导向的学科型课程模式,转变为职业教育工作过程导向的技能型课程模式。该课程不是把农产品营销作为一门学科去研究,而是当作一种技能去培养。把传统的作为基础课的"农产品营销"定位为专业核心技能课,进而确定"农产品营销"课程整体设计的内容,包括课程定位、课程培养目标、课程培养内容、培养模式、课堂形式、学生学习角色定位、课程考核和课时安排等,从根本上改变重知识、轻能力,重书本、轻技能,重课堂讲授、轻实践教学的弊端,突出职业教育职业性、开放性和实践性的特点,培养出有用之才,为实现学生"零距离上岗"打下良好基础。

2. 培养内容和培养模式的创新

本书内容的设计打破了传统的市场营销学科理论体系，在总结中国式市场营销的"生意经"三部曲，即"找生意（寻找生意）""做生意（经营生意）""管生意（管理生意）"的基础上，把中国式市场营销"生意经"三部曲与"市场营销"的三个环节，即"发现（创造）消费需求""满足消费需求""管理消费需求"结合起来，设计了3个模块：

（1）找农产品生意——发现（创造）农产品消费需求。

（2）做农产品生意——满足农产品消费需求。

（3）管农产品生意——管理农产品消费需求。

本书完善了思想政治元素，把党的二十大精神融入思想政治教育中，让农产品市场营销课演绎成深刻的"人生大课"，在专业教育课中突出育人价值，让立德树人"润物无声"，为学生启明心智，让课堂主渠道功能实现最大化。

农产品分销策略突出了农产品网络营销模式，具体包括农产品+可视农业、农产品+电商、农产品+网络直播、农产品+网络视频、农产品+众筹、农产品+社群、农产品+认养+互联网。此外，本书还增加了农产品供应链管理和农产品营销策划。

经过多年的教学改革，本书创建了"制定××农产品公司市场营销方案工学结合团队项目任务化"实践培养模式（营销能力目标检测）：改变了传统的由教师依据每章内容主观设计实训内容和方式的做法，以及课后主观设计实训内容和方式，采取课前按照管理岗位工作内容和工作任务整体设计实训内容和方式，与学习内容同步进行；改变了传统实训方式"空对空"（虚）缺乏针对性、实践性的做法，学生对客观存在的、活生生的农产品企业进行分析，变"虚"为"实"；采用团队化运作、项目管理的方式，培养学生的团队意识。因此，培养模式突出了实战性，体现了职业性、实践性、技能性，使学生在真实的农产品营销环境中体验、实践农产品营销活动，有利于学生职业能力和社会能力的培养。

3. 编写方法的创新

（1）开篇增加了绪论，内容为农产品营销课程整体设计。学生第一节课首先学习课程整体设计，解决"为什么学""学什么""如何学"的问题，使学生处于明确、清晰的学习状态。

（2）为了实现培养目标，培养学生市场营销能力。在讲明某个营销策略"是什么"的基础上，重点讲述"如何运用"，即某个营销策略在什么条件下运用、运用的操作程序、运用的方法以及运用中应该注意的问题。

（3）采用项目任务化编写体例。设计10个项目，每个项目前确定项目目标，包括营销知识目标和营销能力目标。每个项目后进行项目检测，包括营销知识目标检测和营销能力目标检测。这样学生更容易理解和掌握农产品营销内容的整体性、逻辑性和统一性。

本书由刘厚钧、张晓丽担任主编，李翔辉、刘瑞霞、汤中丽担任副主编。刘厚钧负责课程的整体设计，编写思路、编写内容、编写方法的规划、设计，以及修改定稿，并创立了"制定××农产品公司市场营销方案"工学结合团队项目任务化实践培养模式。张晓丽参与了教材编写内容的设计与修改。具体编写分工如下：张晓丽编写项目1和项目2；李翔辉编写项目3和项目4；刘瑞霞编写项目5和项目6；汤中丽编写项目7和项目8；刘厚钧编写项目9和项目10。

在编写本书的过程中，参阅了相关文献、资料，在此，谨向其作者深表谢意。

本书可作为职业院校和职业培训教材，也可供相关人员自学参考。

由于水平有限，书中难免会有不足之处，敬请广大读者批评、指正。

刘厚钧

2023年4月8日

第1版前言

"农产品营销"课程是由坐落在中国农产品名城、全国一所以食品类为特色的、荣获"中国十大职业教育品牌"的漯河食品职业学院的农产品营销教学团队,按照"专业共建、课程共担、基地共享、教材共编和师资共训"的模式进行校企合作,改革创新而开发的具有鲜明农产品行业特色的品牌课程。我国是农产品生产和消费的大国,随着人们消费水平的提高,对农产品产业的发展提出了更多的需求和更高的要求。当前,在"互联网+"的新形势下,众多农产品企业已经认识到,"互联网+"带来的既是机遇又是挑战。农产品企业应该顺应"互联网+"思维的潮流,不断变革旧的管理理念与管理方式,才能使农产品企业在互联网的大潮中不断前进。农产品营销理论已成为指导农产品企业创新的有效武器。因此,围绕农产品企业的具体情况开展理论联系实际的教学和研究显得越来越重要。学习农产品营销,培养高素质的农产品营销专业人才,对于迅速提高农产品企业的营销水平具有十分重要的意义。

1. 课程定位的创新

"农产品营销"是农产品企业生存和发展的经营之道、生财之道,具有极强的职业性、技能性和实践性。因此,农产品营销课程的培养理念是"把学生培养成能够适应农产品营销岗位工作需要的有综合能力的创新型营销职业人",要贯彻落实农产品营销课程的培养理念,把传统的营销学知识导向的学科型课程模式,转变为职业教育工作过程导向的技能型课程模式。把传统的作为基础课的"农产品营销"定位为专业核心技能课,进而确定"农产品营销"课程整体设计的内容,包括课程定位、课程培养目标、课程培养内容、培养模式、课堂形式、学生学习角色定位、课程考核以及课时安排等,从根本上改变重知识、轻能力,重书本、轻技能,重课堂讲授、轻实践教学的弊端,突出职业教育职业性、开放性和实践性的特点,培养有用之才,为实现学生"零距离上岗"打下良好基础。

2. 培养内容和培养模式的创新

为了体现职业教育工作过程导向的技能型课程模式,同时考虑到农产品营销知识的整体性、逻辑性和通俗易懂,把农产品营销活动归纳为发现(创造)农产品消费需求和满足农产品消费需求两个环节。以此，课程内容分为两个模块。同时，把中国式市场营销"生意经"的两部曲"找生意"即寻找生意，"做生意"即经营生意，与农产品营销两个环节的内容有机地融合在一起，使学生更容易理解和掌握农产品营销。

经过多年的教学改革，创建了"工学结合团队项目任务化"实践培养模式（营销能力目标检测），改变了传统的由教师依据每章内容主观设计实训内容和方式的做法，以及课后主观设计实训内容和方式，采取课前按照管理岗位工作内容和工作任务整体设计实训内容和方式，与学习内容同步进行；改变了传统实训方式"空对空"（虚）缺乏针对性、实践性的做法。学生针对客观存在的、活生生的农产品企业进行分析，变"虚"为"实"；采用团队化运作、项目管理的方式，培养学生的团队意识。因此，培养模式突出了实战性，体现了职业性、实践性、技能性，使学生在真实的农产品营销环境中体验、实践农产品营销活动，有利于学生职业能力和社会能力的培养。

3. 编写方法的创新

（1）开篇增加了绪论，内容为农产品营销课程整体设计。第一节课首先介绍课程整体设计，解决学生"为什么学""学什么""如何学"的问题，使学生处于"明确""清晰"的学习状态。

（2）采用项目、任务编写体例。设计9个项目，每个项目确定项目目标，包括营销知识目标和营销能力目标，使学生更容易理解和掌握农产品营销内容的整体性、逻辑性和统一性。

（3）本书是与河南三剑客农业股份有限公司校企合作共建的成果。三剑客公司董事长李益民参与了课程开发和教材的编写。

本书由刘厚钧、苏会侠、张晓丽担任主编。李益民、李雁函、谭利清担任副主编。刘厚钧负责教材的整体设计，即编写思路、编写内容、编写方法的规划、设计，及修改定稿。苏会侠、张晓丽参与了教材编写内容的设计与修改。苏会侠编写项目3和项目6；张晓丽编写项目2和项目9；李益民编写项目5；李雁函编写项目7和项目8；谭利清编写项目1和项目4。

编写本书曾参阅了相关文献、资料，在此，谨向其作者深表谢意。

本书可作为职业院校和职业培训的教材，也可供相关人员自学参考。

由于水平有限，书中难免会有不足之处，敬请广大读者批评、指正。

刘厚钧
2018年10月25日

目 录

绪论 ····· 001

第1模块
找农产品生意（寻找生意）——发现（创造）农产品消费需求

项目1 农产品营销概述 ····· 007
  任务1 认知农产品 ····· 008
  任务2 认知农产品市场 ····· 011
  任务3 认知农产品营销 ····· 015

项目2 农产品消费者分析 ····· 026
  任务1 农产品消费需求分析 ····· 027
  任务2 农产品消费者购买动机分析 ····· 033
  任务3 农产品消费者购买决策分析 ····· 037
  任务4 农产品消费者购买行为模式分析 ····· 040

项目3 农产品市场调查与市场分析 ····· 045
  任务1 农产品市场调查 ····· 046
  任务2 农产品市场分析 ····· 055
  任务3 农产品市场机会分析 ····· 060

项目4 农产品市场细分、目标市场选择与市场定位 ····· 072
  任务1 农产品市场细分 ····· 073
  任务2 农产品目标市场选择 ····· 079
  任务3 农产品市场定位 ····· 086

第2模块
做农产品生意（经营生意）——满足农产品消费需求

项目5　农产品产品策略 ……………………………………………………… 097
    任务1　农产品产品策略概述 …………………………………………… 098
    任务2　农产品品牌策略 ………………………………………………… 109
    任务3　农产品包装策略 ………………………………………………… 119

项目6　农产品定价策略 ……………………………………………………… 125
    任务1　影响农产品定价的因素 ………………………………………… 125
    任务2　农产品定价方法和定价策略 …………………………………… 130

项目7　农产品分销策略 ……………………………………………………… 140
    任务1　农产品分销渠道 ………………………………………………… 141
    任务2　农产品直接销售 ………………………………………………… 143
    任务3　农产品间接销售 ………………………………………………… 148
    任务4　农产品网络营销 ………………………………………………… 154

项目8　农产品促销策略 ……………………………………………………… 163
    任务1　农产品传统促销方式 …………………………………………… 164
    任务2　农产品网络促销方式 …………………………………………… 177

第3模块
管农产品生意（管理生意）——管理农产品消费需求

项目9　农产品供应链 ………………………………………………………… 187
    任务1　农产品供应链概述 ……………………………………………… 188
    任务2　农产品加工 ……………………………………………………… 198
    任务3　农产品仓储 ……………………………………………………… 203
    任务4　农产品运输 ……………………………………………………… 207

项目10　农产品营销策划 …………………………………………………… 214
    任务1　认知农产品营销策划 …………………………………………… 215
    任务2　农产品营销策划的策略、方法与技巧 ………………………… 220
    任务3　专项农产品营销策划 …………………………………………… 232

参考文献 ……………………………………………………………………… 257

绪　论

为了提升对农产品营销的认识，进而提高农产品营销课程的培养质量，首先要进行课程整体设计，明确课程定位、课程培养目标、课程培养内容、培养途径、课堂形式、学生角色定位、课程考核和课时安排等，解决学生"为什么学""学什么""如何学"的问题，使学生处于明确、清晰的学习状态，便于学生积极、主动地配合教师完成学习任务，同时有利于学生自我培养、实现课程的培养目标。

1. 课程定位（解决为什么学习农产品营销的问题）

农产品营销是从整体上对农产品企业营销活动的把握。运用农产品营销不断地"找生意"——发现（创造）农产品消费需求、"做生意"——满足农产品消费需求、"管生意"——管理农产品消费需求，能够使农产品企业从无到有、从小到大、由弱到强。农产品营销是农产品企业生存和发展的经营之道、生财之道。因此，学生要具有运用农产品营销知识为农产品企业创造效益的能力。

农产品营销是一门建立在消费心理学、市场调查的基础之上的应用科学，是农产品类专业的一门必修课程。

2. 课程培养目标（解决学什么的问题）

（1）营销知识学习目标。

1）掌握农产品市场、农产品营销、农产品营销观念的概念和内容。

2）掌握找农产品生意：发现（创造）农产品消费需求的相关概念（如农产品消费者分析、市场调查与市场分析、市场细分、目标市场选择、市场定位等）；发现（创造）农产品消费需求的内容、操作程序和策略。

3）掌握做农产品生意：满足农产品消费需求的相关概念（如农产品产品策略、农产品价格策略、农产品分销策略、农产品促销策略等）；满足农产品消费需求的内容、操作程序和策略。

4）掌握管农产品生意：管理农产品消费需求的内容、操作程序和策略（如农产品供应链、农产品营销策划等）。

（2）营销职业能力培养目标。

1）培养找农产品生意：发现（创造）农产品消费需求的能力。

2）培养做农产品生意：满足农产品消费需求的能力。

3）培养管农产品生意：管理农产品消费需求的能力。

4）培养综合运用农产品营销理论和方法，对农产品企业进行诊断分析、策划、制定营销方案的能力。

5）培养农产品营销创新的能力。

（3）社会能力目标。

1）培养营销道德。

2）培养交际沟通的能力、宣讲和答辩的能力。

3）培养团队合作的能力。

4）提升自我管理、自我培养的能力。

3. 课程内容（解决学什么的问题）

依据农产品营销课程培养目标，农产品营销课程内容包括3个模块共10个项目：第1模块为找农产品生意（寻找生意）——发现（创造）农产品消费需求，内容包括农产品营销概述、农产品消费者分析、农产品市场调查与市场分析，以及农产品市场细分、目标市场选择与市场定位。第2模块为做农产品生意（经营生意）——满足农产品消费需求，内容包括农产品产品策略、农产品定价策略、农产品分销策略、农产品促销策略、农产品供应链和农产品营销策划。第3模块为管农产品生意——管理农产品消费需求，内容包括农产品供应链、农产品营销策划。

4. 培养模式（解决如何学的问题）

为了实现农产品营销的培养目标，农产品营销的培养模式是"教师培养+学生自我培养"和"理论+实践"，即"制定××农产品公司市场营销方案工学结合团队项目任务化"实践培养模式。课程教学开始前，在教师指导和学生自愿选择的基础上，学生按4～6人进行分组，组成工学结合项目团队，每个团队按照项目任务进行目标管理。每个团队民主选举队长，由队长组织团队成员进行团队形象设计，确立团队理念，根据团队理念，设计队名、队旗、队歌和团队管理制度，将设计的队旗张贴在教室的墙上。每次上课时，每个团队由队长带领团队成员展示团队形象，朗诵队名、团队理念，合唱队歌，激励大家增强团队意识，培养其团队意识与合作能力。边学习、边实施工学结合团队11个项目任务，实现农产品营销培养目标。

5. 课堂形式（解决如何学的问题）

创新课堂形式的六种形态，保证课程培养目标的实现：理论课堂+实训课堂+线上课堂+双创课堂+社会（市场）课堂+企业课堂。

6. 学生学习角色定位（解决如何学的问题）

（1）学习者。学习农产品营销的内容和方法，以及分析问题和解决问题的方法。

（2）分析者。运用农产品营销理论和方法，分析农产品企业存在的营销方面的问题。

（3）解决者。运用农产品营销理论和方法，针对农产品企业营销方面存在的问题提出解决方案。

（4）提高者。具备运用农产品营销理论、策略与方法，分析问题、解决问题的能力；具备撰写、宣讲、答辩营销方案的能力；具备基本的社会能力。

7. 课程考核（解决如何学的问题）

农产品营销理论试卷考核：分值50分。农产品营销方案考核：分值30分。项目检测考核：分值20分。

8. 课时安排（解决如何学的问题）

总课时72学时（按18周计），具体分配如下表0-1所示：

项 目	教学内容	教学时数
绪论	课程整体设计	2
项目1	农产品营销概述	4
项目2	农产品消费者分析	6
项目3	农产品市场调查与市场分析	4
项目4	农产品市场细分、目标市场选择与市场定位	4
项目5	农产品产品策略	6
项目6	农产品定价策略	4
项目7	农产品分销策略	6
项目8	农产品促销策略	6
项目9	农产品供应链	4
项目10	农产品营销策划	6
项目考核	农产品营销方案宣讲、答辩、评价	20
合计		72

第1模块

找农产品生意（寻找生意）——发现（创造）农产品消费需求

学习指导

如果一个农产品企业对为哪些消费者服务、满足消费者哪些类型的需求都不明确,那么它就如同无舵的航船,只能在茫茫的大海中随风飘荡,没有任何抗击市场波澜的能力,难以生存。因此,找农产品生意(寻找生意)——发现(创造)农产品消费需求,是农产品企业市场营销活动的起点。

如何找农产品生意(寻找生意)——发现(创造)农产品消费需求。第一,要进行农产品消费者分析。农产品消费者分析要解决三个问题:一是谁来分析农产品消费者;二是分析哪些农产品消费者购买行为;三是如何分析农产品消费者购买行为。农产品消费者购买行为重点分析农产品消费者购买行为模式,掌握农产品消费者购买行为规律,即要发现农产品消费者需求,便于农产品生产企业、中间商制定营销组合策略,满足农产品消费者的需求。第二,要进行农产品市场调查与市场分析。通过市场调查,分析市场营销环境给农产品企业创造的市场机会和可能给企业带来的种种挑战,以及农产品企业内部环境影响市场营销的优势和劣势,以便农产品企业选择市场机会。第三,进行农产品市场细分、目标市场选择和市场定位。它要解决两个问题:一是找位、找对象,即农产品企业服务对象是谁、满足谁的需求及哪些类型的需求。二是定位,在农产品目标市场上为农产品、品牌、农产品企业形象确定一个富有市场竞争优势的定位。

项目1　农产品营销概述

项目目标

营销知识目标

正确理解农产品的概念、特点及分类；正确理解农产品市场的概念、特点及类型；正确理解农产品的营销概念、基本要求和职能；掌握农产品营销的过程及营销观念；了解我国粮食安全、种子安全相关政策。

营销能力目标

能够运用农产品营销观念，分析农产品企业营销观念。

导入案例

年销2 000万元的大闸蟹商家"钳"住了商机

江苏省泗洪县85后新蟹商郭珍磊的惠农网店铺凭借选品严格，同时利用惠农网直接对接全国采购商的方式，于2021年在泗洪县天平水产养殖中心全年销售额超2 000万元。

1.从跑断腿找生意到一网卖全国

地处洪泽湖畔的江苏省泗洪县，素有"中国螃蟹之乡"的美誉，盛产的螃蟹属于中国农产品地理标志产品，"纯天然无污染，膏肥蟹美"的口碑深入人心。

郭珍磊家距离洪泽湖不到10分钟的车程。靠山吃山，靠水吃水。20世纪90年代初，他的父母就养殖了60亩（1亩约为666.67平方米）的大闸蟹。在"蟹一代"的经营里，"养得好不如卖得好"是常态，不掌握销售渠道，不了解市场需求和变化，没有议价权，利润也低，完全靠天收，大闸蟹始终走不出本地。能真正赚到钱的蟹农只是少数。郭珍磊回忆道。

面对传统的产业困局，郭珍磊以主攻批发市场来破局。批发市场是城市端最大的中转仓，可实现大批量货源的迅速集散。他深信，大闸蟹批发是一门好生意："要想有客户，就得跑批发市场发名片，可比现在累多了。"跑了4年多，郭珍磊才逐步实现将大闸蟹发往江浙一带的批发市场。他知道，这种方式费时、费力，那么如何能让客户主动找上门呢？随着互联网东风的劲吹，2019年，郭珍磊正式启动电商销售。

从线下转到惠农网卖货以来，郭珍磊记忆深刻的是第一笔订单："还没见过面，浙江一个批发老板就直接在平台找我订了700多斤的大闸蟹，后面还给我介绍了四五个客户。"尽管浙江与江苏相邻，但借助平台的保障，能得到素未谋面的陌生人的信任，他颇为惊喜。而后，这种惊喜接踵而至，远在新疆、西藏等地的老板也发来了不少订单。

2.八字秘籍叱咤生意场，一年卖了超2 000万元

短短两三年内，从线下到线上，从自家水产60亩扩充到700多亩，从将自家水产销售一空到收购泗洪、兴化等地的水产，郭珍磊的生意版图越来越大。提及生意秘籍，郭珍磊坦言只有8个字："讲究诚信、跟紧平台。""诚信经营，生意才能做得长久。"他补充道。诚信，代表着对商品品质负责，也代表着不欺瞒顾客。"约定好发公螃蟹就不能发母螃蟹，约定的规格是4两，就不会发1两的。"经过精心运营，郭珍磊的年销售额突破2 000万元，也迅速成为惠农网水产类目的顶级商家。

（资料来源：惠农网，https://news.cnhnb.com/zhifujing/detail/444006/）

辩证性思考

做好农产品营销对农户有什么重要意义？

任务1 认知农产品

1.1.1 认知农产品的概念

农产品是指来源于农业的初级产品，即在农业活动中获得的植物、动物、微生物及其初级加工产品，包括初级农产品和初级加工农产品。初级农产品是指种植业、畜牧业、渔业产品，主要包括谷物、油脂、农业原料、畜禽及产品、林产品、渔产品、海产品、蔬菜、瓜果和花卉等产品，不包括经过加工过的这类产品。初级加工农产品是指必须经过某些加工环节才能食用、使用或储存的加工品，如分割肉、冷冻肉、食用油、饲料等。

相关链接

农业的重要性

"民以食为天"，粮食是人类最基本的生存资料，而农业在国民经济中的基础地位，则表现在粮食生产上。如果一个国家的农业不能提供粮食和必需的食品，那

么人民的生活就不能满足，生产就不能发展，国家将失去自立的基础。以农产品为原料的轻工业也离不开农业的支撑。同时，农村和农业生产部门还是中国工业产品的重要市场。

中国农业的生产结构包括种植业、林业、畜牧业、渔业和副业，但数千年来一直以种植业为主。由于人口多，耕地面积相对较少，粮食生产尤占主要地位。

（1）从传统意义上讲，农业的功能主要体现在食品的供给和工业原材料的供给上。

（2）服务城市的农业，要求大城市既要抓好"菜篮子"，又要抓好"米袋子"，特别是地处粮食主产区的大城市，要确保粮食生产的稳定与高效。

（3）要充分发挥农业的生态涵养作用，可以说没有农业就谈不上生态环境的保护和改善，在这一点上以往认识不足，今后要更加注重稻田作为湿地、麦田作为绿地、果园作为园地的生态作用。

（4）要大力发展品牌农业，以品牌推进标准化、专业化、规模化生产，提高农产品的质量、信誉和效益。

（5）要让农业插上科技的翅膀，大力发展科技农业，同时要顺应现代信息技术的迅猛发展，大力发展智慧农业。

（6）要注重农耕文明的传承。农耕文明是中华文明的重要组成部分，在推进工业化、城镇化的进程中，一定要保护好农耕文明。只有这样，才能牢记农业的基础地位。

（资料来源：百度知道，https://zhidao.baidu.com/question/55302074.html）

1.1.2 农产品的特点

我国地域辽阔，从南到北跨热、温、寒三带，气候及自然条件多样，由此形成了复杂多样、分布广泛的农产品种类。综合来看，我国的农产品具有以下六个特点。

1. 地域性

农业对土地依赖程度较高，各地气候、土壤、光照、温度等对农作物生长具有决定性影响。各地的技术条件与政策导向也是影响农业生产的重要因素。因此，全球农业生产表现出明显的地域特征。

2. 季节性

农作物是典型的"季节性生产、全年消费"品种，在农作物种植年度中，农产品同时收获，集中上市，表现出明显的季节性特征。

3. 波动性

农产品价格受种植面积、气候、产量、库存，以及农业产业政策、补贴政策、国家收储政策等影响，表现出农业生产有丰产、欠产之分，淡季、旺季之别。可见，农产品生产和供给呈现出很大的波动性。

4. 稳定性

农产品需求弹性小，偏刚需，尤其是粮食类与油脂类，无论价格怎样变动，消费需求是基本稳定的。

5. 差异性

受生活习惯的影响，同一区域的消费者消费需求趋同，不同区域的消费者则表现出一定的差异。因此，农产品的需求表现出一定的差异性。

6. 替代性

农产品作为人类的食物和生活需求，具有明显的相关性与可替代性。比如，玉米和大豆、小麦和水稻，在种植面积上表现出一定的竞争关系。在价格的驱动下，人们愿意选择种植预期价格高的农作物，从而会降低那些种植预期价格低的农作物的种植量。

1.1.3 农产品的分类

（1）联合国粮农组织将农产品分为广义农产品和狭义农产品两类。其中，广义农产品包括农作物粮食和经济作物、水产品、畜产品、林产品；狭义农产品主要指粮食、水产品、畜产品，以及经济作物中的油料作物、饮料作物和糖类作物，且不包括林产品和经济作物中的橡胶和纤维。

 思政教育

中国人的饭碗要牢牢端在自己手中

全面建设社会主义现代化国家，最艰巨、最繁重的任务仍然在农村。坚持农业农村优先发展，坚持城乡融合发展，畅通城乡要素流动。加快建设农业强国，扎实推动乡村产业、人才、文化、生态、组织振兴。全方位夯实粮食安全根基，全面落实粮食安全党政同责，牢牢守住18亿亩耕地红线，逐步把永久基本农田全部建成高标准农田，深入实施种业振兴行动，强化农业科技和装备支撑，健全种粮农民收益保障机制和主产区利益补偿机制，确保中国人的饭碗牢牢端在自己手中。

（资料来源：《习近平 高举中国特色社会主义伟大旗帜 为全面建设社会主义现代化国家而团结奋斗——在中国共产党第二十次全国代表大会上的报告》，中国政府网，http://www.gov.cn/xinwen/2022-10/25/content_5721685.htm）

（2）农产品流通组织把农产品划分为三类：粮食油料类、轻工原料类和生鲜食品类。其中：粮食油料类主要包括玉米、水稻、小麦、芝麻、小米、绿豆、大豆、花生、油菜、芝麻等粮食和油料作物；轻工原料类主要包括棉、麻、丝、绒毛、皮张、糖料、烟、茶,以及加工用的猪牛、羊、禽、蛋、果蔬和水产品;生鲜食品类主要包括可以直接上市的鲜肉、禽蛋、蔬菜、水果和水产品等生鲜食品。

(3)依据农产品质量特点和对生产过程控制要求的不同,农产品可分为一般农产品、认证农产品和标识管理农产品。一般农产品是指为了符合市场准入制、满足百姓消费安全卫生需要,必须符合最基本的质量要求的农产品;认证农产品包括无公害农产品、绿色农产品和有机农产品;标识管理农产品是一种政府强制性行为,指对某些特殊的农产品,或有特殊要求的农产品,政府应加以强制性标识管理,以明示方式告知消费者,使消费者的知情权得到保护,如转基因农产品。

任务2 认知农产品市场

1.2.1 认知农产品市场的概念

农产品市场是联系农产品生产和消费的纽带。农产品市场的概念是随着商品经济的发展而发展的,农产品市场的内涵也随着商品经济的发展而不断丰富和充实。狭义的农产品市场可以理解为买卖双方实现农产品所有权交换的具体场所或活动;广义的农产品市场则是指任何形式的农产品交易活动和交换关系的总和。在买方市场形势下,农产品市场的内涵越来越强调需求。

(1)农产品市场是农产品交换的实体场所。从空间的角度来看,农产品市场是经营农产品买卖的场所,它是一种集市,使农产品买卖双方在同一地点进行交易。

(2)农产品市场是农产品交换关系的总和。从经济关系的角度来看,农产品市场是农产品买卖双方相互让渡商品的交换关系的总和。

(3)农产品市场是供给和需求的统一体。从宏观(供求关系)角度看,市场是由供给(卖方)和需求(买方)两大要素组成。

(4)农产品市场是由一切具有特定欲望和需求并且愿意和能够以交换来满足这种欲望和需求的客户群(包括个人或组织,甚至国家、国际组织)组成。市场构成需要具备三个要素:人口、购买力、购买欲望,缺一不可。

(5)农产品市场是便于农产品、劳务、生产要素或未来承诺的交易的任何一种制度,是便于将买卖双方联系在一起的一个场所。

1.2.2 农产品市场的特点

随着社会经济的发展,农超对接、电子商务等新型流通模式快速发展,农产品流通模式日益多样化且覆盖城乡的农产品市场体系已基本形成。

中国农业发展趋势

农产品市场具有以下五个特点。

(1)农产品市场交易的产品具有生产资料和生活资料的双重性质。一方面,农产品市场上的农产品可以供给生产单位用作生产资料,如农业生产用的种子、种畜、饲料和工业生产用的各种原材料等;另一方面,农产品又是人们日常生活中的必需品,"米袋子""菜篮子"工程都离不开农产品市场。

(2)农产品市场具有供给的季节性和周期性。由于农业生产具有季节性,农产品市场的货源随农业生产季节而变动,不同季节对应着不同种类产品的采购和销售。此外,农业生产具有周期性,其供给在一年之中有淡季、旺季,数年之中有丰产、欠产,不同产品在不同地区、不同年份的产量可能相差很大。

(3)农产品的供给市场多为小型分散的市场。农产品生产分散在亿万个农户中,农产品在集中交易时具有地域性特点,通常小规模的产地市场分散于产区各地。由于农产品消费主要以家庭为单位,且具有少量多次、零散购买等特点,消费地的农产品零售市场贴近消费者,多分散于各居民居住区。

(4)农产品市场的风险大。农产品是具有生命的产品,在运输、储存和销售中容易发生干枯、腐烂、霉变、病虫害等情况,极易造成损失。

(5)农产品销售差异日益明显。近年来,随着人们生活水平的不断提高,市场对优质农产品和强化营养农产品需求量不断加大,农产品的分等级、分品种、分区域销售差异日益明显。

1.2.3　农产品市场的类型

在现代农产品市场中,了解农产品的市场类型,采用与之相适应的销售模式,在营销中才能有的放矢。农产品市场类型有以下四种分类方式。

(1)按照交易场所的性质不同,可以将农产品市场分为产地市场、销地市场和集散与中转市场三类。

1)产地市场。产地市场指在各个农产品产地形成或兴建的定期或不定期的农产品市场,是为分散生产的农户提供集中销售农产品和了解市场信息的场所,便于农产品的初步整理、分级、加工、包装和储运,如山东的寿光蔬菜批发市场。

2)销地市场。销地市场指设在大中城市和小城镇的农产品市场。销地市场还可以进一步分为销地批发市场和销地零售市场。前者主要设在大中城市,购买对象多为农产品零售商、饭店和机关、企事业的单位食堂。后者则广泛分布于大、中、小城市和城镇的居民区,主要职能是把经过集中、初步加工和储运的农产品销售给城市消费者。

3)集散与中转市场。集散与中转市场的主要职能是将来自各个产地市场的农产品集中起来,经过加工、储藏与包装,再通过批发商分散销往全国各地的批发市场。这类市场多设在交通便利的地方,如公路、铁路的交会处。这类市场的规模一般都比较大,且建有较大的交易场所和停车场、仓储等配套服务设施。

(2)按照农产品销售方式的不同,农产品市场可分为批发市场和零售市场。

1)农产品批发市场。农产品批发市场主要职能是成批量地销售农产品,每笔交易量都比较大。不仅农产品产地和中转集散地设有批发市场,作为销往地的大中城市也设立了批发市场。

2)农产品零售市场。相对于农产品批发市场而言,农产品零售市场就是进行农产品小量交易的场所。农村的集市是农产品零售市场,城市的副食商店、食品商店、农贸市场和超级市场等也是农产品零售市场。

(3)按照农产品交易的形式不同,农产品市场可分为现货交易市场和期货交易市场。期货交易市场是进行期货交易的场所,如郑州粮食期货交易所。农产品期货交易的对象并不是农产品实体,而是农产品的标准化合同。

(4)按照商品的性质不同,农产品市场可分为粮食市场、蔬菜市场、肉禽市场、水产品市场、果品市场和棉麻类市场等。

从总体来看,我国1/3以上的农产品实现了跨省消费,农产品市场交易方式已由组织化程度低、规模小的集市贸易扩大到专业批发、跨区域贸易、订单和期货交易,逐步形成了以大型农产品批发市场为核心,以中小型市场和城乡集贸市场为基础,以直销配送和超市经营为补充,加之电商快速发展的,结合产销地批发市场、集贸市场、零售市场等形式的多层次、多形式、多功能的市场体系。

1.2.4 农产品市场的变化趋势

1. 农产品供求发展趋势

我国农产品供求的主要矛盾,已经从供给总量短缺、需求无法满足的数量问题逐步转变为供求之间因品种和品质不适应而形成的结构问题。

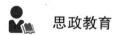

思政教育

优化农业产业产品结构

近年来,我国农业出现了供给与需求严重错位的现象。国外的奶粉、大米、水果等农产品大量涌入国内市场,而国内农产品价格伤农事件频出,甚至出现了"奶农倒奶"等极端情况。问题出在供给端——农产品结构不合理:中低端产品过剩,而高精端产品稀缺。习近平指出:"事实证明,我国不是需求不足,或没有需求,而是需求变了,供给的产品却没有变,质量、服务跟不上。"从我国农业的现状来看,产品供需结构严重失衡。一是缺品类,想要的国内也买不到;二是缺高端产品,有的品类大部分靠进口,有的甚至100%靠进口;三是量的失衡,有的品类过多、有的低端产品大量过剩。习近平指出:"我国农业发展形势很好,但一些供给没有很好适应需求变化,牛奶就难以满足消费者对质量、信誉保障的要求,大豆生产缺口很大,而玉米增产则超过了需求增长,农产品库存也过大了。"推进农业供给侧结构性改革,必须顺应市场需求变化，增加市场缺、销路好、质量高的农产品生产，调减滞销品种生产；要把增加绿色优质农产品供给放在突出位置，狠抓农产品标准化生产、品牌创建、质量安全监管，不断提高消费者对农产品供给的信任度。当前突出的是适度调减玉米等供过于求的农产品生产，推进粮改豆、粮改饲，促进供求平衡。要树立大农业、大食物观念，合理调整粮食统计口径，科学开发各种农业资源，不仅要盯着耕地、盯着粮油调整，而且还要盯着山海、盯着林草调整；统筹粮经饲发展，推动肉蛋奶鱼、果菜菌菇全面发展，为人民群众提供更丰富多样的农产品供给。要着力提升农产品质量安全水平，坚持"产出来"和"管出来"两手发力，推升我国食品和农产品生产的质量安全门槛，形成品牌担保品质、优价激励优质的正向激励机制。

（资料来源：央视网，http://news.cctv.com/2016/12/23/ARTIiHdxL1hTxx6Ab0Y7dgZv161223.shtml）

2. 农产品品牌化发展趋势

农产品品牌化的发展，是以农产品"三品一标"（无公害农产品、绿色食品、有机农产品和农产品地理标志）为主要内容的高质量发展，以满足人们对美好的品质生活的需要，确保实现"农产品生产得好，还要卖得好，卖出好价钱，消费者得实惠，农民得收益"的目标。

3. 农产品标准化发展趋势

农产品的标准化是农业数字化发展的必然结果，也是品牌农产品的根本保证。农产品标准化涉及种养的标准化、商品交易、物流配送、支付结算、体验场景、供应链、环境、卖场、空间、再生产资源、消费的标准化，应做到在高度信息化条件下的"无缝衔接"。

4. 电商平台发挥作用，农产品市场实现快速增长

在国家积极推动扶贫攻坚及农村地区产业升级的情况下，电商平台正发挥着主力作用，推动农产品上行发展。一方面，中国电商产业发展已较为成熟，相关配套措施完善，加之消费者逐渐养成了线上消费习惯，电商平台能够有效融合农货产业链条的各个环节，优化农产品零售模式，推动农产品标准化、品牌化发展；另一方面，互动电商、直播电商等新兴电商业态增长迅速，为农产品消费带来新的发展方向。农产品生产方和消费者之间的接触更加直接，可实现农货规模化输送到消费场所。

5. 新消费模式缩减中间环节，传统农产品零售体系受冲击

农产品消费进入新消费阶段后，农户能够更好地将农产品直接销售给消费者。在农产品新消费模式下，电商平台助力并优化农业产业链条，缩减中间商环节，从而降低传统渠道商的话语权，使农民、供应商能够获取更多利润，使消费者能获取更优惠的产品，形成新的农产品消费体系。

6. 物流配送技术发展推动农产品零售市场延伸，消费者迎来更佳服务体验

物流配送技术的发展，特别是冷链物流的深度使用，使供应链得到缩短，促使全国范围内的消费者能够接触更多地区、更多品类的农产品。此外，新冠肺炎疫情影响下，农产品消费者逐渐习惯使用无接触配送服务，这也有利于农产品新消费模式的推广。

7. 双线渠道融合加深，农产品消费实现更大价值

随着农产品消费线上、线下双线渠道融合加深，以往各渠道独自存在的劣势得到弥补，消费者在线上渠道能够选择丰富品类的农产品，而电商平台通过整合各地生产资源，也能实现更有品质保障的农产品供应，从而为农产品消费者带来更大的价值。

8. 国内市场与国际市场发展趋势

在经济全球化背景下，我国农产品供求受国内外两个市场和两个方面资源的影响越来越大，国际营销环境中机遇和挑战并存，竞争压力上升。

任务3 认知农产品营销

1.3.1 认知农产品营销的概念

农产品营销是指生产或经营农产品的个人或组织，找农产品生意——发现（创造）农产品消费需求、做农产品生意——满足农产品消费需求、管农产品生意——管理农产品消费需求的活动过程，在实现农产品交换的同时，实现个人或组织利润目标的经营管理活动。

农产品营销活动的要素包括以下三个方面。

（1）农产品营销的主体是从事生产或经营农产品的个人或组织，主要包括专业大户、家庭农场、农民专业合作社、农村供销社、农业企业和电商企业。

（2）农产品营销活动的客体是农产品消费群体，包括城乡居民、农产品加工企业、农产品专业市场。

（3）农产品营销活动的交易对象是农产品。

1.3.2 农产品营销的基本要求

根据农产品的自然属性、产销和经营特点，农产品营销应遵循"活""快""稳"三项基本原则。对于做好农产品营销来说，"活""快""稳"三项要求是密切相关、相辅相成的统一体。只有"活"，才能"快"；只有"活"和"快"，才能"稳"。三者的关系是："活"和"快"是实现农产品营销"稳"的前提和条件；"稳"则是农产品营销"活"和"快"的目的和结果。

1. 农产品营销要"活"

所谓农产品营销要"活"，就是要求农产品营销必须根据外部环境因素的变化而灵活经营。只有"活",才能适应农产品的易腐易变特点,才能适应农产品的产销变化要求。农产品营销"活"的内容是多方面的,主要包括营销策略、营销方式、营销手段和营销价格等。

(1)营销策略要"活"。农产品营销策略是指为了增强竞争力、开拓和占有农产品市场而采取的具体战略措施。因此,经营者制定的营销策略是不是科学、是不是合理,主要就是看其能否在市场上具备竞争能力。通常,农产品营销常常采取以下四种策略。

1)优质策略。这是针对农产品市场质量竞争的策略。农产品本身品种繁多,规格复杂,营销过程中还要经过生产、采收、收购、加工、储运等诸多环节,这造成农产品的品质差异较大。要占领市场,赢得客户(消费者),在竞争中取胜,非常重要的一点就是产品过硬——质量要好。因此,农产品营销必须讲究优质策略。

2)应时策略。这是针对农产品市场时间竞争的策略。俗话说:"赶得早不如赶得巧。"农产品所具有的产销时效性直接影响着出售农产品的质量和价格。因此,农产品营销必须讲究应时策略,要特别重视农产品经营过程中的及时收购和应时上市。只有这样,才能抢到好行情,保证产品质量,提高经营的时间竞争力。

3)薄利策略。这是针对农产品市场价格竞争的策略。大部分农产品是人们的生活必需品和轻纺工业不可缺少的原料,需求量大,具有薄利多销的客观特性。因此,农产品营销应当讲求薄利策略,适当采取薄利多销的方式。只有这样,才能在农产品市场的价格竞争中处于有利地位,从多销中获得利益。

案例

新东方6元1根的玉米,农民到底能赚多少?
——业内人士:毛利并不高,主要靠薄利多销

近日,新东方旗下的"东方甄选"因双语直播带货出圈,直播间一周涨粉破千万。与此同时,对于其选品的质疑也纷至沓来。

东方甄选曾在直播间上架一款6元/根的鲜食玉米,被质疑价格太高,但主播董宇辉一句"谷贱伤农",让不少网友称被讲哭了,纷纷表示愿意为这话买单。6元1根的新东方玉米,农民到底能赚多少钱?红星新闻记者采访农产品电商、农业经济学教授和供应链专家等人,发现鲜食玉米的毛利并不算高,主要依靠"薄利多销"模式。但由于玉米品种改良,再加之产业链变化和电商的销售渠道,农民的收入能比以前增加20%~30%。红星新闻记者采访得知,从玉米种植到流通上市,中间还有采摘、处理、收购、包装、运输、推广和销售等环节,每一个环节都会增加成本,并最终体现在玉米的售价中。

在抖音直播销售农产品的森谷农工作人员告诉红星新闻记者，他们作为二次销售端，主要从收购商手中买入产品，"我们的销售加上人力，总的运营成本占商品售价的30%左右"。该工作人员表示，他们的毛利率在20%左右，"从农民的生产端、收购商到销售端的利润都不高，农产品没有那么高的利润，只能靠薄利多销"。农特集团总裁、物流供应链专家黄刚表示，玉米成熟后，需要进行专业采摘、初加工、分级分拣品控、深加工等工作，然后再进入销售、物流环节，"从产品到商品的过程，需要一系列品控加工的工作。以某电商生鲜品牌为例，它并不会直接买你的农产品，它要求你产地必须分级分拣、品控包装，还要符合它的规则，中间还会产生损耗，而损耗则由收购玉米后的环节承担"，而前述种种环节产生的成本最终会计算到商品售价里。黄刚认为，"中间环节或渠道挤占农民利益"的说法并不成立。他表示，中间环节有着设备、技术、人工等等投入，提高了产品的价值，真正实现从农民种出来的产品，到能够在市场流通的商品。"应当鼓励有渠道优势、科技优势和投资能力的去做升级产业链的投入。这样的话，农村的农产品才能够卖出更好的价格，这对农民、农业产区和产业链都是有价值的。"黄刚告诉红星新闻记者，现阶段，电商助农已经进入到数字化科技化助农阶段，未来农业将通过消费市场去影响产区的种植。产销之间越来越扁平化，从而达成消灭信息不对称的目的。各大农场倾向于规模化、产业化、品牌化、扁平化的运营，供应链将会越来越高效。

（资料来源：搜狐网，https://www.sohu.com/a/561128308_116237）

4）方便策略。这是针对农产品营销服务竞争的策略。农产品是社会生产的初级产品，大多需要经过一次或多次加工才能消费。未加工和初加工的农产品常常给消费者的消费带来诸多不便之处。此外，随着人们生活的改善和生活节奏的加快，对农产品加工制成品的需求量越来越大。因此，农产品经营应当讲求方便策略，即按照服务消费者、方便消费的原则，向社会提供更多的便于消费的农产品加工品。

（2）营销方式要"活"。营销方式"活"是指农产品的营销方式要灵活多样，方便购销，这有利于提高农产品经营的效果和效率。

灵活的农产品营销方式是农产品产销不稳定的反映和要求。特别是在新的形势下，我国农业生产已经出现了多种不同形式的生产模式，且随着人们生活水平的提高，农产品市场需求呈多元化发展趋势。这就要求农产品营销方式要灵活多样，以适应新的形势。农产品企业的经营方式要遵循"三多一少"的原则，即实行多种经济成分，多条流通渠道，多种经营方式和减少流通环节。因此，选择和确定农产品营销方式的原则和依据应当是如下三点：

方便+可爱，农产品变身时尚零食悄然走红

1）有利于实现产销直接见面，密切产销关系。

2）有利于减少流通环节，降低流通费用。

3）有利于缩短流通渠道，加速农产品流通。

（3）营销手段要"活"。营销手段"活"是指要从不同的角度提高农产品营销手段的科学性及现代化水平。首先，要提高企业的营销艺术。营销艺术是商品的经营之道，是农产品经营的生意经、方法论的一种具体形式，是企业智力的基本内容和谋略"软件"。其次，要提高农产品营销人员的技能。营销技能是营销人员的业务能力表现，是企业中人的素质的具体表现。另外，要充分利用各种物质设施和劳动手段，包括农产品购、销、储、运、加工的各种工具设备，这是农产品营销的物的因素和"硬件"。

综上所述，要使农产品营销具有灵活性，在很大程度上取决于驾驭市场的能力和善于竞争的营销手段。如果某种营销手段有利于搞活农产品营销，能够增强在市场上的应变能力，那么就应该积极采用。

（4）营销价格要"活"。所谓的农产品营销价格要"活"，指的是农产品的价格要适应市场供求变化，具有灵活性。农产品产销状况随时都可能发生变化，而价格作为调节市场供求最重要和最灵敏的杠杆，对调节产销状况具有重要作用。农产品销售价格的灵活性表现为能够灵敏地反映市场供求的变化。这就要求农产品营销必须根据农产品市场情况及时调整购销价格，使农产品价格随行就市、反映供求的实际情况，发挥其促进生产、引导消费和稳定市场的作用。

农产品品牌十大营销手段

2. 农产品营销要"快"

所谓的农产品营销要"快"，主要是针对农产品的流通时间而言的。一种商品越是容易变坏，其在生产后就越要尽快出售，尽快消费。离开产地的距离越短，商品空间流通领域就越狭窄，销售市场就越带有地方性质；反之，离开产地的距离越远，其销售市场就越广。

农产品的易腐易变性极大地限制着它的流通时间和流通地域，这要求农产品在流通过程中滞留的时间越短越好。因此，农产品营销必须突出一个"快"字，除了留有必要的储存量以外，其余的产品都要尽快销售掉，并且是越快越好。越快越能以质取胜，降低流通风险。

要做到"快"，客观上就要求在经营上做到多渠道、少环节。因此，农产品一般应多采取有利于加速流通的产销对接的营销方式和措施，尽可能地就地组织生产，就地收购，就地或就近供应，尽可能地减少营销环节和手续，尽可能地增设网点，采用多种销售渠道。

3. 农产品营销要"稳"

所谓农产品营销要"稳"，主要是针对农产品市场供求状况而言的，即力求通过农产品营销来保持农产品市场产、供、销关系的平衡，实现农产品市场的繁荣和稳定。市场供求关系的协调和稳定，关系着国家经济的正常发展和社会的安定，而农产品市场供求关系的协调和稳定是整个市场供求协调和稳定的基础条件。

由于农业生产具有分散性和周期长的特点，因此农产品市场对农业生产具有较强的影响力和指导作用。简单而言，上一年农产品市场供求状况如何会明显地影响农民下一年制订生产计划。例如，因为上一年秋季大白菜价格高，种白菜的农民赚了钱，那么当年农民就可能会多种。其结果可能是今秋市场上大白菜供过于求，导致价格下降，农民种多了赔了钱。可见，农产品营销在做到"活"和"快"的同时，还必须保持"稳定"，避免大起大落。

事实上，由于农业生产和农产品的特殊性，作为衔接农产品生产和消费的营销过程要做到"稳"是很不容易的。这一方面要求农产品经营者要有预见性，要学会研究和分析市场变化并从中掌握规律，在充分了解市场信息的基础上作出正确的决策；另一方面也要求政府部门为农民提供相关的市场信息和政策方面的支持，发挥政府对市场的宏观调控作用。

1.3.3 农产品营销的职能

1. 基本职能

在农产品营销活动中，最常见的基本职能共有八种。

（1）收集原料。把原料或商品集中起来是一项近乎广义的运销职能。由于原料农产品广泛分散于远离加工厂的各个地理区域，因此原料集中是关于地点效用的活动。例如，收集牛奶，在一定区域内，牛奶就是从彼此距离较远的分散的生产地集中起来，送到加工厂的。这里包含了一个重要的经济原理，就是大工厂生产与小工厂生产相比较，单位产品的生产成本要低，因此，通常将原料运到大的加工厂效率更高。

（2）原料分级。在将农产品收集起来后，一般都要进行分级，形成最适合最终用途的等级。最终用途产品的价值体现了原料等级的价格：一般来说，等级越高，其价格也越高，效益也就越好。例如，果品和蔬菜，其大小就是分级的一个重要标准。

（3）储藏原材料。除畜产品外，大多数农产品要经过一个季节或一年的生长期才能收获。然而，人们的消费需求相对稳定，这与农产品生产的季节性矛盾，因此，原料农产品必须储存到需要加工使用的季节才能够实现其价值。

（4）把原料加工成产品。畜禽等动物经过屠宰加工后变成鲜肉，一些鲜肉又经过再加工变成在零售商店里可以看到的各种形式的加工肉制品；果品和蔬菜经过罐头厂或冷冻厂加工成罐装或冷冻食品；小麦则通过磨碎并加入其他配料而制成配方点心类食品。

对于食物产品和纤维产品来说，多级加工变得越来越普遍。原料先加工成配料，再送往工厂制成糕点、速溶食品、方便食品。衣服则经过很多加工程序：原料纤维变成纱，然后变成细纱，再纺织成布料，最后到服装厂制成衣服。

（5）包装已加工的产品。包装是市场营销的重要基本职能。包装可以减少产品因暴露在空气和阳光中而导致的质量下降问题，并且可以保护产品免受搬运造成的损坏。由于运销过程中要经历更远的路程和更长的时间,因此包装日益重要。此外,合理的包装还可以彰显产品的特色,具有重要的促销功能。

(6)储存已加工的产品。食品、衣服等消费品,以及其他农产品在分销渠道中必须保证足够的储存量,即不断货。这就需要利用有储备职能的机构和设施,保证产品的持续供应是营销成功的关键。

(7)分销。分销就是将农产品分销给批发商、零售商和消费者的过程。一个广泛、健全的企业营销网络可以将产品从一个加工厂顺畅地转移到各零售点去,并通过零售网络销售给消费者。

(8)原料和商品的运输。运输是一项基本的营销职能。从原料集中到最终产品的分配,运输几乎连结市场营销系统的所有阶段。某种原料一般只在一定地区出产,如香蕉主要产于菲律宾,棕榈油主要产于东南亚和非洲,榨油用的大豆主要产于美国、巴西和阿根廷等国。加工者和消费者要从其他地区取得资源,运输是关键环节。

2. 促进职能

市场营销职能除了具有上述八种基本职能外,还具有六种促进职能。促进职能主要是指有利于营销基本职能实现、促进市场营销活动顺利开展的辅助性职能。随着市场营销理论的不断发展,营销的促进职能已经成为现代市场营销的核心内容之一。

(1)市场研究。市场研究是设法把已知的或潜在的消费者需求和欲望同企业的经营活动联系起来。如果消费者的收入足够购买相关产品时,欲望就变成有效的市场需求。

(2)产品研发。产品研发即产品研究和开发。产品研究和开发包括原有产品的改进和新产品的研发。研究与开发需要经过认真的市场营销调研,以便寻找新的或更好的产品,来适应消费者的物质和心理需要,从而提高产品的效用。

案例

青田田鱼:鱼鳞可吃的特色鲤鱼

浙江青田稻鱼共生系统,是中国第一个被联合国粮农组织认定的"全球重要农业文化遗产",是具有上千年历史,以种养结合为特征的稻鱼农业生态系统。该文化遗产地位于浙江省青田县东南部山区,核心区为方山乡龙现村,现有农田500多亩,水塘140多个,是富有田鱼文化、华侨文化的特色村。

当地先民种植水稻的同时在稻田浅水养殖鲤鱼,培育了极具地方特色的鲤鱼鱼种,体色丰富,有全红、全黑、粉玉、大花、麻花、粉花和粉麻,还有杂斑色,俗称"田鱼"。其肉质细嫩,无泥腥气,鳞片柔软可食。

在对优质鱼品追求的驱动下,部分头脑灵活的青田人锐意创新,将鱼放到稻田里繁殖。经过反复试养和驯化,终于从鲤鱼中选择出一种适宜稻田饲养的"田鱼"来。

所谓稻鱼共生,就是在稻田里养殖鱼类水稻为鱼类提供小气候、庇荫和有机食物,反过来鱼类则可以为水稻除草、耕田松土、吞食害虫等,同一块土地上可以获得种稻、养鱼的双重收益,鱼、稻、田等形成一个可以自身维持正向循环的高效生态系统。这样,在有限的山地里寻求到最大产值的青田人将稻田养鱼世世代代地传了下来。

联合国粮农组织驻中国代表伯希·米西卡表示,中国古老的稻田养鱼保存了良好的生态环境,体现了人与自然和谐共生的生态理念,雨水、稻田、人、河流形成良性循环,为人们提供了有机的食品,体现了中国人民的智慧。

多年来,青田县坚持保护为先,保护与发展共存的原则,推广稻鱼共生标准化技术,规范品牌监管,创新产品开发,着力提升青田田鱼品质,打造青田田鱼品牌,增强稻鱼共生系统保护的内生动力。

依托"稻鱼共生"系统这张全球重要农业文化遗产金名片,青田田鱼在推进农业转型升级、农旅融合发展的新时代征程中焕发出勃勃生机。

(资料来源:中国农村网,http://journal.crnews.net/ncpsczk/index.html)

(3)需求开发。新产品在生产出来以后,若要被人们充分认识,一般还需要一段时间。需求开发的任务要由企业和销售商共同进行,有时还要靠广告促销来完成。

(4)交易服务。买卖交易发生在市场营销系统的各个层次,每一次交易的成功实现都需要有相应的服务来保证。交易职能体现在买卖过程中,如寻找交易对手、商谈价格、交接货物,以及办理相关的手续等。

(5)结算和风险分担。企业营销职能专业化程度的提高延长了生产者和消费者的距离。商品的所有者同时也是风险的承担者,如果出现意外,即遇到不能如期出货结算或供求波动过大时,那么其风险就要由商品的所有者来承担。当然,企业可以通过进入期货市场,将部分价格风险转移到期货市场上。

(6)市场信息。如果产品数量出现短缺,可能引起价格猛涨;反之,产品积压又会导致价格急剧下跌。市场营销信息系统设计的思路就是追踪每天、每周,以及每月发生的影响产品销售的各种因素,以此预测市场价格的变化,谋求尽量减少或消除市场风险。

1.3.4 农产品营销的观念

市场营销观念是指人们认识和处理营销活动的基本看法和态度。只有树立正确的市场营销观念,才能正确处理好生产、销售和市场需求的矛盾,有效地发挥市场营销的作用,保证营销活动的顺利进行。

在商品经济的不同发展阶段中,其市场营销观念也不同。从市场营销观念的演化过程来看,农产品营销观念大致经历了生产观念、产品观念、销售观念、市场营销观念和社会营销观念五个阶段。

1. 生产观念

生产观念是产生在商品生产不发达、物资短缺，存在卖方市场条件下企业的一种观念。企业认为，自己生产什么就卖什么，以生产为中心，生产决定销售。生产观念的表现特点有以下三项。

（1）重点是产品生产。

（2）盈利手段是扩大生产。

（3）生产的目的是从多生产中获利。

例如，在计划经济时期，我国大多数农产品供不应求，农民生产的农产品由国营商业部门统一收购和分配，农民及农村生产组织只负责生产，且生产的产品按照国家下达的任务如数上交，超出任务以外的部分多交可获得奖励。

2. 产品观念

产品观念侧重于提高产品质量，认为消费者喜爱那些质量高、价格合理的产品，生产者只需致力于提高产品质量，只要物美价廉，消费者必然找上门，无须大力推销。人们常说的"酒香不怕巷子深"就是这种典型的产品观念。

西方国家的实践证明，如果生产者奉行产品观念，往往会导致"市场营销近视症"。也就是说，在市场营销管理中缺乏远见，只看到了自己产品质量好的一面，而忽略了市场需求在变化，其结果必然会陷入困境。例如，我国东北的人参，就质量而言在国际市场上可谓一流，但其出口创汇情况距离预期效果相差甚远，与韩国人参在国际市场上的地位无法相提并论。其主要原因就是我国的企业在宣传和推销产品方面欠缺，产品在国际市场上缺乏知名度。

3. 销售观念

销售观念是供求基本平衡或局部过剩的情况下，营销者的营销观念转向以销售为中心，强调推销的作用。销售观念的实际表现为"我卖什么，就动员顾客买什么"。销售观念的特点有以下三项。

（1）重点是产品销售。

（2）获利手段是推销和促销活动。

（3）经营者的目的是从多销售中获利。

例如，有的食品企业在出售保健食品时，通过重点宣传产品的营养和保健功能，传递新产品的信息，从而赢得顾客的关注，增加了产品的销售量。这就是销售观念带来的营销效果。而有的企业为达到大量推销产品而获利的目的，故意夸大产品的性能，甚至弄虚作假，误导消费者，不仅使消费者反感，而且损害了企业的形象。

4. 市场营销观念

在我国进入全面建设小康社会以后，大部分居民的消费已由满足温饱变为提高消费层次。在新的经济环境下，经营者由"以销售为中心"进入了"以消费者为中心"的新阶段，即消费者想要什么，经营者就销售什么，生产者也就生产什么。市场营销观念是以市场为导向，以消费者为中心的新观念，类似平常所说"以需定产"。市场营销观念与生产观念、产品观念和销售观念有以下三点区别。

（1）生产者生产活动的重点是满足消费者需求。

（2）经营者盈利手段是整体销售、全面经营。

（3）从满足消费者需要中获利。

随着"以消费者需求为中心"营销观念的确立，消费者的需要越来越受到生产、经营者的重视。很多农产品中介组织、经销商通过市场调查，将市场需求信息及时传递给农业生产者。例如：根据现代城市居民膳食结构的改变和对食品营养安全的要求，一些农业企业推出了名、优、特农产品，绿色有机农产品等；一些农产品加工企业开始注重系列新产品的研制；在服务方面，一些企业采取了预订和主动送货上门的服务方式等。这样做的目的都是要在充分满足消费者需求的前提下获取企业的经营利益。

5. 社会营销观念

进入21世纪，随着世界人口的不断增加，资源短缺等社会问题不断出现，农产品生产需要与保护自然环境联系起来，要避免大量使用农药等化学品对生态环境造成危害。也就是说，生产者既要考虑到企业本身的发展，又要考虑企业发展对人类社会、生态和谐、资源环境的影响，于是出现了诸如"理智的消费观念""生态和谐消费观念""绿色消费观念"等，这些观念的重点都是企业除了要满足消费者需要之外，还要关注资源环境问题和人类社会的可持续发展，统称为社会营销观念。

社会营销观念的出现，说明人们从社会各个角度去考虑问题，不仅要考虑生产者或经营者的效益，而且还要考虑社会效益。例如，国外一些有机农产品生产企业，以生态环境保护为出发点，在综合考虑社会和消费者等多方面

在消费者等多方面利益的前提下开展生产经营活动，因而享有较好的声誉，其农产品销售量增加很快，从而获得了很高的利润。

 项目案例分析

增收入促就业，打造"造血帮扶"新路径

"去年柳州螺蛳粉全产业链销售收入达到501.6亿元，同比增长40%，直接创造了30多万个就业岗位。"在广西壮族自治区柳州市政府办公室里，柳州市螺蛳粉产业发展中心主任卢世昌道出了这组令人振奋的数字。

螺蛳粉是广西柳州市的特色美食，随着螺蛳粉实现从地方小吃到红遍全网、从街头巷尾到袋装速食的转型，小米粉成为带动当地农民增收的地方特色经济产业。如今，越来越多外出打工的柳州人因为螺蛳粉返乡，在家门口创造属于自己的美好生活。

"螺蛳粉的原材料包含螺蛳、竹笋、豆角、大米、木耳等多种食材，我们尝试以'柳州螺蛳粉产业培植'推动'造血帮扶'新路径，着手构建以柳州螺蛳粉为核心的全产业链模式。"柳州市螺蛳粉产业发展中心主任卢世昌表示，通过"总部+基地""龙头企业+专业合作社+农户"等模式，引导周边县区大力种植、养殖螺蛳粉原材料，在保障原材料得到稳定供应的同时，增加地区内农户的收入。

"听人家说种什么、养什么卖得好，大家就都跟风一起干。但是最后没人收，看着农作物烂在地里，很心疼。"柳州市柳江区里高镇板六村木祥屯的村民韦义表示，2018年之前，自己一直种稻谷，自从柳江区螺蛳良种繁育和养殖试验基地落户在木祥屯后，便当起"螺蛳饲养员"，既可以拿到补贴，螺蛳养大后也有合作社保底收购，不用担心销不出去。

"目前，我们基地有水田1 400多亩，600多名农户参与养殖，2021年螺蛳销售200多万元，实现每亩增收2 000元。此外，在补贴政策的推动下，基地周边的农户也加入养螺队伍中，2022年初又新增2 000多亩水田养殖螺蛳，持续带动村民就业。"该基地运营方、柳州市谷之韵农业发展有限公司总经理兰健勇介绍，基地不仅培育螺苗、养殖螺蛳，还拓展螺蛳加工、螺蛳粉生产、劳动研学、旅游等业务，以三产联动扩大就业增收机会。

目前，螺蛳粉产业已成为推动柳州产业振兴、乡村振兴的巨大引擎。数据显示，2021年，柳州螺蛳粉产业带动原材料基地规模达到55.2万亩，累计认定原材料示范基地20个，带动30多万人就业。

（资料来源：中国农村网，http://journal.crnews.net/ncpsczk/2022n/d18q/snrw/950294_20221013071205.html）

辩证性思考

你身边有通过发展农业实现增收入促就业的例子吗？请结合案例谈谈我国的"乡村振兴"战略将对农产品市场带来哪些影响。

项目检测

营销知识目标检测

1.选择题

（1）"橘生淮南则为橘，生于淮北则为枳"体现了农产品的（　　）。

　　A. 季节性　　　　B. 稳定性　　　　C. 地域性　　　　D. 波动性

（2）"三品一标"是政府主导的安全优质农产品公共品牌。其中，三品是指（　　）。
  A. 无公害农产品　　B. 绿色农产品　　C. 地标农产品　　D. 有机农产品
（3）自古至今许多经营者奉行"酒香不怕巷子深"的经营之道，这种市场营销观念属于（　　）。
  A. 推销观念　　　　B. 产品观念　　　C. 生产观念　　　D. 市场营销观念

2.判断题

（1）广义农产品包括农作物粮食和经济作物、水产品、畜产品、林产品。（　　）
（2）市场构成需要具备3个要素：人口、购买力、购买欲望，3个要素缺一不可。（　　）
（3）按照交易场所的性质，可以将农产品市场分为产地市场、销地市场和集散与中转市场等三类。（　　）
（4）市场营销观念认为，我们卖什么就让顾客买什么。（　　）

3.简答题

（1）简述农产品的概念及特点。
（2）简述农产品市场的特点及变化趋势。
（3）简述农产品营销的基本要求。
（4）简述农产品营销的职能。
（5）简述农产品营销的过程。
（6）简述农产品营销观念。

营销能力目标检测

营销能力目标检测前的准备：为了实现"市场营销"课程的培养目标，本书设计了11个工学结合团队项目任务。按照自愿组合的原则，4~6人组建项目团队。民主选举队长，由队长组织团队成员进行CIS设计，确立团队理念，根据团队理念，设计队名、队旗、队歌及团队管理制度。每次上课时，每个团队由队长带领成员展示团队形象，朗诵队名、团队理念，合唱队歌，增强团队意识，培养学生团队合作的能力。

检测项目：选择一个农产品企业，运用市场营销观念学习内容，对该公司的市场营销观念进行分析，提出建设性意见，撰写农产品企业市场营销观念方案。

检测目的：通过检测，进一步明确农产品营销观念的要求，具备分析农产品营销观念的基本能力。

检测要求：班级学习委员组织全员分团队对农产品营销观念方案进行分析、讨论、交流，由教师进行评价。

项目2　农产品消费者分析

项目目标

营销知识目标

理解农产品消费者需求的概念、特点及类型；了解影响农产品消费需求的因素；掌握农产品消费者的消费意识、生活方式、人口结构及需求趋势；掌握农产品消费者购买动机及基于消费者购买动机的农产品营销策略；理解农产品消费者购买决策的概念、影响因素、特点及购买决策过程；掌握农产品消费者购买行为模式。

营销能力目标

能够运用农产品消费者分析的方法，进行农产品消费者分析。

导入案例

消费金秋　直播助农

2022年9月13日，由农业农村部、商务部、中央广播电视总台、国家林业和草原局、中华全国供销合作总社联合发起的2022年中国农民丰收节金秋消费季活动在京启动。本次启动活动，邀请了海南琼山、河南西峡、成都新津等地农民视频连线庆丰收、迎盛会，组织拼多多等电商企业发布了《产销对接倡议书》，现场设置了全国脱贫地区产销对接专区、北京特色农产品展区等，举办了电商助农直播活动。据悉，今年金秋消费季活动将持续3个月，拼多多等电商企业、抖音等直播平台，以及新发地等农产品批发市场、物美等商超企业等，通过打折让利、流量倾斜、减免费用等方式，开展农产品促销，激发市场消费活力。

作为此次金秋消费季承办单位中的唯一电商平台，拼多多于2022年9月1日至11月30日上线"多多丰收馆"，投入50亿元平台惠农消费补贴，与全国各大农产区和近9亿个平台消费者共庆丰收节。作为中国最大的农产品上行平台，拼多多已经连续多年参与承办丰收节金秋消费季，助力全国优质农产品出山进城。2022年"多多丰收馆"上线时间持续3个月，涵盖米面粮油、肉禽蛋奶、蔬菜水果、农副产品等四大类别农产品，辐射30万个商家、超50万款农副产品，全面覆盖全国主要农产区。在丰收节金秋消费季启动现场，与会人员纷纷体验一键下单好农货。以最受活动现场观众欢迎的洛川苹果为例,经过近十年的探索,洛川苹果产业已经上线了国内最先进的物理保鲜工艺,同时每一颗果子都有专属二维码。在电商和现代化物流的加持下,洛川苹果不仅实现全年供应,还可实现品质溯源。到2021年,洛川苹果线上销售额已达12.5亿元,品牌价值稳居全国水果之首。

(资料来源:中国农村网,http://journal.crnews.net/ncpsczk/2022n/d19q/gz/950868_20221111013820.html)

辩证性思考

"多多丰收馆"的成功迎合了农产品消费者的什么心理?

任务1 农产品消费需求分析

2.1.1 农产品消费需求的概念、特点及类型

1. 农产品消费需求的概念

农产品消费需求是指消费者在某一特定时期内,在每一价格水平上愿意且能够购买的农产品数量。构成农产品需求的必备条件有三个:①足够多的消费群体;②消费者具有购买欲望;③消费者在现有价格条件下具有支付能力。

2. 农产品消费需求的特点

与其他产品的消费需求相比,农产品消费者需求有其特殊的要求和规律性,主要体现在以下七个方面(见表2-1)。

表2-1 农产品消费需求的特点

特 点	释 义
普遍性	民以食为本,农产品毫无疑问是每个消费者的需求对象
稳定性	农产品属于生活必需品,消费者每天购买农产品的数量是一定的,需求量不会发生明显变化
零散性	零散性包括购买个体的零散性和单次购买数量的零散性
多样性	由于地域、生活习惯、收入水平等的差异,农产品消费呈现出多样性
可诱导性	消费观念的更新、社会时尚的变化、工作环境的改变、文化艺术的熏陶、广告宣传的诱导、消费现场的刺激、服务态度的感召力等,都会不同程度地使消费者的兴趣发生转移,并不断产生新的消费需求
季节性	由于每种作物的生长周期、季节不同,农产品的生产具有明显的季节性,因此农产品需求也呈现季节性的特点
地区性	农产品需求的地区性受消费习俗、生活习惯、营养保健观念及便利程度影响

3. 农产品消费需求的类型

消费者对于农产品的需求不是局限于某一个方面,而是具有需求的多样化(见表2-2)。

表2-2 农产品消费需求的类型

需求类型	释　义
对农产品基本功能的需求	消费者购买农产品主要是用于食用,而农产品的基本功能能够满足消费者的需求
对农产品品质的需求	在农产品基本功能得到满足后,随着人们生活水平的日益提高,消费者往往追求更高品质的农产品,更加注重营养成分的含量、纯度、水分含量、口感、外观新鲜程度等多个指标
对农产品安全性能的需求	近年来,农产品不安全问题屡屡发生,导致农产品质量安全问题普遍存在,消费者对农产品质量安全倍加关注
对农产品外观的需求	对美好事物的喜爱是人类的共性,对于农产品而言,不仅需要具备基本的功能、良好的品质和安全性,而且还要求其具有完美的外观形象,尤其是随着消费水平的不断提高及审美情趣的提高,人们越来越注重农产品的外在表现
对农产品便利程度的需求	这里的便利性包括农产品购买过程的便利性和使用过程的便利性两个方面
对农产品情感功能的需求	情感是影响消费者购买农产品的另一因素
对农产品社会象征的需求	部分消费者在选择农产品时会考虑到农产品的社会象征
对农产品良好服务的需求	对农产品与服务已成为不可分割的整体,消费者在购买农产品的同时,还购买了与农产品相关的服务

2.1.2 影响农产品消费需求的因素

农产品市场需求是指市场上所有消费者在一定价格水平下愿意并有能力购买的某种农产品总量。具体的影响因素有以下六点。

(1)消费人口。人口越多,农产品需求量越大。

(2)收入水平。一般而言,收入水平越高,农产品需求量越大。然而,对于劣质农产品,随着人们收入水平的提高,其需求量反而降低。

(3)价格水平。一般而言,价格降低,需求量会增加。然而,对于生活必需品的农产品而言,因其价格需求弹性较小,价格对其需求量的影响不大。

(4)替代品和互补品价格。农产品的需求量一般与替代品价格呈正向波动,与互补品价格呈反向波动。

(5)消费者的生活习惯与偏好。消费者不同的生活习惯及由此引起的对特定农产品的偏好程度,使收入水平等相同的消费者对同一农产品的需求量存在较大差异。

(6)消费者对农产品价格的预期。如果消费者预测他所需的某种农产品的价格会上涨,那么他可能会多买些这种产品供以后消费,这使农产品的短期需求增加。

2.1.3 农产品消费者消费意识分析

1. 追求个性化的消费意识

2016年9月，在苏州举办的全国"互联网+"现代农业暨新农民创业创新论坛上，农业部副部长屈冬玉在讲话中指出，应当把握好信息技术的"三大规律"：摩尔定律、长尾理论、梅特卡夫定律。长尾理论指出，伴随互联网经济的进一步发展，众多小众农产品搭载"互联网+"这趟高速运转的经济列车，汇聚成与主流产品相匹配的市场能量。消费者对千篇一律的工业流水线产品出现了疲软心理，在农产品领域亦是如此。在个性化、新奇化、定制化上下功夫，不失为一些原本小众的农产品发展的突破口，也为一些原本不出名的品牌打出名气创造了条件。例如，土鸡、土猪肉的流行就是这一消费心态的反映。如今，靖州杨梅、文宫枇杷、株洲黄桃等一些原本"养在深闺"的小众地域品牌，也借助农业电商，让更多的消费者知晓和购买。这不仅是销售地域的扩大，还是品牌影响力的几何增长，进而促进当地产业发展迈上新台阶。

2. 追求幸福感的消费意识

"我不想为别人而活，相比而言，我的感受更重要。"自我定义的幸福感已经替代传统上对成功的定义（即财富和地位），成为人们新的追求。近年来，在北上广等城市兴起了农夫市集，就是一种在参与式保障体系（PGS）、社区支持农业（CSA）等理念影响下的生活方式"复兴"，形式上与过去农村赶大集相仿，但时空变换为城市、周末，参与者也变为城市居民与近郊农户。农夫市集既强调农产品的绿色、天然，也强调消费者与生产者面对面的互动，即在市集中感受生活的"烟火气"。在不知不觉中，品牌与消费者拉近了距离，建立了情感联系。

3. 追求珍惜自我的消费意识

现代生活方式和西方价值观正影响着中国消费者对自己与家庭和社会、世界关系的看法。从消费者的立场出发考虑问题，更易获得认同。在品牌沟通传播活动中利用自我奖励、自我犒赏的话题。自己和家人用的产品，应该用质量最好的。生产者喜欢强调"家乡的味道"，突出产地农户的形象，就是这种心态的反映。乡土作为心灵的归宿，带给消费者格外的满足感和慰藉感。因此，突出乡土特色，把生产者推到前台来，能够唤起消费者的信任感，也更容易促使消费者为这份信任感买单。

4. 追求展现自己的消费意识

中国消费者在社交媒体上展现自己的强烈欲望就是"自我"意识的一种体现。各种社交媒体为中国消费者提供了展示自己生活方式、品味和观点的平台。然而，在展示自己的与众不同这一明显的动机背后，还隐藏着一种得到社会认同的渴望：我发帖因为大家都在发。因此，在社交媒体上，"和而不同"对中国消费者来说是特别重要的。

2.1.4 农产品消费者生活方式分析

1. 健康升级

随着科技与生活的融合度越来越高,消费者的生活方式正不断变化,新层次的健康和美好生活意识正在发酵和显露。"吃得好"不再意味着大鱼大肉、过量的营养摄入,而是健康和科学的饮食对食品质量和种类有更高的标准,因此,有机食品、进口食品和精致饮食受到追捧。

此外,健康不仅来自食物,还来自健康的生活方式和生活习惯:参与运动、雇用私人教练获得更专业的指导、使用运动APP和可穿戴设备。推而广之,从身体健康到身心和灵魂的全面健康,对抑郁症和各种心理/精神问题的更高认识,参加冥想练习、瑜伽、从食品安全到对整体生活空间的总体意识,空气、水和土壤都与我们的身体健康息息相关。

与身体健康密不可分的农产品,也要根据在生活方式方面对健康的新定义相应地升级产品及与消费者的沟通信息。农产品不该一味地强调绿色、有机等概念,而是要向消费者传递更明确的信息——借助我们的农产品,可更好地管理你的身体。农产品的绿色、有机概念首先强调的是对农产品生产环境的保护及自然生态的可持续发展,然后才强调在这种生产环境下生产的农产品是安全、健康的。在我国,消费者更关心的是农产品本身而非环境,并且对农产品的关注并不是消费者的最终诉求。因此,对面向终端消费者的产品来说,与其在宣传绿色有机上下功夫,不如直接告诉消费者如何借助农产品"善待"自己的身体。

2. 时间无价

"没时间"一直是当今消费者的痛点。如今,消费者愿意花钱买时间,把自己从无聊、重复性的事务中解脱出来,投身于自己的业余爱好活动。现代科技使花钱买时间成为可能——送货上门服务节省了来往于实体店的麻烦和时间。农产品不应该一味强调绿色、有机等概念,要向消费者传递更明确的信息——就像在家约车一样便利,让司机把车开到你家门口。

3. 追求便利

如今,智能手机已成为人们的"私人助理"。便利性被认为是理所当然的,因为消费者已经依赖于各种创新的产品和服务,这些产品和服务可以为他们带来超乎想象的便利。

对于如今的产品、服务而言,便利性是必需的。近几年,"鲜果切"市场越发壮大,加入者越来越多,也被业界誉为下一个"风口"。鲜果切的火爆正是因为抓住了都市消费者对便利的渴望。对于生活节奏较快的办公室群体来说,忙碌起来根本没时间去挑选水果、去皮去核、处理废皮废物。鲜果切既可以满足消费者对健康品质的生活需求,又可以跟上其生活快节奏的变更,促使消费者对健康品质生活快节奏的变更,促使消费者向高频率、多变化转型。根据自身资源优势和加工能力，打造鲜果切品牌，或者专注做下游供应链品牌，不失为一个好的切入点。

4. 购物无界

中国消费者现在已化身为全球购物者。随着收入增加，对于一些中国城市家庭而言，海外旅行已成为一种流行的、有时甚至是必须进行的年度活动。在国外旅游的过程中，购物已成为主要驱动力之一。

除了奢侈品之外，从消费类电子产品到家居用品的一系列产品也频繁出现在中国游客的购物清单中。除了价格优势，人们也相信国外的产品有更多、更新的选择、更好的质量。现在全球购物已不再局限于旅行场合，各种跨境电子商务平台都可确保中国消费者可以随时随地购买商品的欲望。

电子商务以往经历了爆炸式的增长——更便宜的价格，更方便、轻松的购物方式，无穷无尽的产品选择，这都吸引着消费者迅速改变购物习惯。消费者把很多产品的采购转移到线上，而强大的电商平台服务使这种转移的实现易如反掌。在中国，电子商务的迅猛发展对线下零售的影响巨大，这得益于中国低廉的物流成本。

无界具备两方面的含义：一是打破空间界限，具备买全球、卖全球的条件；二是突破媒介限制，利用"O2O"（Online To Online）等新型流通手段，实现传统与现代的融合。一些生鲜电商平台引入进口生鲜是现阶段提升平台品牌价值的重要手段。他们不一定要以进口生鲜为主，而是把一些易存放、易运输的"洋水果""洋海鲜"作为吸引潜在消费者的"噱头"，毕竟进口生鲜对供应链的要求比较高，不适合每家平台。突破媒介限制，利用"O2O"，意味着企业需要以全局思维来抓住任何可能的机会，线下接触点的运作应充分利用其在提供体验和服务方面的优势，并同时利用线上渠道来实现消费者到达率和消费者互动的最大化。例如，社区水果店可以发挥距离消费者较近的优势，充分利用线下资源，开展水果配送等线上业务，实现线上线下良性互动。同时，无界也意味着经营者们要有更宽广的胸怀和更开阔的眼界，不仅用开放的态度尝试新型的经营方式，还要勇于在流通环节创新流通方式、媒介和载体。

2.1.5 消费者人口结构分析

1. 单身一族

人口结构的变化将一波又一波的新生代消费群推向市场，这些消费群有着他们所属年龄段独有的特点。现代的生活方式、不断增长的个人收入和越来越开放的社会观念促进了大城市中单身一族群体的壮大。他们将有潜力成为这样的细分市场的一员：有强大的消费力来购买昂贵的衣服、享受高档的餐饮、令人蠢蠢欲动的假期和高端服务。同时，他们的需要明显不同于有家庭的消费者，适合一个人享用或使用的产品或服务创新，较小巧的产品设计更受欢迎。比如，近年来，高端小包装大米逐步取代散装大米正成为趋势。目前，市面上的中高端大米基本上是以小包

数字农业变"产供销"
为"销供产"

装为主。

2. 非凡青年

90后或00后的独特性主要反映在以下三个特点：①对生活的多元化观点和对追求更大胆梦想的渴望。作为独生子女，90后或00后尽享物质上的舒适、独享父母以及祖父母的全部关注。这就给这两代年轻人更足的安全感、更有底气地去探索不同的生活道路、追求更大胆的梦想。②在他们的世界里，没有单一的权威。他们成长的时代对不同的观点意见更加包容。服从权威也不是他们的风格，他们会自己去探索研究，并作出自己的决定。③在"蜜罐"里长大的他们没有太多的苦难经历，因此延迟的满足并不是他们的信念。每天的"当下时刻"与明天的伟大梦想同样有意义。成功不必非得来自艰苦奋斗，完全可以来自你自己喜欢做的事，并常常是在非传统、非常规领域取得（如电子竞技运动、网络主播）。

3. 银发老年

目前，中国已经成为世界上老年人口最多的国家，也是人口老龄化发展速度最快的国家之一。在20世纪60年代出生的人即将进入退休年龄。这一消费者群体是中国经济起飞的第一批受益者——工作机会很多、收入快速增长、房价还很便宜、前景乐观。当他们退休时，他们会比前几代人更有自信，不论是经济上、身体上还是心理上都是如此。到他们这一代，除了时间外，更好的营养和现代医疗护理使他们拥有健康的身体，这进一步激发他们对享受健康而愉快的退休生活的渴望。新的一代银发消费者有着很高的消费能力，也有很强的消费意愿，是任何品牌都不应忽视的潜在"大客户"。此外，他们也愿意为能真正满足他们需求的产品支付溢价。对于农产品企业来讲，需要研究他们的独特需求，为他们提供真正的价值，从而赢得他们的欢心。

2.1.6 农产品消费需求的趋势

在以助农直播为首的新服务业态的推动下，我国正涌现出一批特色的"农产品带货之城"，不仅加速了农产品的流通，带动农民致富，也丰富了城市农产品供给，让物美价廉的蔬菜、水果走入寻常百姓家。同时，"短视频+直播"平台也正在加速从消费力向农业生产力的构建。

1. 助农直播成主流

在现代物流体系完善下，拼多多、快手等平台的出现正在扩宽农产品的贸易范围和客户群体，减轻供需双方的信息不对称的难题，"助农直播"成为畅通农产品通路的主要方式之一。除北京、杭州等农产品供需都较为旺盛的高线城市外，越来越多中低线城市在直播的带动下强力"出圈"。其中，作为蔬菜之乡的临沂已然从过往只负责前端蔬菜供应的"菜篮子"，变成跑通产销全流程的"带货之城"。与此同时，西部城市带货势头凶猛，在农产品带货城市增速排行榜前10位中，南宁、西安、成都三大西部城市分列3~5位。广西沃柑、陕西苹果等特色农产品正在通过"直播带货"的形式走向全国各地。大到国际都市，小到东西部小城，快手等直播平台已经逐渐成为全新的蔬菜行业上下游人群的集合地，助农直播也成为农户展示自己新鲜农产品的"新集市"。

2. 热带水果席卷全国

"直播+短视频"一方面打通了农产品的销路，另一方面也满足了人们对各地新鲜瓜果蔬菜的口腹之欲。南方的芒果、榴莲，北方的苹果、李子，水果的馨香甘甜从助农直播间飘到了国内各个角落。例如，2022年1—8月，快手平台上销量最高的水果排行榜前6位分别是芒果、橘子、榴莲、桃、李、杏，热带水果位居前3位。无论南北方，芒果都格外受欢迎，成为当之无愧的新"国民水果"。除芒果这一共同喜好外，南北方对其他水果的喜爱则有所不同，北方人普遍偏爱桔类、瓜类、榴莲等南方水果，而南方对桃、李、杏等北方特有水果钟爱有加，其反映了人们对多元农产品的包容与喜爱。无论是甘甜如芒果，还是清甜如桃李，丰富的水果种类不仅愉悦了消费者的味蕾，也提高了农户的收入。

3. 种子种苗成"香饽饽"

2022年1—8月，快手电商农资农具销量排行榜前3位的品类分别为种子/种苗、肥料、饲料。今天的短视频平台不只是个农产品集散市场，也是个农业学习平台。怎么施肥作物才能长得好？猕猴桃种苗怎么培育？在快手等电商平台，全国各地的农业技术专家在讲授着实用的农技知识。除了学农技，农民也在快手上购买各种各样的农资农具。

任务2　农产品消费者购买动机分析

2.2.1　认知农产品消费者购买动机的概念

农产品消费者购买动机是指农产品消费者为了满足自己一定的需要而引起购买行为的愿望或观念，它能够引起农产品消费者购买某一商品或劳务的内在动力。

2.2.2　农产品消费者购买动机的类型

农产品消费者需求的多样性决定了购买动机的复杂性。据某些心理学家分析，驱使人们行为的动机有600多种，这些动机按照不同的方式组合和交织在一起，相互联系、相互制约，推动人们沿着一定的方向行动，购买商品或服务。在现实生活中，农产品消费者的购买动机又呈现出一定的共性和规律性。概括起来，一般可将农产品消费者购买动机分为生理性和心理性两大类（见表2-3）。

表2-3 农产品消费者购买动机的类型

生理性购买动机	心理性购买动机
维持生命的购买动机	感情动机
保护生命的购买动机	理智动机
延续生命的购买动机	惠顾动机
发展生命的购买动机	

1. 生理性购买动机

生理性购买动机是指农产品消费者为保持和延续生命而引起的各种需要所产生的购买动机。生理因素是引起农产品消费者的生理性购买动机的根源。农产品消费者为了使生命得以延续，就必须寻求温饱、安全，能够组织家庭和繁衍后代，同时还包括增强体质和智力的方法。这种购买动机是建立在生理需要的基础之上的，具体可以分为以下四种类型。

（1）维持生命的购买动机。农产品消费者饥时思食、渴时思饮所产生的对食物、饮料等的购买动机均属于维持生命的购买动机。

（2）保护生命的购买动机。保护生命的购买动机指农产品消费者为保护生命安全的需要而购买商品的动机。

（3）延续生命的购买动机。延续生命的购买动机指农产品消费者为了组织家庭、繁衍后代、哺育儿女的需要而购买有关商品。

（4）发展生命的购买动机。发展生命的购买动机指农产品消费者为使生活过得舒适、愉快而购买有关商品的动机。

2. 心理性购买动机

心理性购买动机是指消费者的认知、情感和意志等心理过程引起的购买动机，消费者个体因素是引起心理性购买动机的根源，具体包括感情动机，理智动机和惠顾动机。

（1）感情动机。感情动机是指由于人的喜、怒、哀、乐等情绪和道德、情操、群体、观念等情感所引起的购买动机。农产品消费者的需要是否得到满足，会引起对事物的好坏态度，从而产生肯定或否定的感情体验，而这些不同的感情体验反映在不同的农产品消费者身上，就会体现出不同的购买动机。感情动机主要表现在求新、求名、求美、好胜等方面。

（2）理智动机。理智动机是指农产品消费者对某种商品形成清醒的了解和认知后，在对这个商品比较熟悉的基础上所进行的理性抉择并做出的购买行为。拥有理智动机的往往是那些具有比较丰富的生活阅历、有一定的文化修养、比较成熟的中年人。他们在生活实践中养成了爱思考的习惯，并把这种习惯转化到购买商品当中。理智动机主要表现为求实、求康、求便等方面。

（3）惠顾动机。惠顾动机又称信任动机，是指基于感情和理智的处理，农产品消费者对特定的商店、厂牌或商品，产生特殊的信任和偏好，习惯地、重复地前往购买的一种动机。产生惠顾动机的原因有信誉良好、服务周到、商品完备、价廉物美及方便等诸多因素。

2.2.3 基于消费者购买动机的农产品营销策略

1. 利用求安心理，开发绿色农产品

绿色农产品泛指安全、优质、无污染的农产品，包括无公害食品、绿色食品和有机食品。无公害农产品是指在良好的生态环境条件下，生产过程中符合规定的无公害农产品生产技术操作规程，产品不受农药、重金属等有毒有害物质污染，或有毒有害物质控制在安全允许范围内的食品及其加工产品。无公害农产品是根据我国农产品生产和国民消费水平实际需要而提出来的，具有中国特色，是大众消费的、质量较好的安全农产品。无公害农产品需经省一级以上农业行政主管部门授权有关认证机构认证，经认证后允许使用无公害农产品标志。在未来一定时期内，这将是我国农业生产、农产品加工和国民消费的主流食品。

企业实施绿色农产品营销策略，要做好以下三个方面的工作。

（1）加强消费者对绿色农产品的认知。随着生活水平的提高，消费者对健康的关注增加，会越来越多地选择安全、有益健康的绿色农产品，但目前消费者的消费意愿没有被充分诱导出来。人们对绿色农产品的支付意愿不强烈，绿色农产品消费需求存在不足现象。

对绿色农产品了解越多，越有助于激发消费者内心对安全和健康的需要，进而提高对绿色农产品的消费。千万不能将绿色食品标志仅仅印在包装上一贴了事，而是要对消费者经常进行有效宣传，增强消费者对农产品安全问题的认识，对绿色食品标志的辨识。

（2）合理定价。定价要充分考虑生产成本、认证成本、目标市场消费群体的接受程度。如日本有机食品比普通农产品价格高10%以上，欧洲有机食品也比一般农产品高20%~50%，我国消费者愿意接受的绿色农产品价格比普通农产品一般高15%~25%。

（3）选择合适目标人群。消费者的年龄，经济状况，对健康、安全的忧虑意识，以及家庭中是否有未成年人都会影响其对绿色农产品的消费，我国绿色农产品消费群体主要有机关事业单位集团消费、以高级知识分子为主的白领阶层，年轻人和部分老年人、孕妇、产妇、婴幼儿为主的消费群体。

2. 利用休闲心理，开发休闲农产品

休闲农产品是指人们在闲暇、休息时消费的食用、把玩、观赏性农产品，其主要功能为愉悦消费者的心情。如波力海苔为休闲食品、多肉植物为观赏植物。这类农产品主要消费群体是中青年妇女、青少年、游客等。

（1）吸引消费者的味蕾和眼球，推出美味、新颖的产品。休闲农产品要让消费者难以抗拒产品美味、亮丽的诱惑。

（2）体现健康消费的理念。休闲农产品要确保无毒无害。特别是休闲食品要保证质量和良好风味，以低热量、低脂肪、低糖为产品开发的主流。

（3）借助文化娱乐元素。借助文化娱乐元素表达温馨、健康、纪念的信息，以期引起消费者对品牌的共鸣，如"吉祥三宝""田妈妈"等。

（4）包装玲珑方便购买。休闲农产品往往是旅途消费品或礼品，体积小、包装美、携带方便，且购买者以同样体格获得多份产品，可以低成本实现让更多亲朋好友分享。

3. 利用体验心理，开发观光农业园

观光农业园是以生产农作物、园艺作物、花卉、茶等为主营项目，让城市游客参与生产、管理及收获等活动，享受田园乐趣，并可进行欣赏、品尝、购买的农业园。

（1）因地制宜发展。观光农业园选址要符合"三边"（即城市周边、旅游景区周边、交通干线周边）条件。

（2）适度规模经营，农业特色明显。观光农业园应具有鲜明的独特性和区域性，具有别人难以模仿的内涵和价值。

（3）突出新奇特，不断改造园区景观。观光农业园要充分利用农业自然景观、农业田园景观和农业生产景观，做好生产、生活环境整治工作。移步换景，处处是景，能够满足消费者摄影取景需要，适应当今手机一族利用微信、QQ、微博等自媒体传播。

（4）注重体验，让游客获得感受价值。让游客视觉体验，看到红花绿果、稻田画幅等；让游客听觉体验，听到潺潺流水、虫鸣鸟语等；让游客味觉体验，品尝农家豆腐、果菜茶饮等；让游客嗅觉体验，闻到花草芳香，体验清香迎面扑等；让游客触觉体验，动手采摘、制作、加工等。

4. 利用求便心理，开发数字化营销

所谓数字化营销，是以计算机网络技术为基础，通过电子商务来实现市场营销。数字化营销具有时间上的全天候特性、空间上的跨区域特性、结算的便捷性、物流的快捷性优势。

（1）目标市场定位。目标人群定位是农产品电商平台首要考虑的问题，如果目标人群定位在基本不会上网的老年人或消费能力低下的人群，那显然要面临亏损。

（2）选择品牌物流。由于农产品的特殊性，配送需要有冷藏冷冻的混合配送车辆，以及冷藏周转箱及恒温设备，否则产品质量再好，客户收到的也将是有质量问题的商品。因此，物流配送及其成本将成为考验农产品电商平台的最大问题。

（3）提高农产品品质和标准化程度。同一批次以及不同批次农产品，外在规格、内在品质力求基本一致。

（4）注重网络宣传。电商平台既是一个交易平台，也是一个宣传窗口。要及时通过新闻播报、看图片说故事等形式，展开对消费者群体的宣传，从而抓住消费者的需求。

任务3 农产品消费者购买决策分析

2.3.1 农产品消费者购买决策的概念及影响因素

农产品消费者购买决策是指农产品消费者为了满足某种需求,在一定的购买动机的支配下,在可供选择的两个或者两个以上的购买方案中,经过分析、评价、选择并且实施最佳的购买方案,以及购后评价的活动过程。农产品消费者购买决策是一个系统的决策活动过程,包括需求的确定、购买动机的形成、购买方案的抉择和实施、购后评价等环节。

农产品消费者购买决策主要受以下的因素影响:产品质量安全、消费者购买习惯、消费者收入水平、消费者年龄阶段、消费者家庭及周围亲戚朋友、社会消费文化的影响、社会供给的制约、交通物流的影响、门店消费环境的因素、产品销售情况的影响、售后服务等。可见,消费者购买决策受多种方面因素的影响,任何一小方面的因素都可能影响消费者是否购买产品或服务。

2.3.2 农产品消费者购买决策的特点

1. 农产品消费者购买决策的目的性

农产品消费者进行决策,就是要促进一个或若干个消费目标的实现,这本身就带有目的性。在决策过程中,消费者要围绕目标进行筹划、选择、安排,这就是实现活动的目的性。

2. 农产品消费者购买决策的过程性

农产品消费者购买决策是指农产品消费者在受到内、外部因素刺激,产生需求,形成购买动机,抉择和实施购买方案,购后经验又会反馈回去影响下一次的消费者购买决策,从而形成一个完整的循环过程。

3. 农产品消费者购买决策主体的需求个性

购买商品行为是消费者主观需求、意愿的外在体现,受许多客观因素的影响。除集体消费之外,个体消费者的购买决策一般都是由消费者个人单独进行的。随着消费者消费水平的提高,购买行为中独立决策特点将越来越明显。

4. 农产品消费者购买决策的复杂性

农产品消费者购买决策的复杂性还体现在心理活动和购买决策过程的复杂性。决策是人大脑复杂思维活动的产物。消费者在做决策时,不仅要开展感觉、知觉、注意、记忆等一系列心理活动,还必须进行分析、推理、判断等一系列思维活动,并且要计算费用支出与可能带来的各种利益。因此,消费者的购买决策过程一般是比较复杂的。

(1)决策内容的复杂性。消费者通过分析,确定在何时、何地、以何种方式、何种价格购买何种品牌商品等一系列复杂的购买决策内容。

（2）购买决策影响因素的复杂性。消费者的购买决策受到多方面因素的影响和制约，具体包括消费者个人的性格、气质、兴趣、生活习惯与收入水平等主体相关因素；消费者所处的空间环境、社会文化环境和经济环境等各种刺激因素，如产品本身的属性、价格、企业的信誉和服务水平，以及各种促销形式等。这些因素之间存在着复杂的交互作用，它们会对消费者的决策内容、方式及结果形成影响。

5. 农产品消费者购买决策的情景性

影响决策的各种因素不是一成不变的，而是随着时间、地点、环境的变化不断发生变化。因此，同一个消费者的消费决策具有明显的情景性，其具体决策方式因所处情景不同而不同。由于不同消费者的收入水平、购买传统、消费心理、家庭环境等影响因素存在着差异性，因此，不同的消费者对于同一种商品的购买决策也可能存在着差异。

2.3.3　农产品消费者购买决策的过程

消费者对一种商品从具有购买欲望到最终做出购买决策是一个比较复杂的过程。一般而言，其复杂程度主要是因商品价值的不同而不同。事实上，消费者购买过程简单，瞬间做出决策的情况也是比较普遍的：单位价值低的商品，购买次数频繁的商品，消费者熟知特性的商品，各种名牌产品以及消费者有明显偏好的品牌商品、缺货的商品、特别优惠的商品和广告具有吸引力的商品，女性消费者喜欢凭感觉购买的商品。

对一些价值高、平时不经常购买的商品，如耐用消费品，其购买行为往往是由若干环节组成的，购买过程在实际购买以前就开始了，并且在实际购买后还要持续很久。这一过程可大致分为唤起需要、收集信息、评估信息、购买过程和评价阶段五个阶段。企业在推销产品时，要根据消费者的心理动态，有针对性地开展营销活动。

1. 唤起需要阶段

消费者对某种商品产生需要时是其购物决策过程的开始。在这一阶段，企业营销的工作重点是进一步激发消费者的需要。企业的营销人员应该做到以下两点。

（1）充分掌握产品的实际或潜在性能，分析其能引起或满足消费者哪些方面的需要，并向消费者展示。如黄瓜，除了可以被人们当作蔬菜来食用以外，还是被现代年轻女性看好的天然面膜产品，也是化妆品护肤厂家提取黄瓜汁、营养素的原料来源。

（2）掌握消费者对某种产品需要强度的季节性，采用激发消费者购买动机和欲望的营销措施，应根据时间和季节的变化采取不同的刺激方式。

在唤起需要阶段营销的重点是积极推介企业自身的产品，特别要针对消费者的需求介绍产品的特点，以引起消费者的购买欲望。

2. 搜集信息阶段

如果消费者的需要比较强烈，想要的产品也基本确定，市场上也有货，接下来就要为购买决策寻找更多的依据。消费者要收集产品质量和价格等方面的信息进行一番比较鉴别。

信息的来源很多，主要有以下四种。

（1）人际来源，即从家庭成员、朋友、同事那里得到的信息。

（2）商业来源，即从广告、推销员、经销商、包装品、展销会等处得到的信息。

（3）公众来源，即从公众评议、电视、广播、报纸等大众传媒中得到的信息。

（4）经验来源，即从使用者那里得到产品使用情况的信息。

一般来说，消费者得到的商品信息大部分出自商业来源，而影响力最大的应该是人际来源的信息。在正常情况下，商业来源主要起通知作用，而个人来源主要起评估作用。企业营销时，要针对不同商品和不同的消费者拟定宣传计划，设法扩大对自己有利的信息的传播。

3. 评估信息阶段

消费者得到的各种有关信息可能是重复的，也可能是互相矛盾的，因此还要对得到的信息进行分析、评估和选择，这是购买决策过程中的重要一环。消费者在评估时虽各有侧重，但有以下四点是相同的。

（1）产品性能是购买者所要考虑的首要问题。消费者往往通过对不同品牌的同一种商品的性能、质量、价格和售后服务等方面进行比较，在大体明确各种品牌的利与弊之后，做出购买决定。

（2）一般消费者都以产品能给自己带来的实际利益为前提。

（3）多数消费者的评估过程是将实际产品同自己理想中的产品进行比较。

（4）不同消费者看重不同的产品细分市场。

因此，经营者可根据消费者对信息评估的侧重点，采取不同的营销对策，以提高自己产品被选中的概率。具体可采取的营销策略有以下三个。

（1）实际重新定位策略。修正产品的某些性能，使之接近消费者理想的产品。

（2）心理重新定位策略。通过广告和其他促销手段，改变自己产品在消费者心目中的印象，消除其不符合实际的偏见。

（3）竞争反应定位策略。当消费者对竞争品牌出现偏爱时，可通过比较性广告来改变消费者对竞争品牌的偏爱。

4. 购买阶段

做出购买决定和实现购买是购买决策过程的中心环节，但从决策到实际购买的过程中，有时还会发生变化，使购买决定不能实现。这主要受两个因素的影响：一是他人的态度；二是购物时的感觉。因此，经营者应设法为消费者创造良好的购物环境和提供满意的服务，使消费者放心购买，并在买后感到满意。

 思政教育

增进民生福祉，提高人民生活品质

江山就是人民，人民就是江山。中国共产党领导人民打江山、守江山，守的是人民的心。治国有常，利民为本。为民造福是立党为公、执政为民的本质要求。必须坚持在发展中保障和改善民生，鼓励共同奋斗创造美好生活，不断实现人民对美好生活的向往。

我们要实现好、维护好、发展好最广大人民根本利益，紧紧抓住人民最关心最直接最现实的利益问题，坚持尽力而为、量力而行，深入群众、深入基层，采取更多惠民生、暖民心举措，着力解决好人民群众急难愁盼问题，健全基本公共服务体系，提高公共服务水平，增强均衡性和可及性，扎实推进共同富裕。

（资料来源：《习近平 高举中国特色社会主义伟大旗帜 为全面建设社会主义现代化国家而团结奋斗——在中国共产党第二十次全国代表大会上的报告》，中国政府网，http://www.gov.cn/xinwen/2022-10/25/content_5721685.htm）

5. 评价阶段

如果消费者购买商品后感觉比较满意，可能会再次购买，成为"回头客"。这时经营者一方面要热情接待，另一方面可利用"回头客"的良好评价说服其他消费者购买。可见，营销者采取一些必要措施与购买者建立售后联系，也是非常必要的，这可以促使购买者确信其购买决策的正确性。营销者与购买者建立售后联系的内容可以考虑以下四个方面。

（1）恳请消费者提供改进意见。

（2）列出各售后服务地点。

（3）建立客户登记卡。

（4）在一定时间内允许退货。

总之，经营者应尽量减少消费者购买后可能产生的不满情绪。同时，生产者应根据顾客的意见反馈，不断改进产品，完善售后服务。

任务4 农产品消费者购买行为模式分析

2.4.1 农产品消费者购买行为的概念

消费者购买行为也称消费者行为，是消费者围绕购买生活资料所发生的一切与消费相关的个人行为。消费者购买行为包括从需求动机的形成到购买行为的发生直至购后感受总结这一购买或消费过程中所展示的心理活动、生理活动及其他实质活动。

农产品作为满足消费者吃、穿、用等基本生活需要的物质资料，其消费者购买行为同样受到文化因素、社会因素、个人因素和心理因素的影响。因此，农产品消费中所体现的历史文化传统、社会阶层与个性心理更为明显。随着市场经济不断发展，我国的社会结构和文化特征不断地变迁与发展，农产品的消费者购买行为也呈现出许多新的特点。

（1）消费者对农产品的消费需求已开始从追求满足数量转向追求品质。对于食品，消费者已由以前的要求"吃饱"转向追求"吃好"，提出诸如营养、健康、安全等要求。

（2）消费者对农产品需求日趋个性化和多层次化。

（3）消费者对方便型和无公害绿色农产品的需求日益增长。

（4）消费者对农产品的品牌消费观念逐渐增强。

2.4.2 农产品消费者购买行为模式分析

农产品消费者购买行为模式直接反映出农产品消费者的购买行为（见表2-4）。通过对农产品消费者购买行为模式进行分析，可以弄清农产品消费者购买行为的规律性及变化趋势，掌握农产品消费者购买行为规律，以便制定和实施与之相适应的市场营销战略和策略。这是农产品生产企业和经营者开展市场营销活动的思路与方法。

表2-4 农产品消费者购买行为模式

消费者及其行为	购买行为概括
①谁是购买者？	购买者
②购买什么？	购买对象
③为何购买？	购买目的
④何时购买？	购买时间
⑤何处购买？	购买地点
⑥怎样购买？	购买行为

1. 分析谁是购买者

分析谁是购买者解决谁是农产品购买者和参与购买者的问题。这里需分析以下问题：该市场由谁构成？谁购买？谁参与购买？谁决定购买？谁使用所购产品？谁是购买的发起者？谁影响购买？

分析谁是购买者和参与购买者，可明确农产品产品的购买者，解决两个方面的问题：一是农产品生产企业如何选择经销商和消费者的问题；二是农产品生产企业和经销商有针对性地制定接待消费者、说服消费者、激发消费者购买策略的问题。

2. 分析购买什么

分析购买什么解决农产品消费者购买对象的问题。这里需分析以下问题：消费者需要什么？消费者的需求和欲望是什么？对消费者最有价值的产品是什么？满足消费者购买愿望的效用是什么？消费者购买农产品想从中获得的核心利益是什么？

分析购买什么，可明确农产品消费者的需求，解决两个方面的问题：一是农产品生产企业生产什么产品、销售什么产品的问题；二是经销商购进什么产品、销售什么产品的问题。

3. 分析为何购买

分析为何购买解决农产品消费者购买目的的问题，即购买动机。动机有实有虚。这里需分析以下问题：购买的目的是什么？为何喜欢？为何讨厌？为何不购买或不愿意购买？为何买这个不买那个？为何买本企业产品而不买竞争者的产品？为何买竞争者的产品而不买本企业产品？

分析为何购买，可明确消费者的购买目的，即消费者的买点，解决两个方面的问题：一是卖方即农产品生产企业和中间商如何确定产品利益点、卖点的问题，只有产品的利益点、卖点适应了消费者的利益点，买点才能实现交易；二是卖方即农产品生产企业和中间商如何确定推销产品利益点、卖点的问题。

4. 分析何时购买

分析何时购买解决农产品消费者购买时间的问题，即掌握农产品消费者购买的时间规律，包括关键月、关键日、关键时，以及消费者购买农产品的时令性、季节性。这里需分析以下问题：何时购买？什么季节购买？何时需要？何时使用？曾经何时购买过？何时重复购买？何时换代购买？何时产生需求？何时需求发生变化？

分析何时购买，可明确消费者购买农产品的时间规律，解决两个方面的问题：一是农产品生产企业何时生产产品、何时销售产品的问题；二是经销商何时购进产品、何时销售产品及确定营业时间的问题。

5. 分析何地购买

分析何地购买解决农产品消费者购买地点的问题，即"只适宜"或"最适宜"在某个地方购买。消费者对购买地点的选择有其规律性，农产品习惯于就近购买，当消费者对某一商家形成良好的印象时，便乐意经常到它那里购买，形成对购买地点的习惯性。这里需分析以下问题：在城市购买还是在农村购买？在超市购买还是在农贸市场购买？在大商场购买还是在小商店购买？通过电视购买还是网上购买？

分析何地购买，可明确农产品消费者的购买地点，解决三个方面的问题：一是农产品生产企业确定农产品销售形式的问题；二是经销商确定网点设立在什么地点、设立多少网点的问题，以及如何利用消费者对购买地点的习惯性提高服务质量、培养满意消费者和忠诚消费者的问题；三是电商企业如何利用消费者对购买地点的习惯性提高服务质量、培养满意消费者和忠诚消费者的问题。

6. 分析如何购买

分析如何购买解决农产品消费者购买行为方式的问题，即消费者的购买类型与支付方式。这里需分析以下问题：农产品消费者如何决定购买行为？以什么方式购买？按什么程序购买？

分析如何购买，可明确农产品消费者的购买方式，解决两个方面的问题：一是经销商、电商根据不同的购买类型为消费者提供针对性服务以提高服务质量的问题；二是为消费者提供多种购买方式、开展多种促销活动以激发消费者购买的问题。

未来10年中国主要农产品市场形势

项目2 农产品消费者分析

项目案例分析

董宇辉在田间地头卖货，10分钟抢光！

东方甄选把直播间搬到了田间地头，引发了外界关注。在2022年7月26日的户外直播中，东方甄选不仅推广了黑龙江省牡丹江市当地特产、风土人情，还出售了多款与黑龙江当地农产品企业合作推出的自营农产品。近期，港股新东方在线股价出现较为明显的反弹，周涨幅超过20%。

2022年7月17日，东方甄选将首场户外直播设置在了北京平谷的一个桃园，带货农产品为桃子，东方甄选爆红主播董宇辉与新东方创始人俞敏洪亮相直播间。直播间人数最高超过20万人，一万单桃子开售10分钟内宣告售罄。初战告捷后，2022年7月26日，东方甄选开启第二场户外直播，直播地点选在黑龙江牡丹江宁安市渤海镇上官地村的一片稻田，直播出售大米、蘑菇和木耳等，主播为董宇辉和小七。

据了解，除了展示地方产品、文旅风光，东方甄选通过与地方优秀农业企业合作，打造多款自营品牌"东方甄选"农产品。在牡丹江销售的产品中，有不少是东方甄选与黑龙江省多个农业企业合作推出的自营品牌产品。

在此之前，新东方在线执行董事孙东旭曾公开指出，在各地政府部门的帮助下，东方甄选将走出直播间，走到田间地头。孙东旭曾将东方甄选的户外直播定义为"助农活动"。牡丹江的直播之后，东方甄选方面则透露，计划长期推出外景直播专场活动，已与多地地方政府沟通策划，为地方企业打开全国销售渠道，助力各省市推广文化旅游产业，或将带动更多地方产业加速发展。

（资料来源：凤凰新闻，https://ishare.ifeng.com/c/s/8HzLC3o31TL）

辩证性思考

东方甄选的成功在于满足了当今农产品消费者的需求，你认为主要体现在哪些方面？

项目检测

营销知识目标检测

1.选择题

（1）以下属于消费者资料信息来源中的商业机构来源的是（　　）。
　　A.亲戚　　　　　　B.大众传媒　　　C.实际经验　　　D.经销商

（2）对个人消费影响最大的主要群体是（　　）。
　　A.家庭成员　　　　B.职业协会　　　C.明星　　　　　D.宗教团体

（3）消费者购买决策过程的第一阶段是（　　）。

　　　A.收集信息　　　　　B.确认需求　　　C.购买决定　　　D.比较评价

2.判断题

（1）消费者的购买行为是文化、社会、个人和心理因素之间相互影响作用的结果。

（　　）

（2）从产品展销会上获知有关商品信息的途径是商业来源。　　　　　（　　）

（3）消费者的购买过程在购买前就已经开始了，并且在购买后还要延续很长时间。

（　　）

（4）判断选择就是消费者根据所掌握的信息，进行分析、对比和选择，是决策过程中决定性的环节。　　　　　　　　　　　　　　　　　　　　　（　　）

3.简答题

（1）简述农产品消费需求的特点及类型。

（2）农产品消费者消费意识主要有哪些类型？

（3）简述农产品消费需求的趋势。

（4）农产品消费者购买动机主要有哪些类型？

（5）基于农产品消费者购买动机主要有哪些营销策略？

（6）简述农产品消费者购买决策的过程。

（7）简述农产品消费者购买行为模式。

营销能力目标检测

　　检测项目：选择某一农产品，分析影响购买消费者购买该产品的影响因素；分析不同情况下消费者购买该产品的主要过程；撰写农产品消费者分析报告。

　　检测目的：通过检测，进一步熟悉、掌握农产品消费者分析的方法，能够进行农产品消费者分析。

　　检测要求：班级学习委员组织全员分团队对农产品消费者分析报告进行讨论、交流，由教师进行评价。

项目3　农产品市场调查与市场分析

项目目标

营销知识目标

掌握农产品市场调查的内容；掌握农产品市场调查的步骤和农产品市场调查的方法；掌握影响农产品市场分析的内容。

营销能力目标

能够运用农产品市场调查和市场分析的方法，完成农产品项目调查与分析报告。

导入案例

2022年漯河市8月份上半月居民主要食品价格监测分析

8月上半月漯河市民生商品供应充足，运行平稳。其中：粮油市场平稳运行；肉蛋市场价格基本平稳，鸡蛋价格小幅下降；蔬菜价格以降为主；豆制品、奶制品、水产品价格平稳运行。

一、市场价格动态

1. 粮油价格

（1）粮食类：本期漯河市小麦、玉米、标准粉、特一粉、粳米、挂面平均价格每500克分别为1.53元、1.33元、2.24元、2.64元、2.38元、3.19元，与上期漯河市平均价格相比，特一粉、挂面分别上涨了1.15%、4.59%，玉米价格下降了2.21%，小麦、标准粉价格持平。

（2）食用油：一级5升桶装纯正花生油、菜籽油、大豆油、食用调和油漯河市平均价格分别为145.1元、81.34元、65.75元、76.84元，与上期相比食用油价格基本持平。

2. 肉蛋价格

（1）肉类：生猪、精瘦肉、五花肉漯河市平均价格每500克分别为10.35元、16.95元、15.59元，与上期漯河市平均价格相比，精瘦肉、五花肉分别下降了2.75%、6.42%，生猪价格基本持平。

牛肉、羊肉、鸡肉漯河市平均价格每500克分别为40.54元、39.46元、9.24元，与上期漯河市平均价格相比牛肉、鸡肉价格分别上涨了0.40%、1.76%，羊肉下降了0.83%。

（2）鸡蛋：鸡蛋漯河市平均价格每500克为5.08元，与上期相比，鸡蛋价格下降了4.33%。

3.蔬菜价格

漯河市监测的17个蔬菜品种价格中4升10降3平。大白菜、上海青、芹菜、青椒、黄瓜、西红柿、白萝卜、胡萝卜、土豆、茄子、大蒜、尖椒、油菜、圆白菜、豆角、蒜薹、韭菜漯河市平均价格每500克分别为1.27元、2.73元、2.05元、2.41元、2.1元、1.8元、1.07元、1.76元、1.72元、1.02元、2.72元、3.49元、3.85元、1.19元、2.16元、3.68元、1.81元。黄瓜、胡萝卜、圆白菜、蒜薹与上期漯河市平均价格相比分别上涨了9.38%、0.57%、7.21%、2.22%，大白菜、上海青、芹菜、青椒、西红柿、土豆、茄子、大蒜、尖椒、豆角价格分别下跌了5.22%、8.39%、8.89%、14.23%、8.16%、6.01%、12.07%、8.11%、2.24%、11.11%，白萝卜、油菜、韭菜价格与上期持平。漯河市监测的17种蔬菜平均价格为2.17元，相比上期下降了3.98%。

二、市场价格分析

综合来看，2022年8月份上半月漯河市粮油价格基本平稳运行，粮食制品价格小幅波动；肉蛋价格基本稳定，鸡蛋价格小幅下降；上半月晴天较多，有利于蔬菜生长、运输，所监测蔬菜价格以降为主，均价继续回落；豆制品、奶制品及水产品价格继续平稳运行。

（资料来源：河南省人民政府，https://www.henan.gov.cn/2022/08-23/2566276.html）

辩证性思考

市场价格调查与分析的意义是什么？

任务1 农产品市场调查

3.1.1 认知农产品市场调查的概念

农产品市场调查是指用科学的方法，有目的、系统地收集、记录、整理和分析农产品市场情况，了解农产品市场的现状及发展趋势，为农产品生产和经营者制订计划、制定经营决策提供正确的依据。

农产品市场调查是农产品营销活动的起点，在调查活动中通过收集、整理农产品市场信息，掌握农产品市场发展变化的规律和趋势，为农产品经营者进行市场预测和决策提供可靠的数据和资料，从而合理安排生产经营活动。

3.1.2 农产品市场调查的内容

农产品市场调查的内容涉及农产品营销活动的整个过程（见图3-1）。

图3-1　农产品市场调查内容

1. 农产品市场营销环境

农产品市场营销环境调查主要包括经济环境、政治环境、社会文化环境、科学环境和自然地理环境等。具体的调查内容可以是市场的购买力水平、经济结构，国家的方针、政策和法律法规，风俗习惯，科学发展动态，气候等各种影响市场营销的因素。

案例

俄乌冲突推高国际粮食价格

乌克兰和俄罗斯均为世界上重要的耕作作物生产国和出口国，在过去5年中，俄罗斯和乌克兰的小麦生产量平均分别占全球产量的10%和3%，小麦出口量分别占全球出口量的20%和10%。俄、乌两国的农产品生产和出口对全球粮食安全和格局起着举足轻重的作用。鉴于两国在国际农产品市场上的重要地位，俄乌冲突对全球粮食供需两端均可能产生深远影响。首先，受冲突影响，乌克兰谷物和油籽供应出口减少，直接推高了国际粮食和饲料价格。其次，冲突造成的局势不稳定使全球能源和化肥价格一路高涨。此外，由于农业部门高度依赖能源与化肥，能源和化肥价格的上涨进一步推高了粮食生产成本和粮食价格。报告认为，农产品政策重点应致力于恢复乌克兰的物流体系以恢复农产品出口。此外，各国仍应对粮食和能源的国家贸易持开放态度，避免加剧冲突引发的粮食危机。中长期来看，更为有效的政策考虑是增加农产品供给或减少需求。

（资料来源：2022年8月亚太经合组织研究报告，http://chinawto.mofcom.gov.cn/article/ap/p/202208/20220803343151.shtml）

2. 农产品市场需求

农产品市场需求调查主要包括消费者需求量调查、消费者收入调查、消费结构调查、消费者行为调查，包括消费者为什么购买、购买什么、购买数量、购买频率、购买时间、购买方式、购买习惯、购买偏好和购买后的评价等。

3. 农产品市场供给

农产品市场供给调查主要包括产品生产能力调查、产品实体调查等。具体来说，它包括某一产品市场可以提供的产品数量、质量、功能、型号、品牌等，生产供应企业的情况等。

4. 农产品市场营销因素

农产品市场营销因素调查主要包括产品、价格、渠道和促销的调查。农产品的调查主要有了解市场上新产品开发的情况、设计的情况、消费者使用的情况、消费者的评价、产品生命周期阶段、产品的组合情况等。产品的价格调查主要有了解消费者对价格的接受情况，对价格策略的反应等。渠道调查主要包括了解渠道的结构、中间商的情况、消费者对中间商的满意情况等。促销活动调查主要包括各种促销活动的效果，如广告实施的效果、人员推销的效果、营业推广的效果和对外宣传的市场反应等。

5. 农产品市场竞争情况

农产品市场竞争情况调查主要包括对竞争企业的调查和分析，了解同类企业的产品、价格等方面的情况，他们采取了什么竞争手段和策略，做到知己知彼，通过调查帮助企业确定企业的竞争策略。

3.1.3 农产品市场调查的步骤

农产品市场调查是由一系列收集和分析市场数据的步骤组成。某一步骤做出的决定可能影响其他后续步骤，任何一个步骤所做的修改往往意味着其他步骤也可能需要修改（见图3-2）。

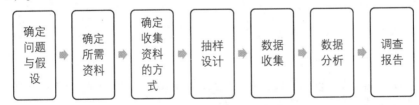

图3-2 农产品市场调查的步骤示意图

1. 确定问题与假设

农产品市场调查的主要目的是收集与分析资料，使农产品经营者更好地做出决策，以减少决策的失误。因此，调查的第一步要求决策人员和调查人员认真地确定研究目标。俗话说："对一个问题做出恰当定义等于解决了一半。"任何一个问题都存在着许许多多可以调查的内容，如果对该问题不做出清晰的定义，就会起到事倍功半的效果。做出假设、给出研究目标的主要原因是为了限定调查的范围。

2. 确定所需资料

确定问题和假设之后，下一步就应决定要收集哪些资料，这自然应与调查的目标有关。

3. 确定收集资料的方式

制定收集所需信息的最有效的方式，它需要确定的有数据来源、调查方法、调查工具、抽样计划及接触方法。

如果没有适用的现成资料（第二手资料），原始资料（第一手资料）的收集就成为必需步骤。采用何种方式收集资料，这与所需资料的性质有关。它包括实验法、观察法和询问法。

4. 抽样设计

抽样设计指在调查设计阶段就应决定抽样对象是谁，提出抽样设计问题。第一，究竟是概率抽样还是非概率抽样，这具体要视该调查所要求的准确程度而定。概率抽样的估计准确性较高，且可估计抽样误差。从统计效率来说，自然以概率抽样为好。不过从经济观点来看，非概率抽样设计简单，可节省时间与费用。第二，一个必须决定的问题是样本数目，而这又需考虑到统计与经济效率问题。

5. 数据收集

数据收集必须通过调查员来完成，调查员的素质会影响到调查结果的正确性。调查员以市场学、心理学或社会学的学生最为理想，因为他们已受过调查技术与理论的训练，可降低调查误差。

6. 数据分析

资料收集后，应检查所有答案，不完整的答案应考虑剔除，或者再询问该应答者，以求填补资料空缺。

资料分析应将分析结果编成统计表或统计图，方便读者了解分析结果，并可从统计资料中看出与第一步确定问题假设之间的关系。同时，又应将结果以各类资料的百分比与平均数形式表示，使读者对分析结果形成清晰对比。不过各种资料的百分率与平均数之间的差异是否真正有统计意义，应使用适当的统计检验方法来鉴定。资料还可运用相关分析、回归分析等一些统计方法来分析。

7. 调查报告

市场调查的最后一步是编写一份书面报告。一般而言，书面调查报告可分两类：①专门性报告；②通俗性报告。

专门性报告的读者是对整个调查设计、分析方法、研究结果及各类统计表感兴趣者，他们对市场调查的技术已有所了解。而通俗性报告的读者主要兴趣在于听取市场调查专家的建议。

3.1.4 农产品市场调查的方法

农产品市场调查的方法主要有观察法、单人访谈法、焦点小组、问卷法和头脑风暴法。

1. 观察法

观察法是研究者根据特定研究目的、研究提纲或观察表,通过感官和辅助工具直接观察被研究对象,从而获得资料的方法。观察法具有目的性、计划性、系统性、可重复性,常用于调研初期或产品改良性设计阶段。

传说苹果手机的触屏式操作,灵感就来自于乔布斯长期观察儿童划、抓、提等精细的指尖动作。这也间接反映了观察法对于研发创新的价值——基于观察更有助于发现问题、并找到解决问题的切入点。

为了使观察更加具体化和指标化,不同的研究团队有不同的方法,常用的有搭建POEMS框架、进行预观察。

(1) POEMS框架的具体释义如下:

P—people,被观察者;

O—object,观察时看到的物体;

E—environment,观察内容所处的环境;

M—message,被观察者事件过程中可能相关的信息;

S—service,被观察者在事件中可能涉及的服务。

(2) 预观察。对于研究初期、无法合理制定观察表的情况,预观察有助于研究者制定更有针对性的观察记录表,即通过观察、观看、倾听、询问、思考、记录、观察后的整理和分析,以便为后期标准的观察提供依据。

观察法具有开放性,能突破研究者原有的知识积累、有助于创新研究与设计,特别是能够针对不能回答问题的研究对象进行观察。

然而,观察法也有一定局限性,例如它几乎是所有数据收集方法中耗时最长、人力物力成本最高的,对于参与性观察,研究者如果在观察的过程中暴露身份,反而会让被观察者觉得被欺骗,不利于真实数据的收集。

2. 单人访谈法

单人访谈法指用提问交流的方式了解用户体验的过程,访谈内容一般包括产品的使用过程、使用感受、品牌印象、个体经历等,一般可分为结构化访谈(标准化)和非结构化访谈(开放式)。

(1) 结构化访谈(标准化)。结构化访谈对访谈过程高度控制的访谈方式,具有过程标准化、方便对比和量化分析等优点,但不利于做太多语言表述方面的展开。

(2) 非结构化访谈(开放式)。非结构化访谈(开放式)是一种较为开放的探索性访谈,对主持人访谈技巧有一定要求,需要在提问、倾听与回应,以及跟进和挖掘上有更多技巧。

3. 焦点小组

焦点小组主要针对一个或多个主题、用结构化的方式揭示目标用户的经验、感受、态度、愿望,并努力客观呈现其背后理由的过程。

焦点小组的方式善于发现用户的愿望、动机、态度、理由,不仅适用于收集用户需求与概念设计的阶段执行,还可以在验证设计与测试原型的阶段执行。然而,由于是多人同时进行,访谈对象之间存在一定程度的互相影响。

4. 问卷法

问卷法指调查者通过统一设计的问卷来向被调查者了解情况、征询意见的一种数据收集方法,是应用面最广的数据收集方式之一。

问卷分类可分为结构问卷、无结构问卷、半结构问卷。

(1)结构问卷。结构问卷又称限制性问卷,由于对问题和回答有限制,因此有易于大样本研究、问卷的问题具体且回答简单省时、回收率和信度较高、易于统计分析对比等优点。然而,结构问卷也因为限制多所以有可能回答不一定真实。

(2)无结构问卷。无结构问卷的优点是易于进行小样本研究或深入研究,不足之处在于问卷的回答无统一格式,难以进行定量分析和对比分析,有时数据与研究问题无关、影响效果。

(3)半结构问卷。半结构问卷可以分为代填问卷和自填问卷两种:①代填问卷(即访问问卷),由访问员根据被调查者的回答填写的问卷,有当面访问和电话访问;②自填问卷,由被调查者自己填写完成问卷,比如报刊问卷、网络问卷、邮寄问卷。

通过问卷法收集数据,被调查者的数量一般遵循公式:

数量=被调查者/(回收率×有效率)

通常:问卷的回收率达到30%,仅能作为资料参考;达到50%左右,可以采纳建议;回收率不低于70%,可以作为研究结论的依据。

这也造成很多企业或品牌通过问卷法收集数据时,在问卷发放、回收、分析等环节面临不同程度的执行难题,比如样本数量不足、回收率低、分析效率低等。随着数字化技术的应用,这些问题已经有较为完善的解决方案。

5. 头脑风暴法

头脑风暴法又称智力激励法、自由思考法、畅谈会或集思会,是以收集创意为目的,将具有相关科研能力和知识素养的人集中组成小组,进行集体讨论、相互启发和激励,引起创造性设想的连锁反应,产生尽可能多的创意的过程。

头脑风暴法根据分类方式不同,可分为以下多种类型。

(1)按方式划分,有默写式头脑风暴法、卡片智力激励法、电子头脑风暴法、德尔菲法(Delphi法)。

德尔菲法属于头脑风暴法的一种变式,是将专家会议改成专家质询,通过匿名的专家反馈来形容客观全面的观测结论的方法,改善了传统风暴法易受权威影响、不利于充分发表意见,易受表达能力和心理因素限制,容易随大流等不足。

(2)按目的划分,可分为两种:①直接头脑风暴法,即在专家群体决策过程中尽可能激发创造性、产生更多设想;②质疑头脑风暴法,即对直接头脑风暴法的设想和方案逐一质疑,分析其在现实可行性的方法。

头脑风暴法有利于营造自由愉快的氛围,让所有与会者自由提出想法,相互启发、产生联想。同时，头脑风暴法能为研究者排除折中方案，对所讨论的问题通过较为客观连续的分析，找到切实可行的方案。

（3）按组织形式划分，分为自由发散型、辩论型、主持访谈型、抢答型等。然而，这种收集数据的方式，对成本控制、时间、费用等要求较高，通常要求与会者是相关领域的专家或高素质人士，因而在具体实施过程中也会有一定局限性。

6. 自我陈述法

自我陈述法指研究者通过个体对自己使用过程和使用经历的回顾进行描述，以收集满意度、使用体验等数据材料，陈述方式可以是谈话等口头形式进行，也可以是日记、笔记、问卷等书面形式进行，一般适用于产品发布后或复杂的产品试用期。

自我陈述法的问卷虽然可适度灵活，更有利于成功引导被试者，但也会有诸如反馈时间难以控制，或者部分用户使用初期并未产生问题的情况出现，特别是一些高级复杂不常用的功能，就更不容易收集有针对性的信息。

因此，自我陈述法的实施过程对被试者要求较高，在执行周期上也需要更合理规划。

7. 现场试验法

现场试验法又称为实地实验法，可以分为人造现场试验、场景现场试验、自然现场试验。

（1）人造现场试验将根据研究问题的不同邀请相关利益的人员参加。

（2）场景现场试验则是在确保商品、任务、风险和信息等都与真实世界一样，请受试者参与实验任务。

（3）自然现场试验则是在受试者不知道是被实验的情况下开展，以确保与自然生成数据具有同等的接近现实性。

思政教育

做市场调查必须实事求是，不弄虚作假

市场调查人员必须牢牢树立正确的职业道德意识，做到：①忠于职守，乐于奉献；②实事求是，不弄虚作假；③依法行事，严守秘密；④公正透明，服务社会。

相关链接

农产品电商化调查问卷

您好！非常感谢您在百忙之中抽空填写这份调查问卷。本次调查是由福建农林大学"管理学院赴三明市清流县实践队"暑期社会实践团队发起的调查，目的是了解中国农村农产品电子商务的现状及发展前景，探索新的农产品销售渠道。

您的回答不涉及是非与对错,但务必请您按照您的实际情况和真实想法回答问卷中的每个问题。对您的合作与支持,我们表示衷心的感谢!

1.您的性别是:

   A.男　　　　　B.女

2.您的年龄是:

   A.25岁以下　　B.25~34岁　　C.35~44岁　　D.45以上

3.您购买农产品主要通过哪些渠道?

   A.超市　　　　B.农贸市场　　C.网上购买　　D.蔬菜专营店

4.您知道农产品电子商务吗?

   A.知道　　　　B.不知道,没听过

5.当地农产品主要以下列哪几种方式销售农产品的呢?(多选)

   A.自家用掉,不足以销售　　　B.由合作社代其销售

   C.卖给下乡采购的贩商

   D.卖给就近的超市、酒店、农产品加工企业

   E.拿到农贸市场、批发市场上去卖

   F.市外的订货商向您收购

   G.其他

6.您是通过什么方式了解农产品实时价格信息?(多选)

   A.上网查找　　　　　　B.农村远程教育站点

   C.乡镇农业主管部门　　D.报纸

   E.电视　　　　　　　　F.农民专业合作组织

   G.村委　　　　　　　　H.其他

7.您觉得农村开展电子商务的原因有哪些?(多选)

   A.响应党的号召　　　B.拉近城乡差距

   C.促进经济发展　　　D.电子商务时代带来的效应

   E.其他

8.以下几个农业类网站,您去过哪些?(多选)

   A.中华粮网　　　　　B.中农网

   C.金农网　　　　　　D.中国蔬菜网

   E.还都没去过

9.您觉得开展农村电子商务,可能出现的阻碍是?(多选)

   A.市场不够　　　　　　B.物流不发达

C.电脑技术不普及　　　　　　D.农民没有认识到电子商务的潜力

10.您觉得农产品电子商务化，在村里哪些人会最先接受？

A.乡镇企业领导者　　　　　　B.埋头苦干的农民

C.农村活力的年轻人　　　　　D.领头的村干部

11.如果建立一个农业网站，您最希望网站给农民提供下列哪种信息？

A.农业政策新动向　　　　　　B.农产品市场信息

C.农业技术介绍　　　　　　　D.其他

12.您觉得农产品商务化的优点是什么？

A.提高农产品销量　　　　　　B.提高农产品的知名度

C.增加销售渠道　　　　　　　D.其他

13.要开展农村电子商务，您觉得什么切入点最好？

A.让领导干部先学会，然后再亲自传授

B.电视广告，媒体宣传

C.开展培训课，培训班

D.用事实说话，找出一例，模仿学习

E.其他

14.您觉得农村电子信息化对您收入有影响吗？

A.影响很大　　　　　　　　　B.没有影响

C.影响一般　　　　　　　　　D.不知道

15.如果有农产品电商化的教学，您喜欢的培训方式？（多选）

A.面对面授课　　　　　　　　B.现场实习

C.电视、广播　　　　　　　　D.VCD学习

E.多方式结合　　　　　　　　F.其他

16.您认为，农民在和买家谈农产品价格过程中遇到哪个问题最突出？

A.不知道市场价格行情

B.买家单一，找不到第二买家，所以只能听其定价

C.自己的产量有限，不具备和买家谈价议价的能力

D.由于自己和买家是熟人、朋友关系，不好意思太计较价钱

E.其他

（资料来源：https://clxy.fafu.edu.cn/）

任务2　农产品市场分析

3.2.1　农产品市场分析的概念

农产品市场分析就是将农产品市场调查得到的全部信息，通过多种方法去验证有关因素之间的相互关系和变化趋势，为农产品经营者进行市场预测和决策提供可靠的数据和资料，从而合理安排生产经营活动。

3.2.2　农产品市场分析的内容

1. 农产品供求分析

（1）影响农产品市场供给的因素。农产品市场供给是指在一定价格水平下所有生产经营者愿意并有能力生产和出售的某种农产品总量。决定农产品供给的主要因素是农产品生产经营者生产和出售农产品的意愿和能力。

影响农产品市场供给的因素包括以下六点。

1）农产品成本。农产品成本是指包括生产成本、运输成本、储存成本、销售成本等在内的总成本。成本越高，供给量越小。

2）农产品价格。在成本条件不变的前提下，农产品售价越高供给量越大。

案例

最近，车厘子的价格暴跌，尤其是在上海和广州这两个主销售区价格更是降了四成多，不少人欢呼"终于可实现车厘子自由了"。与此同时，国内的樱桃销售市场也引发了较大关注。数据显示，目前我国共有1.7万家樱桃种植相关企业，山东以近6 000家企业排名第一，陕西、辽宁分列第二、三名。近10年来，相关企业年注册量总体呈现上升趋势，但2020年有所下降，全年共新注册企业2 396家，同比下降了31%，其中四季度新增企业520家。我国樱桃种植经过多年的发展，栽培技术有了很大的提高，产量也大大提高。数据显示，2011—2019年我国樱桃种植相关企业注册量总体呈上涨趋势，2010—2014年平均注册量为919家。2019年达到10年（2011—2020年）来最高的3 476家，同比增长了34%，2020年降至2 396家，同比下降了31%。

（资料来源：http://news.qcc.com/postnews/6b9620bfb58be6d154f31c39a10d050c.html）

3）相关农产品的价格。如在牛肉价格不变条件下牛奶价格上涨，则生产者会减少肉牛饲养量而利用有限资源养奶牛，进而使牛肉供应量减少。

4）生产技术。生产农产品的技术水平提高，将会因降低生产成本或增加产品产量而使生产者利润增加，这样就会刺激农产品生产者增加产品供给量。

5）生产者或销售者的目标。如果生产经营者的目标是扩大农产品销售额或提高自己产品的市场占有率，那么在相同价格条件下，农产品供给量大于追求利润最大化目标下的供给量。

6）政府的税收和补贴政策。如果政府对某种农产品减税或给予补贴，那么会因售价降低刺激需求而引起供给增加；相反，如果政府实行增税或取消补贴，那么农产品供给量会减少。

（2）影响农产品市场需求的因素。农产品市场需求是指市场上所有消费者在一定价格水平下愿意并有能力购买的某种农产品总量。

2. 农产品市场购买行为分析

（1）农产品的消费者市场购买行为。农产品作为满足消费者吃、穿、用等基本生活需要的物质资料，其消费者市场购买行为同样受到文化因素、社会因素、个人因素和心理因素的影响。因此，农产品消费中所体现的历史文化传统、社会阶层与个性心理更为明显。

🔗 相关链接

水果：品种结构优化，消费持续增加

中国是世界最大的水果产区和消费市场，水果产量约占全球的1/3，水果进出口贸易活跃，占全球水果贸易份额的6%以上，水果产业是中国具有国际竞争优势的产业，同时水果产业也是地方脱贫攻坚的重要依托产业。在2020年中国农业展望大会上，农业农村部农产品市场分析预警团队水果首席分析师赵俊晔研究员对水果产业进行了展望分析。

一、回顾2019年：水果整体丰产，供给前紧后松

2019年，我国水果整体丰产，供给前紧后松，消费持续增加，价格比上年显著上涨，水果及制品进口扩大，出口量减额增。赵俊晔对2019年我国水果市场具体情况进行了详细分析。

产量增加，供给前紧后松。2019年我国水果总产量估计为2.66亿吨，比上年增产了3.7%，供给总量充裕。由于水果生产和上市的季节性强，与消费需求在时间上存在一定的不匹配，受年初贮存性水果库存偏低和天气因素影响，2019年水果供给前紧后松特点尤为突出。7月之后，葡萄、桃、梨等水果丰收增产，大量时令鲜果集中上市，水果供给阶段性紧张得到缓解。10月之后，全国范围内苹果恢复性增产，总产量显著增加，柑橘陆续大量上市，产量与上年持平或略有增加，有效保障了2019

年第4季度和2020年上半年的水果市场供给。

直接消费和加工消费小幅增加。受人口增加、食物结构调整、收入水平提高、城镇化进程推进等因素影响，2019年中国水果消费量持续增加，估计为2.64亿吨。以鲜食为特征的直接消费是中国水果消费的主要方式，直接消费量估计为1.29亿吨，比上年增加了2.7%。同时，随着收入水平提高和消费升级，水果消费量在小幅增长的同时，消费者对果品的品质要求不断提高，更加青睐优质、特色、品牌水果，水果消费结构向多样化、优质化、品牌化转变。2019年，水果加工消费量估计为3 423万吨，比上年增加了2.8%。

价格先涨后跌，总体上涨显著。2019年水果供给前紧后松在市场上具体呈现为价格先涨后跌。1—3月全国6种水果平均批发价格月度均价在5.78~6元/千克波动；4—6月迅速上涨，6月达到8.39元/千克，为2000年以来历史最高月均价；7—11月，价格持续下跌，11月降至5元/千克，12月受节日消费影响小幅翘尾回升。总体而言，2019年，全国6种水果平均批发价格年度均价为6.29元/千克，比上年涨了16.5%。

进口显著增加，贸易逆差扩大。2019年，中国水果及制品进口量和进口额显著增加，出口量减少、出口额增加，贸易逆差比上年显著扩大。水果及制品进口量729.3万吨，进口额103.6亿美元，比上年分别增加了23.1%和23.2%；出口量492.1万吨，比上年减少3.5%，出口额74.5亿美元，比上年增加4.1%。继2018年水果及制品首次出现贸易逆差后，2019年贸易逆差29.1亿美元，比上年增加了131.1%。果汁和水果罐头都是中国出口主要优势农产品，2019年都表现为进口显著扩大，出口显著缩减。鲜果贸易是中国对外贸易的主体，2019年鲜果进口和出口规模均有不同程度扩大。进口额最大的鲜果依次是鲜榴莲、鲜樱桃、香蕉、山竹、鲜葡萄等，共占鲜果进口额的76.6%。出口额最大的为柑橘、鲜苹果、鲜葡萄、梨、桃等。东盟是中国水果进出口最大的贸易伙伴，进口和出口所占份额都在一半以上。2019年，我国对东盟的水果及制品出口额比上年增加了24%，占出口总额的52.7%。其他较大贸易伙伴中，从智利、新西兰的水果进口显著增加，从美国和南非水果进口显著减少。出口方面，对德国、澳大利亚、南非和印度的出口额增长幅度都在10%以上，对美国、俄罗斯和加拿大的出口显著减少。

二、2020年：水果直接消费量减少，价格回落

2020年，中国水果市场将出现怎样的变化呢？

赵俊晔表示，生产方面，如果没有重大自然灾害影响，全国水果产量预计为2.68亿吨，比基期增加3.5%。

消费需求方面，新冠肺炎疫情期间，水果采摘、流通、直接消费均受到较大影

响，预计水果直接消费量1.23亿吨，比基期减少1.2%。加工消费3 558万吨，比基期增加7.7%。水果消费量预计2.63亿吨，比基期增加2.7%。

新冠肺炎疫情暴发后，中国水果进出口也明显滞缓，2020年1—2月，水果及制品进口量同比跌11%，出口量同比增5.5%。根据2019年进出口贸易节奏，上半年水果进口量占全年的57%，其中，第二季度占全年的31%。上半年水果出口量占全年的1/3，预计短期内，疫情对中国水果进口的影响或大于出口。

2020年，水果价格预计比上年回落，当前，中晚熟柑橘丰产，苹果、梨库存相对充足，有效保障了上半年市场供给，国内疫情逐渐消退后，库存水果和时令水果集中供给市场，销售压力较常年偏大，水果价格大幅上涨的可能较小。

三、未来10年：品种结构优化，高品质果品供给增加

赵俊晔表示，未来10年，中国水果有效供给增加、消费持续增长、进出口市场扩大，水果供求的结构性矛盾有望得到一定改善。

（1）生产方面：产量增速放缓。受水果种植比较效益较高和消费转型升级影响，水果面积仍有一定的增长空间，生产水平提升推动水果单产水平持续小幅提高、品质改善，预计年均增长1.6%，是未来10年总产量增加的主要原因，预计2029年水果总产量3.28亿吨，年均增长2.4%，低于过去10年3.4%的平均增速。受消费端引导，水果生产将更加注重品质提升，品种结构将进一步优化，生产布局不断调整，差异化、高品质果品的有效供给增加。

（2）消费方面：消费持续增长，加工消费增长较快。人口增加、收入增长、食物消费升级和城镇化进程加快等推动水果消费量持续增长，直接消费加快由数量型向质量型转变，加工消费比例提高。未来10年，预计中国水果直接消费比基期年均增长2.83%，加工消费量年均增长3.59%，2029年，分别达到1.64亿吨和4 702万吨，随着冷链物流以及供应链水平提升，预计水果高损耗状况将有所改善。

（3）贸易方面：进出口贸易总量扩大。未来10年，中国与国际贸易伙伴的关系持续拓展深化，国内消费者对多元化、高品质水果需求增加和购买力的提升，推动进口持续增长，而国内果品品牌化、标准化的发展，以及企业出口运营能力的提高，推动出口增长。预计到2029年，中国水果进出口贸易总量可达到3 426万吨，年均增长率7.7%，进口和出口均呈增加趋势，分别预计年均增长9.4%、5.9%，但由于进口增长大于出口增长，贸易逆差或将长期存在。

（4）价格方面：价格波动上涨。水果生产成本上涨和质量改善，对价格上涨形成支撑，但水果供给略大于需求，一定程度上削弱了价格上涨的动力，预计水果价格在5～8.5元/千克波动上涨。随着品种结构愈加合理化和冷链水平提高，果品上市

期延长，果品价格季节性波动趋于减弱。同时，水果价格分化趋于加剧，符合消费升级需求，但相对短缺的优质特色品牌果品价格持续走高，而相对过剩、同质化普通果品的竞争力弱，价格下跌风险大。

（来源：中国农村网，http://journal.crnews.net/ncpsczk/2020n/d10q/gz/932181_20200518033924.html）

（2）农产品的产业用品市场购买行为。农产品除作为种子、种畜、种苗等继续用于农业生产外，作为原材料用于农产品的深加工已成为农产品产业用品市场的主体。产业用品市场上农产品的购买一般考虑生产成本、生产的稳定性和产出品质量特色等因素。农产品产业用品市场购买行为一般具有以下四个特点。

1）购买的大量性。
2）购买交易的长期性。
3）购买的农产品要求标准化。
4）购买的双向性。

3. 农产品市场竞争分析

（1）竞争环境分析。竞争环境可分为外部竞争环境和行业竞争结构两个方面。外部竞争环境包括经济、社会、政治、技术等与企业竞争性营销活动间接相关而企业无法控制的间接环境因素和企业竞争地位、顾客特点、与供应商的关系、可资利用的资金市场与劳动力市场等企业可以控制或影响且与企业竞争性营销活动直接相关的直接环境因素。竞争结构不同，企业的盈利能力也不同。从农产品的基本特征看，大宗农产品由于生产企业数目多，规模小且产品同质，一般近似于完全竞争市场。在特色农业中，由于产品异质，其市场竞争结构近似于垄断竞争，农产品的价格相对较高，企业赢利能力较强。

（2）竞争对手分析。第一，要明确谁是企业的竞争对手。企业竞争者一般包括愿望竞争者、一般竞争者、产品形式竞争者和品牌竞争者四个层次。第二，要了解竞争对手的历史营销业绩和高层领导人的经历背景。第三，要弄清竞争对手的营销目标，包括财务目标、技术目标、市场地位目标和社会形象目标以及短期目标、中期目标和长期目标等。第四，要分析竞争者为实现其营销目标可能采取的策略，并找出其策略的优点和弱点。第五，要对竞争对手的实力进行评估，包括生产、资金、营销、管理等方面的基本能力、应变能力和坚持能力的评估等。

案例

河南千亿首富养猪一年赚钱超过去5年总和，净利增10倍以上

2020年1月14日晚，中国第二大养猪企业、河南千亿首富秦英林夫妇旗下牧原股份发布2019年业绩预告，预计2019年盈利60亿~64亿元，比上年同期增长

1 053.38%～1 130.28%。牧原股份2014年上市到2018年，5年间净利润总和不过58.84亿元。牧原股份养猪一年比过去5年赚的钱还要多。目前，秦英林夫妇身家约为1 160亿元。对于2019年业绩变动原因，牧原股份方面称，报告期内，受到非洲猪瘟疫情的持续影响，生猪市场供应形势紧张，整体价格相比上年同期明显上涨，是导致业绩明显上升的主要原因。根据牧原股份2019年每月经营简报，2019年8—10月，其生猪销售均价增长较快，此后在有关部门调控之下，价格有所回落。2019年第1季度，猪价处于低位时，牧原股份该季度净亏损5.41亿元，比2018年全年净利润还多；第二季度，猪价有所上涨，当季净利润3.84亿元；到第3季度，猪价上涨明显，净利润大涨至15.43亿元。结合牧原股份2019年度业绩预告，也就是说，该公司第4季度净利润最高可达50亿元，单季度盈利创牧原股份历史新高。2019年全年，牧原股份累计销售生猪1 025.33万头，刹住了迅猛增长势头，比2018年还少了75万多头。虽然猪卖得少了，但得益于猪价上涨，牧原股份赚到的钱大大超过以往。同样都有养猪业务，中国养猪龙头温氏股份2019度业绩也大幅度增长，预计增长250%左右，盈利138.5亿～143亿元。该公司2019年累计销售生猪1 851.66万头。此外，另一上市养猪企业天邦股份2019年业绩扭亏为盈，该年累计销售生猪243.94万头，预计盈利同比增长120%左右，盈利1.1亿~1.6亿元。1月14日股市收盘，牧原股份报90.81元/股，市值2002亿元，是当前中国上市猪企中，市值唯一超过2000亿元的公司。牧原股份第3季度财报显示，牧原股份创始人秦英林夫妇直接和间接持有公司股份约12.77亿股，据此计算，秦英林夫妇当前身家约为1 160亿元。

（资料来源：新浪财经，https://cj.sina.com.cn/articles/view/7059239235/1a4c3714300100y6ge?cre=wappage&mod=r&loc=2&r=9&rfunc=11&tj=none&wm=3242_9002）

任务3　农产品市场机会分析

3.3.1　认知农产品市场机会的概念

农产品市场机会是指市场上所存在的尚未满足或尚未完全满足的需求。例如，随着现代生活当中环保意识和健康意识的增强，人们对绿色产品的需求进一步增加，对农产品的质量要求越来越高，这就使绿色产品市场不断扩大，给企业开发绿色产品带来机会。对于企业来说，这种需求是由外部环境因素引起的，故又称之为环境机会。对经营者来说，只要市场存在没有满足的需要，就会有无数可以利用的环境机会。

然而，环境机会对不同的经营者来说并不都是最佳机会，因为有些机会并不一定符合他们的目标和能力，也不一定能为经营者带来最大的竞争优势。只有那些符合经营者目标与能力、有利于发挥他们自身优势的市场机会才能被经营者利用，即环境机会要与企业的内部条件相适应。所谓的内部条件，通常指企业的资金能力、技术能力、生产能力、销售能力和管理能力等。

相关链接

全国统一大市场，给农业带来重大机会！

2022年4月10日，中共中央、国务院发布《关于加快建设全国统一大市场的意见》（以下简称《意见》），从全局和战略高度为今后一个时期建设全国统一大市场提供了行动纲领。《意见》提出了建设全国统一大市场的主要目标，包括以下内容：持续推动国内市场高效畅通和规模拓展；加快营造稳定公平透明可预期的营商环境；进一步降低市场交易成本；促进科技创新和产业升级；培育参与国际竞争合作新优势。《意见》部署了六个方面的主要任务：强化市场基础制度规则统一、推进市场设施高标准联通、打造统一的要素和资源市场、推进商品和服务市场高水平统一、推进市场监管公平统一、进一步规范不当市场竞争和市场干预行为。

《意见》的出台，为农业领域带来了重大利好和机会。

1. 农产品品牌升级机会

众所周知，消费升级趋势的崛起，让消费者对高品质产品有了更多的需求，安全、优质、营养等因素是消费者选择的重要方向。然而，在市场上各类农产品让消费者无从判断，一般都会去选择具有品牌化的农产品，因为品牌往往是自带的高品质标签，农产品的价格也会得到有力的保障，进一步帮助农民增收。全国统一大市场就是以后的市场要高效平等畅通的让每一个企业都能够分到蛋糕。换句话说，只要你的东西足够好，你这个企业就可以立足于咱们国内的任何一个城市，没有过多的行政干预和审批的环节，这就需要农产品最终要品牌化。全国统一大市场建设，将使农产品质量标准全国统一，并与国际接轨，深化质量认证国际合作互认，实施产品伤害监测和预防干预，完善质量统计监测体系，将会给各地区的农产品品牌升级带来新的挑战与机会。

2. 农产品产业链建设机会

建设"全国统一大市场"，就是把各种市场制度规则统一化、监管统一化，打破地方保护主义，构建一个高效、现代的全国物流体系，最终形成供需互促、产销并进、畅通高效的国内大循环。通过加强物流和信息的自由流动，打破地域之间的壁垒和屏障，降低流通成本，建立统一标准，让任何地方的产品都可以适应全国的市场。譬如，农业生产所需基本物资进行统一采购、调配、使用有利于提高相关物资的利用率，进一步的降低生产所需成本，也降低了相关物资对于环境的污染的可能性。业内人士也对《意见》进一步分析，有专家认为：统一大市场的建成，将使得农产品滞销、农产品低价等问题全面消除，农民将迎来发展的春天。

3.有利于打造区域特色农业

每个地方都因环境、地貌、交通、经济发展水平的不同，使得农业生产也有着不一样的变化，只是过去讲究"小循环"，使得地方特色产业难以开展。如果一个地方适合种植茶树，但农民担心茶叶卖不出去，因而选择种植玉米。如在"镰刀弯"地区，当地更适合种植饲草、大豆、青贮玉米、杂粮、春小麦、林果等，但农民普遍种植玉米，就是怕种植其他农产品很难卖出去。然而，全国统一大市场的建造将彻底打破农产品销售问题。各地将因地制宜的发展特色农业，而不必担心卖不掉。例如：山东是蔬菜生产基地，可大力发展蔬菜产业；陕西、山西、两广林果业发达，可扩大林果业规模，专注于当地特色农业产业。而东北、江苏、河南等地是粮食种植大省，可加大粮食生产。如此一来，农产品就可以在全国统一大市场的基础上不断调动，全国农业资源将整合在一起，由国家统一调控、调运，区域特色农业将建立起来。

4.有利于保证农产品价格

近年来，随着农业的"内卷"严重，农产品竞争力加大，一旦一种果蔬集中上市，那产地价将大幅度走跌，中间商也会趁机压价。比如说去年土豆、洋葱、生姜产地价长期在5角左右，但市场上却卖出了3元以上，生姜更是在5元以上。农民不仅没赚到钱，反而亏损惨重，中间商却赚了大钱，消费者购买压力加大。而随着全国统一大市场的到来，国家将统筹农产品流通，农民不需要担心果蔬卖不上价格。到时候，农业产业链将建成，农产品将直接从产地卖到销售端甚至消费者手中。同时，很多果蔬在小城市价格便宜，可到了大城市价格翻倍走高。全国统一大市场建立后，市场规则统一，要素和资源统一，到时候大城市的果蔬价格也会和小城市一样。

5.有利于加快农产品流通

农产品最忌讳"积压"问题，一旦没有在短时间内卖到市场，那价格就会一落千丈，甚至拦在自己手里。其实造成这种原因，也是因流通速度慢导致，产品很难快速卖到市场中。不过随着冷链物流体系的建成，再加上信息化管理技术，供应链将完善，到时候生产的农产品将快速运送到指定区域，不再像过去扎堆运输到一个区域，使得农产品卖不上价格。

6.有利于加大土地利用率

随着全国统一大市场的建成，建设用地将迎来统一规划和管理，到时候建设用地的统一转让、出租、抵押等将放开。过去，因建设用地"同地不同价"，农民不愿意将土地转让或出租，以至于闲置地难以盘活，乡村经济很难进一步提升。建成全国统一大市场后，将合理利用农村土地资源，避免农业生产土地资源被浪费和闲置，解决各种发展不均衡的问题，避免资源过度集中，形成垄断优势。

（资料来源：新农观，https://baijiahao.baidu.com/s?id=1729833406603344439&wfr=spider&for=pc）

3.3.2 农产品市场机会的特征

正确评价和分析市场机会，必须了解农产品市场机会的特征。

（1）公开性。任何市场机会都是客观存在的，因此它是公开的。一个经营者要有敏锐的市场洞察能力，并且要善于发现和寻找市场机会。

（2）时间性。机会本身的含义就是行事的机遇与时机，因此市场机会具有时间性。若经营者在一定时间内发现不了，或没有及时利用，那么就错过了时机，或者被其他人发现和利用了。因此，抓住机会并充分利用是经营者必须重视的关键所在。

（3）理论上的平等性和实践上的不平等性。理论上的平等性是指市场机会是公开的，每一个经营者都可以发现市场机会并加以利用，不存在独占情况。实践上的不平等性指的是由于不同经营者的自身条件不同，因此在利用某一市场机会时又是不平等的。

这一特征表明在利用市场机会时存在竞争，而竞争的结果又使机会的占有不均衡，这就要求经营者在分析评价市场机会时，既要考虑竞争的存在，敢于竞争，又要选择竞争结果对自己有利的市场机会。

3.3.3 农产品市场机会分析

农产品经营者要想抓住环境机会，并使之转化为企业机会，需要具备许多条件，并且要对这些条件加以分析评价。

（1）是否具备利用机会的条件。如果经营者具备条件，或能够创造出条件来利用市场机会，那么说明该市场机会能转化为企业机会；反之，如果不能具备和难以创造出其所需条件，那么说明该市场机会不能转化为企业机会。

（2）分析经营者自身在该市场机会上所拥有的优势。

（3）分析比较竞争对手所拥有的机会优势。

经营者在分析市场机会时要力求避免出现两个方面的错误：一是本身已经具备了或者可以创造出市场机会所需的条件，但由于害怕风险而裹足不前，从而导致失去前景广阔的市场；二是低估竞争者和潜在竞争者的实力和过高估计自身的竞争优势，从而导致进入市场后举步维艰或难以打开局面。

 项目案例分析

天津市淡水产品市场调查报告

时值8月份，正是天津市淡水养殖生产的关键时期，为深入了解天津市淡水产品市场现状，从淡水水产品供需两个方面开展文献查询、实地调研、问卷调查等调研工作，形成调研报告，为养殖户生产销售、体系技术服务、主管部门决策提供参考。

一、津市淡水大宗产品市场供给情况

天津市淡水市场的水产品主要来自于本地供给、国内其他省市进入和国外进口三个渠道。

1.上半年天津市淡水养殖生产和销售情况

2021年上半年全市淡水鱼种投放量25 500吨，比去年26 228吨减少2.78%；河蟹苗产量3 000千克，比去年500千克增加了5倍，河蟹养殖14 702公顷，比去年6 045公顷增加了143.21%；南美白对虾淡水养殖11 943公顷，比去年13 795公顷减少了13.43%。从以上数据来看，预计今年除河蟹增产外，淡水鱼和南美白对虾产量均有不同程度减少。

对2021年的养殖成本调查表明，80%的人认为今年养殖成本比去年有所增加，其中60%以上的人认为提高了10%以上，认为涨幅最大的前两项是饲料费、苗种费。

对2021年养殖病害的调查表明，8成以上的养殖单位（个人）近两年养殖过程中均有不同程度的病害发生，并遭受了一定损失，其中4成以上的养殖单位（个人）今年养殖病害比去年严重。根据全市上半年统计报表数据显示，上半年由养殖病害带来的经济损失达318万元，比去年同期高出3%。

问卷调查显示，目前大部分养殖单位（个人）已开始出塘销售，80%的养殖单位（个人）现有出塘量与去年持平或高于去年；90%的单位（个人）今年的出塘价格与去年持平或高于去年，其中有70%的出塘价格高于去年，20%的出塘价格与去年持平。

2.外地大宗水产品在本市流通情况

通过咨询市场相关人员和实地调研发现，目前市场上大宗淡水鱼、南美白对虾、河蟹等主要淡水水产品供应量较为充足。红旗农贸市场是我市最大的农产品批发市场，也是比较典型的销地批发市场（即货源主要来自于外省市，但产品销售主要在本地）[1]。据了解，该批发市场的大宗淡水鱼主要来自河北唐山、江苏、湖北、广东等地，外地进来的大宗淡水鱼占本市市场大宗淡水鱼总量的70%，本地的只占30%，大宗淡水鱼的批发价格总体比往年要高；目前批发市场的南美白对虾以河北黄骅为主，占市场上南美白对虾总量的60%，外省市占20%，本地南美白对虾占20%。从批发市场的走量看出今年的南美白对虾上市量多于去年，市场价格稍低于去年；目前本市河蟹还未到上市季节，批发市场的河蟹几乎均来自外地，其中山东枣庄微山湖河蟹占50%左右、江苏泗洪占40%左右、辽宁盘锦占10%左右，上市量和批发价格基本与去年持平。

3.相关水产品贸易情况

天津市水产品出口量不大，但近年来相关水产品进口对市场造成不小的冲击，特别是南美白对虾产业全球化程度非常高，是我国和本市消费的最重要的水产品之一，进口数量巨大，其中厄瓜多尔、印度、泰国、越南和马来西亚五国占中国进口额的90%以上。但上述国家都因为新冠肺炎疫情面临严重困难。目前，国外疫情严重，而国内也处于全国严防状态，全面加强对冷链食品的严格控管，严格落实进口冷链食品的提前报备制度，对人、车、货严格检验管理。因此，无论是海关进口还是国内流通，进口白虾都将面临严重的流通障碍。在这种情况下，面临巨额的销售空档，国产南美白对虾必然成为填补市场空白的主力[2]。

通过调研得出：①从天津市2021年上半年的养殖生产和销售情况看，由于今年全市河蟹养殖规模增加，下一步市场供应量会加大，大宗淡水鱼和南美白对虾养殖规模稍有减少；养殖单位（个人）目前出塘量基本与去年持平，出塘价格总体上要高于去年同期。②目前水产品市场货源稳定、供应充足。虽然今年全市大宗淡水鱼和南美白对虾养殖规模有所减少，但从水产品占比分析，目前本市生产的大宗淡水鱼和南美白对虾只占市场份额的20%～30%，对市场影响不大；河蟹由于今年全市生产能力提高，预计市场供应量将会增加，竞争加剧。③厄瓜多尔等5个国家是我国南美白对虾的主要进口国，受新冠肺炎疫情影响，将严重影响对我国的对虾出口，客观上看，会暂时缓解国内南美白对虾产业激烈竞争的现状。

二、重点淡水品种价格变化情况

1.大宗淡水鱼

依往年惯例，进入8月份是全市迎来大宗淡水鱼规模上市的季节，出塘价格开始下降（见图3-3）。2020年由于新冠肺炎疫情影响，价格异动，全年价格持续走高，并且这种趋势一直延续到2021年上半年，大宗淡水鱼出塘价格迎来了历年来最高的年份,直到今年下半年大宗淡水鱼的出塘价格环比才开始逐渐下降,8月份下降幅度更大。分品种看,8月份鲤平均出塘价格为11元/千克,比7月份下降了26%,下降幅度最大,已经降到了与去年同期相同的水平;鲫平均出塘价格20.8元/千克,比7月份下降了25%,与去年20元/千克持平;鲢平均出塘价格为6元/千克,比7月份下降了14%,但仍比去年同期提高了18%;草鱼平均出塘价格17.8元/千克,比7月份下降了14%,比去年同期提高了37%,是与去年同期相比价格增长幅度最大的品种;鳙平均出塘价格为15.6元/千克,比7月份下降了13%,比去年同期提高了19%(注:8月份平均出塘价格为8月1日—8月20日的平均出塘价格)。

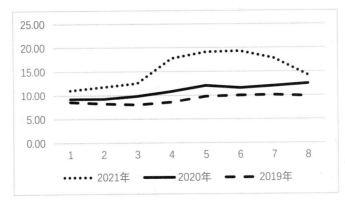

图3-3 2019—2021年1—8月份大宗淡水鱼平均出塘价格(单位:元/千克)

目前,大宗淡水鱼市场供应充足。进入2021年下半年以来,随着大宗淡水鱼的大量上市,市场价格也开始下降,尤其是鲤的市场价格下降幅度最大。8月份鲤的市场价格为12~16元/千克,与今年价格最高的时候相比几乎被"拦腰折断";鲫市场价格20~36元/千克,虽然比最高位时有所下降,但依然维持在高位运行;鲢市场价格为7~8元/千克,鳙市场价格为16~20元/千克,草鱼市场价格为19~24元/千克,三个品种同今年最高位时相比,稳中有降。

2.南美白对虾

目前市场南美白对虾供应量较为充足,价格与去年同期基本持平或略有下降,一般规格在40尾/千克以内的为100元1.5千克左右,规格在60尾/千克以内的为100元2千克左右,规格在80尾/千克以内的为100元2.5千克左右。调查显示,由于今年的饲料涨价导致养殖成本提高,为南美白对虾出塘价格上涨提供了支撑,南美白对虾的出塘价格普遍高于去年,每千克至少提高2元以上。

3.河蟹

目前全市河蟹市场的主流价格为70~100元/千克。据一位市场销售河蟹的商户介绍,他家摊位已在市场经营30年,商品来自微山湖,有固定粉丝10多万人。虽然今年散发的新冠肺炎疫情使市场客流量受到影响,但他的销售未受到影响,主要原因:一是货源固定,品质和口碑较好;二是商品根据规格、品质细划分出等级,优品优价,价格公平合理;三是供货商与商户、商户与消费者之间建立了长期稳定、相互信任的关系,很多消费者购买河蟹都是从线上预订,商家接单后直接送货到家。

4. 大口黑鲈

目前大口黑鲈市场价格在44~46元/千克,以饭店采购为主,也有消费者个人购买,现在由于饭店和市场的客流量减少,消费量随之减少。预计随着9月份南方大口黑鲈大量进入本市,市场供应量充足,价格会随之回调。

5. 小龙虾

目前,小龙虾市场供应量不多,市场上的小龙虾多来自江苏盱眙,一般根据规格分为70元/千克和90元/千克两个档次。据商户反映,现在批发市场的小龙虾货少价高,同两个月前的价格比起来几乎翻倍。

调查表明:①南美白对虾、大口黑鲈、河蟹的市场供应较为充足。小龙虾价格暴涨的原因主要与湖北、江苏等小龙虾主产地"稻虾连作"的养殖模式有关。目前正值小龙虾"青黄不接"季节,市场供应量少,价格涨幅较大,加之国内散发新冠肺炎疫情导致的流通不畅可能助推了小龙虾市场价格的进一步走高。②大宗淡水鱼大量上市是市场价格大幅下降的主要原因。此外,8月份以来南美白对虾及部分海产品的上市也对大宗淡水鱼市场带来不小的冲击;今年上半年大宗淡水鱼的市场价格创造了近年来的新高,远远超出百姓消费的心理预期,势必会影响到消费者的购买力;同时,猪肉市场价格的大幅回落,同淡水鱼价格相比更具吸引力,给消费者提供了更多的消费选择。③从河蟹销售商户的事例可以看出,供应商、商户与消费者之间的信任关系十分重要,尤其在突发事件面前,规避风险的作用体现得尤为突出,而这种信任关系主要通过商品品质、商户的诚信和时间检验获得。④目前淡水水产品零售价格混乱,相近的农贸市场淡水水产品价格差异显著,尤其以鲫价格差异较大。鲫零售价格从18~42元/千克不等,据商户介绍是由于鲫品种不同,但并没有相关的文字标注与说明,非专业人士难以分辨。

三、形势预判

根据历年水产品市场运行规律,水产品大规模上市的高峰期引起的市场价格回落是必然趋势,但今年除了季节性因素外,还出现一些特殊因素对水产品价格产生影响。

1. 支撑水产品价格上涨的因素

（1）养殖成本上涨。今年饲料原料价格涨幅较大，直接导致淡水养殖成本大幅上涨，推高了养殖户对鱼虾出塘价格的心理预期。

（2）国外新冠肺炎疫情形势依然严峻。目前，国外新冠肺炎疫情形势依然非常严峻，给水产品贸易带来一定影响，尤其是水产品进口控制非常严格，暂时降低了国外水产品对国内市场的冲击，缓解了水产品市场竞争的压力。

（3）"节日效应"有望短期拉动水产品价格上涨。中秋和国庆是我国非常重要的两大节日，水产品价格会习惯性上调，出现"节日效应"，但持续时间较短，一般国庆节后水产品价格将会走低。

2. 支撑水产品价格下降的因素

（1）养殖水产品即将迎来大量上市季节。进入9月份，是淡水养殖水产品大量上市的季节，水产品价格季节性回调是必然趋势。

（2）禁渔期结束，海产品陆续上市。目前国内海上禁渔期结束时间一般在每年8—9月份，随着禁渔期的结束，海产品大量上市，将会对淡水产品市场造成一定冲击。

（3）消费者对水产品的消费趋于理性。2021年上半年水产冻品和海产品的负面消息给消费者心理带来了恐慌，随着时间的推移和对相关事件深入的了解，人们的恐慌心理逐渐消除，对海产品和正规渠道进口的冻品并不是一味排斥，恢复了一定的接受程度。

3. 综合研判

结合近年来水产品价格变动规律，综合分析各个方面因素，对第4季度的水产品价格走势预测如下：支撑水产品价格下降的因素影响大于上涨因素的影响，年内很难再迎来像2021年上半年一样大涨的形势，环比价格和同比价格都会下降，双节期间会有小幅涨价，但节后立即回落。

四、对策建议

1. 淡水养殖产业层面的对策建议

（1）养殖单位（个人）把握时机、适时出塘。建议养殖户密切关注各类相关信息，把握好时机，适时出塘。

（2）鼓励有条件的养殖单位开发水产品加工业。发展水产品加工业，尤其是就地加工，不仅可以缓解当年养殖生产过剩和滞销问题，通过收购水产品，也可以解决当地散户生产销售，带动当地养殖生产，起到一定的稳定水产品价格的作用；延伸产业链条，可以提高产品附加值；水产加工食品更符合现代生活节奏和年轻人饮食方式和习惯，是将来发展的必然趋势。

（3）调整淡水养殖品种结构，提高有效供给能力。目前大宗淡水鱼结构性过剩问题依然存在，尤其是鲤在大宗淡水鱼中产量最高，但市场需求量小，应加大调减力度。

2.体系层面的对策建议

（1）定期做好病害情况通报。定期做好养殖病害情况通报，尤其在养殖关键期，加大通报频率，提醒养殖户注意养殖病害预防，及时通报各地养殖经验，提高全市养殖病害整体防治水平，可有效减少病害造成的损失。

（2）做好水产品质量安全的相关宣传报道。目前很多消费者对水产品的认识还存在误区，加之一些负面信息带来的影响，严重影响消费者的消费信心。应通过各种有影响力的正规媒体多宣传养殖水产品的安全、可靠，正确引导消费者放心消费；可以深入社区、学校等实地开展公益性宣传活动。

（3）开展提升产品附加值，降低养殖成本等技术研究。苗种和饲料是水产养殖成本的重要组成部分，提升水产品品质是提高附加值的有效方法。建议开展下列技术研究：一是开展适销对路品种的苗种引进或繁育技术研究；二是开展功能饲料研发，对传统的养殖品种，通过投喂功能饲料等办法，优化养殖品种的口感，改善品质，提高产品附加值；三是改善生态环境，开展生态养殖，将生态效益在产出品中体现；四是探索研究常见病害和新发病害的新型有效防治技术和药物，减少养殖过程中由病害带来的经济损失。

（4）开展大宗淡水鱼养殖新模式的研究与示范。通过新的养殖模式研究，抓住大宗淡水鱼上市的空档期，实现错峰销售，避开市场价格下跌。如适度推广"直促鱼"等新的养殖模式，每年6月份左右上市商品鱼，充分利用市场缺鱼的"空档期"，可获得较好的收益。但此模式要适度推广，不宜大规模扩大。

3.政府层面的对策建议

（1）建立水产冻品追溯平台。针对消费者对冻品消费信心严重不足的问题，组织相关部门开发并建立水产冻品追溯平台，规范冻品市场的管理，严格控制来源，确保冻品质量安全。消费者通过平台可以对水产冻品追本溯源，增强消费信心。

（2）加快水产品品牌建设。加强渔业品牌建设，积极推进公共品牌认定，加大品牌保护，提升渔业品牌竞争力。鼓励水产企业全方位、多层次地推动自主品牌建设，包括品牌宣传、推广和保护活动，以提升天津水产品企业形象和竞争力。鼓励和支持企业积极参加全国性的各种水产品展销会，扩大天津水产品在全国的影响力。

（3）打通产销对接渠道。本次问卷调查显示，7成以上的养殖单位（个人）均希望相关部门为养殖户搭建有效的对接平台，打通产销对接渠道。建议由政府搭台，组织产业链中各生产、加工、流通等环节的龙头企业、水产批发市场、加工企业共同携手，举办产销对接会，同时充分利用先进的网络信息技术和现有的产销对接平台，开展线上营销，实现线上线下对接。

（4）规范水产品市场管理。加强市场监管，让消费者明明白白地消费。建议每种水产品应有明确的标签，标明产地、品种、规格、价格等信息；相关的产品应细划分出具体品种、等级，实现优品优价。这样不仅保障了消费者的利益，同时优质优价也保护了养殖户和商家的利益。

参考文献：

[1]张璟，刘景景.中国水产品批发市场发展情况研究[J].中国食物与营养，2019，25（1）：48-52.

[2]厄印泰越马防疫难 国产白虾短期将替代进口.冻品攻略，https://www.foodspath.com/portal/article/index/id/14393/cid/1.html，2021.8.5

作者：天津市水产研究所宋香荣，王素花，张连英，王健，谢刚，李楠

（资料来源：中国知网，https://kns.cnki.net/kcms2/article/abstract?v=3uoqIhG8C44YLTlOAiTRKibYlV5Vjs7iJTKGjg9uTdeTsOI_ra5_XZ7opAgvyuIZ5DY1zVcF0YRZY8JgBJYm36EDuE5PhgMy&uniplatform=NZKPT）

辩证性思考

一份完整的市场调查报告，主要包含哪些内容？

项目检测

营销知识目标检测

1.选择题

（1）市场营销因素调查主要包括产品、（　　）、渠道和促销的调查。

  A.包装　　　　　　　　B.品牌　　　　　　　　C.价格

（2）（　　）将根据研究问题的不同邀请相关利益的人员参加。

  A.人造现场试验　　　　B.场景现场试验　　　　C.自然现场试验

（3）问卷的回收率达到（　　）左右，可以采纳建议。

  A.30%　　　　　　　　B.50%　　　　　　　　C.70%

（4）市场环境调查主要包括（　　）、政治环境、社会文化环境、科学环境和自然地理环境等。

  A.内部环境　　　　　　B.外部环境　　　　　　C.经济环境

2. 判断题

（1）无结构问卷的优点是易于进行小样本研究或深入研究。　　　　（　）

（2）市场机会具有不公开性。　　　　（　）

（3）市场机会理论上是平等的，实际上是不平等的。　　　　（　）

（4）外部竞争环境包括经济、社会、政治、技术等与企业竞争性营销活动间接相关而企业无法控制的间接环境因素。　　　　（　）

3. 简答题

（1）农产品市场调查内容包括哪些方面？

（2）农产品市场调查有哪些步骤？

（3）农产品市场购买行为一般具有哪些特点？

（4）影响农产品市场需求的因素有哪些？

营销能力目标检测

检测项目：选择一家农产品生产企业，对该企业进行农产品项目调查。

检测目的：通过检测，进一步熟悉、掌握农产品市场调查分析的方法，能够进行农产品项目调查。

检测要求：班级学习委员组织全员分团队对农产品项目调查进行分析、讨论、交流，由教师进行评价。

项目4　农产品市场细分、目标市场选择与市场定位

项目目标

营销知识目标

理解农产品市场细分的概念、方法；掌握农产品市场细分的操作程序；理解农产品目标市场的概念、选择条件和农产品市场定位的概念；掌握农产品目标市场的策略和农产品市场定位的策略。

营销能力目标

能够运用农产品市场细分、农产品目标市场选择及农产品市场定位的方法，进行农产品目标市场选择。

导入案例

永福罗汉果：永福罗汉果 正宗清肺果

永福是罗汉果的发源地，已有400多年种植历史。目前，全世界90%的罗汉果均来自永福县及周边原产地域保护区域。为强调"正宗"二字，"永福罗汉果"还打造了"三金一品"的品鉴标准，即金果芯、金果壳、金汤色，品甘回味香醇。

"永福罗汉果"的品牌标识由永州古城门、广西山水、黄鹂鸟、百寿岩、罗汉果、少数民族姑娘六大文化元素构成，充分彰显了地域特色。为了吸引年轻一代消费群体，"永福罗汉果"推出了品牌吉祥物"护肺卫士——阿福"，赋予罗汉果人格化特征，活泼可爱、易于应用。

"永福罗汉果"用"清肺"二字精准定位目标用户群，重点突出罗汉果清肺利咽、化痰止咳的作用，意在打造国人清肺养肺的健康伴侣，为全民肺健康保驾护航，开发了浓缩汁、浸膏、冲剂、软糖等多种罗汉果加工制品。

（资料来源：品牌农业与市场，https://mp.weixin.qq.com/s/zYu42dbmf1dc2nzQbGDEaA）

辩证性思考

永福罗汉果市场定位的依据是什么？

任务1 农产品市场细分

4.1.1 认知农产品市场细分的概念

农产品市场细分就是根据农产品总体市场中不同消费者在需求特点、购买行为和购买习惯等方面的差异性,把农产品总体市场划分为若干个不同类型的消费者群的过程。每一个消费者群就是一个细分市场,即子市场。每一个细分市场都是由具有类似需求倾向的消费者构成的群体,分属于不同细分市场的消费者对同一农产品的需求与欲望存在明显的差异。

随着农产品的极大丰富及消费行为的多样化,消费者对农产品的需求、欲望、购买行为,以及对农产品营销者的营销策略的反应等表现出很大的差异性,这种差异性使农产品市场细分成为可能。农产品企业为了求得生存和发展,在竞争激烈的市场上站稳脚跟,就必须通过市场调研,根据消费者的需要与欲望、购买行为、购买习惯等方面的差异性,通过市场细分,发现市场机会。

4.1.2 农产品市场细分的作用

1. 进行农产品市场细分,有利于发现市场营销机会

市场机会是已经出现在市场但尚未加以满足的需求。运用市场细分手段,农户不仅可以找到对自己有利的目标市场,推出相应的产品,并根据目标市场的变化情况,不断改进老产品,开发新产品,开拓新市场。例如,北方一些农民把鸡蛋的蛋黄和蛋清分开卖,拆零拆出了大市场。爱吃蛋黄的消费者买蛋黄,爱吃蛋清的消费者买蛋清,各有所爱,各取所需。消费者得到了实惠,销售者也赚到了更多的利润。

2. 进行农产品市场细分,能有效地制定最优的营销策略

市场细分是市场营销组合策略运用的前提,即农产品生产经营者要想实施市场营销组合策略,首先必须对市场进行细分,确定目标市场。任何一个优化的市场营销组合策略的制定,都是针对所要进入的目标市场。离开目标市场,制定市场营销策略就是无的放矢,这样的市场营销方案是不可行的,更谈不上优化。如近几年我国苹果生产连年获得丰收,市场相对饱和,市场销售不畅,价格下跌,果农一筹莫展。然而,在这种情况下,美国华盛顿州的苹果却在北京、上海、广州等城市登陆,在强劲的宣传攻势下,占领了中国一部分的苹果市场。分析其成功的原因,除了对营销环境的充分了解、优化的市场营销组合战略、成熟的营销战略操作机构之外,正确的市场细分和目标市场选择起了非常重要的作用。

3. 进行农产品市场细分,有利于农户扬长避短,发挥优势

每一个农户的经营能力对整体市场来说,都是极为有限的。因此,农户必须将整体市场细分,确定自己的目标市场,把自己的优势集中到目标市场上。否则,农户就会丧失优势，从而在激烈的市场竞争中失败。

4. 进行农产品市场细分，有利于开发新产品，满足消费者多样化的需求

当众多的生产者奉行市场细分战略时，那些尚未满足的消费需要就会逐一成为不同生产者的一个又一个的市场机会，新产品层出不穷，市场上产品的种类、花色、品种增多，人们生活的质量也相应地得到提高。

案例

两颗白菜售价高达98元

河北省玉田县雨热同季，土壤肥沃，种出的白菜与普通白菜外观不同：其直筒拧抱，顶部尖锐，下部直径较粗，呈圆锥状，故得名"玉田包尖"。"玉田包尖"属于当地老品种，距今已有200余年的种植历史，具有鲜明的地域性。2021年，玉田包尖白菜平均收购价达到1.6~2.5元/斤，为满足高端客户需求，当地企业开发出礼盒装包尖白菜，售价高达98元/盒（两棵菜质量约10斤，合9.8元/斤）。选中做礼盒装的包尖白菜，不仅是精挑细选的，而且不能有一丁点病叶和空心，形状要顺直，紧实度达到九成，长度控制在42~43厘米，保证大小均匀一致，一棵净菜质量约5斤。

（资料来源：中国农村网，http://journal.crnews.net/ncpsczk/2022n/d9q/sdpp/947936_20220614020641.html）

4.1.3 农产品市场细分的依据

当前，农产品卖难是个普遍的现象，这在很大程度上是由许多农户、农产品加工企业并没有真正对市场细分所致。有的自认为"细分"了，实际上却分得很粗，比如把蛋类分为鸡蛋、鸭蛋等大类别，把鸡肉加工分为烤鸡、炸鸡等不同加工方法的大类别等，结果导致生产经营趋同化，竞争更加激烈。例如，同样是细分，一只鸡能被内蒙古草原兴发集团开发出140余种深加工产品，仅鸡胸肉就有8个产品之多。

农产品市场细分的依据是消费者需求的多样性、差异性。消费者对农产品的需求与偏好主要受地理因素、人口因素、心理因素、购买行为因素等方面的影响。因此，这些因素都可以作为农产品市场细分的依据。

1. 地理因素

按照消费者所处的地理位置、自然环境不同来进行市场细分，简称地理细分。比如，根据国家、地区、城市规模、气候、人口密度、地形地貌等方面的差异将整体市场分为不同子市场。地理因素之所以作为市场细分的依据，是因为处在不同地理环境下的消费者对于同一类产品往往有不同的需求与偏好，他们对企业采取的营销策略与措施会有不同的反应。例如，我国东南部地区主食总体上以米类为主，而西北地区以面食为主，这两大地区分别对水稻和小麦有不同的生产和生活上的需求。再如在我国南方沿海一些省份，某些海产品被视为上等佳肴，而内地省份的许多消费者则觉得味道平常。

地理变量易于识别，是细分市场应考虑的重要因素，但处于同一地理位置的消费者需求仍会有很大差异。比如，在我国的一些大城市，如北京、上海，流动人口逾百万人，这些流动人口本身就构成一个很大的市场，且这一市场有许多不同于常住人口市场的需求特点。简单地以某一地理特征区分市场，不一定能真实地反映消费者的需求共性与差异，企业在选择目标市场时，还需结合其他细分变量予以综合考虑。

2. 人口因素

以人口统计变量，如年龄、性别、家庭规模、家庭生命周期、收入、职业、教育程度、宗教、种族、国籍等为基础进行市场细分，简称人口细分。消费者需求、偏好与人口统计变量有着很密切的关系。比如，只有收入水平很高的消费者才可能成为高档服装、名贵化妆品、高级珠宝等的经常买主。人口统计变量比较容易衡量，有关数据相对容易获取，因此企业经常把它作为细分市场的依据。

案例

想念系列挂面，满足不同消费人群需求

想念食品股份有限公司主要生产挂面、面粉，为了满足不同人群的需求，在细分市场进行差异化竞争，相继开发了五大系列400多种产品。月子面、婴儿面、宝宝面、学生考学时的状元面，年轻人爱吃的轻烹饪系列，适合中老年人的多功能食品等一应俱全，从生命的孕育一直伴随人的一生，真正意义上实现了全生命周期陪伴。

（资料来源：南阳日报，2023-3-27（4），http://epaper.olny.cn/http-rb/html/2023-03/27node_8.htm）

3. 心理因素

按照地理标准和人口标准划分的处于同一群体中的消费者对同类产品的需求仍会显示出差异性，这可能是消费者心理因素在发挥作用。心理因素包括个性、购买动机、价值观念、生活格调、追求的利益等变量。比如：消费者在购买农产品时，有不同的购买动机——有求实动机、求廉动机、求名动机、求美动机、显贵动机、好奇动机等。有些老年人买菜专挑便宜的买，是出于求廉动机；有些年轻人买菜专买自己没有吃过的特菜，是出于好奇动机。

4. 行为因素

消费者购买行为的变量很多，如消费者进入市场的程度、购买或使用商品的动机、购买的数量规模、对商品品牌的忠诚度等。根据购买者对产品的了解程度、态度、使用情况及反应等将他们划分成不同的群体是行为细分。行为变数能更直接地反映消费者的需求差异，因而成为市场细分的最佳起点。比如，根据顾客是否使用和使用程度细分市场，通常可分为经常购买者、首次购买者、潜在购买者和非购买者。根据消费者使用某

一产品的数量大小细分市场，通常可分为重度使用者、中度使用者和轻度使用者。消费者购买某种产品总是为了解决某类问题，满足某种需要。然而，产品提供的利益往往并不是单一的，而是多方面的。消费者对这些利益的追求往往会有所侧重，比如生产果珍之类清凉解暑饮料的企业，可以根据消费者在一年四季对果珍饮料口味的不同要求，将果珍市场消费者划分为不同的子市场。根据人们偏好不同，把猪肉分割为瘦肉、排骨、肥肉和猪皮；把鸭子的舌头、翅膀、脚板、鸭肠、鸭肝等分割开来，加工成特色产品；鱼也可按需分割为鱼头、鱼身、鱼尾、鱼子、鱼肚等产品上市。

以上是根据单因素细分，还可以根据多因素细分，如选定京津蔬菜市场，应考虑农产品质量是高档还是低档、价位是高价还是低价。若选择高收入家庭作为目标市场，应开发高档次和较高价位农产品。

根据细分变数划分出的农产品细分市场是否具有开发价值，还需看农产品细分市场是否具有足够的购买力、农产品市场规模是否可以盈利、农业厂商是否有能力进入所要选定的农产品市场。

案例

长白山人参：国之精典 人之根本

"长白山人参"的品牌定位语为"国之精典 人之根本"。从价值体系分析，中国是世界上最早应用人参并用文字记载人参的国家，4 000年前就已有人参药用的记载，在国人心中人参是至高之物，体验人参，滋补一生，因此"长白山人参"是"国之精典"。人参以根入药，补气固本，根即为本，本即为根，"长白山人参"主打"补气固本"的功效，因此为"人之根本"。

"长白山人参"跳出了中药产业的局限，回归了人参对人的本质功能，根据需求将消费者细分为不同的人群，形成不同的定位、生产不同的产品。

针对青少年消费群体，品牌定位"快乐的根本"。产品以休闲食品为主，如人参蜜片、软糖等；针对青壮年消费群体，定位"活力的根本"，产品主打抗疲劳的理念，包括人参提取物如口服液、含片等；针对女性消费群体，定位"美丽的根本"，推出了人参化妆品，如精华液、面膜等；针对老年人消费群体，定位"健康的根本"，产品以增强抵抗力、抑制疾病等养生理念为核心，主推人参原产品，如鲜参、红参、白参等；"长白山人参"整体传播定位为"人生的根本"，相对应的产品为人参大礼包。

（资料来源：吉林日报，2017-12-28（9）.http://jlrbszb.cnjiwang.com/pc/paper/c/201712/28/content_45096.html）

4.1.4 农产品市场细分的原则

并不是所有的市场细分都是合理有效的,要使市场细分有效,必须做到以下四点。

1. 可衡量性

可衡量性用来细分市场的标准和细分后的市场规模是可以衡量的。这样才便于经营者进行分析、比较和选择,否则,对经营者就没有任何意义。

2. 可进入性

可进入性即经营者有能力进入将要选定的目标市场。如果经营者无能力进入所选定的目标市场,那么这样细分显示出来的市场机会就不是经营者的营销机会。

3. 可营利性

可营利性即经营者要进入的细分市场规模必须保证经营者能够获得足够的经济效益。如果市场规模太小、潜力有限,这样细分出来的市场对经营者营销来说就毫无意义。

4. 可区分性

可区分性指细分市场在观念上能被区别,并且对不同的营销组合因素和方案有不同的反应。细分的程度要适度,不是分得越细越好,反对"超细分"。

市场细分的好处是显而易见的:对于消费者而言,在细分市场下,自己的需求总是能够不断地得到更大程度的满足;对于生产者而言,每满足消费者一个新的需求,就意味着开辟了一块新的市场空间,或者在某一领域的竞争中占领了先机。因此,无论是商家还是厂家,都十分注重依靠市场细分来开辟市场,寻找增值的空间,而消费者总是在这样的"被细分"中享受到更加完善的服务。

4.1.5 农产品市场细分的方法和操作程序

1. 农产品市场细分的方法

(1)单一变数法。所谓单一变数法,是指根据市场营销调研结果,选择影响消费者或用户需求最主要的因素作为细分变量,从而达到市场细分的目的。如按年龄对奶粉的所有消费者进行划分,就可将其分为婴幼儿奶粉、小童奶粉、学生奶粉、中老年奶粉等不同阶段的奶粉,每一个年龄段的消费者群即为一个细分市场(见表4-1)。

表4-1 单一变数法对奶粉市场的细分

消费者年龄	婴幼儿	少儿	青少年	中老年
奶粉	婴幼儿奶粉	小童奶粉	学生奶粉	中老年奶粉

(2)综合变数法。所谓综合变数法,就是选择2~3个影响消费者需求的细分依据进行市场细分的方法。综合变数法以消费者习惯和购买者类型两个因素作为细分变量。如以消费者习惯为变量可将肉鸡市场分为净膛全鸡、分割鸡、鸡肉串三类需求子市场。按购买者类型不同可将市场分为饮食业用户、团体用户和家庭用户三个需求子市场。两个

变数交错进行细分，肉鸡市场就分为九个细分市场（见表4-2）。

表4-2　综合变数法对肉鸡市场的细分

消费者习惯	饮食业用户	团体用户	家庭用户
净膛全鸡	A	D	G
分割鸡	B	E	H
鸡肉串	C	F	I

注：A指饮食业用户中净膛全鸡用户市场；B指饮食业用户中分割鸡用户市场；C指饮食业用户中鸡肉串用户市场；D指团体用户中净膛全鸡用户市场；E指团体用户中分割鸡用户市场；F指团体用户中鸡肉串用户市场；G指家庭用户中净膛全鸡用户市场；H指家庭用户中分割鸡用户市场；I指家庭用户中鸡肉串用户市场。

（3）系列变数法。所谓系列变数法，就是根据影响消费者需求的各种因素，按照一定的顺序由粗到细进行细分的方法。如以年龄、性别、收入、职业、文化程度、住进等多种因素对果汁市场进行细分（见图4-1）。

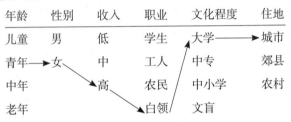

图4-1　系列变数法对果汁市场的细分

2. 农产品市场细分的操作程序

市场细分就是依据顾客需求差异"同中求异，异中求同"的过程，也就是调研、分析和评估的过程。其具体过程可分为以下六步。

（1）分析产品，确定营销目标。经营者要了解自己农产品的生产优势、劣势、产品特色及具备什么样功能，这是细分的基础。

（2）分析消费者各种需求。从现在需要、潜在需求出发，尽可能详细列出消费者各种需求。

（3）划分消费者不同类型。按需求不同，划分出各类消费者类型，分析他们需求的具体内容，然后按一定标准进行细分。

（4）选定目标市场。将产品特点、经营者经营能力同各细分市场特征进行比较，选出最能发挥经营者和产品优势的细分市场作为目标市场。

（5）进一步认识各细分市场特点，测量各分市场大小，考虑各分市场有无必要再作细分，或重新合并。

（6）选定目标市场，制定营销策略。

任务2　农产品目标市场选择

4.2.1　认知农产品目标市场的概念

作为一个企业,无论规模多么大,都无法满足消费者的全部需求,必须把企业的营销活动规定在一定的市场范围内,才能集中使用企业的人力、物力、财力,保证实现营销目标,避免资源浪费。因此,企业必须在市场细分的基础上,选择自己的目标市场,制定相应的营销策略。

目标市场是指通过市场细分,被企业所选定的,准备以相应的产品和服务去满足其现实或潜在的消费需求的那一个或几个细分市场。市场细分与目标市场的选择有着密切的关系,它们既有联系,又有区别。市场细分是按不同的消费需求划分消费者群的过程;而目标市场选择是企业选择一个或几个作为自己营销对象的细分市场。因此,市场细分是选择目标市场的前提,选择目标市场则是市场细分的目的和归宿。

农产品目标市场是指在市场细分的基础上,由农产品企业决定进入并为之服务的农产品市场。选择和确定农产品目标市场,是农产品企业制定市场营销策略的首要内容和基本出发点。

市场细分与目标市场选择既有联系又有区别(见表4-3)。

表4-3　市场细分与目标市场选择的联系与区别

项　目	联　系	区　别
市场细分	是目标市场选择的前提和基础	按一定的标准划分为不同消费群体
目标市场	是市场细分的目的和归属	根据自身条件选择一个或一个以上细分市场作为营销对象

4.2.2　选择农产品目标市场的条件

一个理想的目标市场必须具备以下三个基本条件。

(1)要有足够的销售量,即一定要有尚未满足的现实需求和潜在需求。这个问题对于一般小型农户来说问题不大,而对于规模较大的农产品生产者来说就非常重要。

(2)经营者必须有能力满足这个市场需求。这是指公司能有效进入细分市场并为之服务。某些细分市场很容易接近,如女性市场(细分变量——性别)、学生市场(细分变量——职业)和年轻人市场(细分变量——年龄)。但有些市场则很难接近。例如,一家粮食销售企业虽然细分了10个细分市场,但是职工人数太少,无法为每个细分市场制定相应的营销策略。

(3)在这个市场中必须具有竞争的优势,市场竞争可能有多种情况,如品牌、质量、价格、服务方式、人际关系等。但总的来说,可以分为两种基本类型:一是在同样条件下比竞争者定价低;二是提供满足消费者的特种需要的服务,从而抵消价格高的不利影响,农户在与市场同类竞争者的比较中,应分析自己的长处,自己的短处,尽量扬长避短，或以长补短，从而超越竞争者占领目标市场。

4.2.3 确定农产品目标市场的模式

目标市场有大有小，但归纳起来有5种层次的目标市场，也产生了5种选择。如表4-2中，横向是3个市场，纵向是3种商品，合计有9个细分市场，如A就是饮食业用户的净膛全鸡市场，E就是团体用户的分割鸡市场等。

1. 单一产品单一市场

单一产品单一市场是经营者在所有细分市场中只选择一个作为自己目标市场的过程，也就是只全力生产一种产品，供应某一顾客群（见图4-2）。如经营者选择B，就是专门针对饮食业用户经营分割鸡，满足饮食业用户对分割鸡的需求。

2. 多个市场单一产品

多个市场单一产品是经营者在所有细分市场中横着选，把一个产品类别作为目标市场的过程（见图4-3），也就是经营者只生产一种产品，但针对各类用户经营。如经营者选择B、E、H，就是专业经营分割鸡，但面向各类用户销售。

图4-2　单一产品单一市场选择模式　　图4-3　多个市场单一产品选择模式

3. 单一市场多种产品

单一市场多种产品是经营者在所有细分市场中竖着选，把一个市场类别作为目标市场的过程（见图4-4）。也就是说，经营者的生产满足某一类用户对各种产品的需求，如经营者选择A，B，C，就是专门为饮食业用户提供各类鸡肉产品。

4. 多个市场多种产品

多个市场多种产品是经营者在所有的细分市场中有选择地选取某几个细分市场作为目标市场的过程（见图4-5）。如经营者选择B、D、I，则专注于为饮食业用户提供分割鸡，为团体用户提供净全鸡，为家庭用户提供鸡肉串。

图4-4　单一市场多种产品选择模式　　图4-5　多个市场多种产品选择模式

5. 全面覆盖市场产品

全面覆盖市场产品是经营者选择所有的细分市场为目标市场的过程，也就是经营者为所有的顾客提供其所需的各种产品（见图4-6）。如经营者选择了A、B、C、D、E、F、G、H、I全部9个细分市场，这就是大经营者选择目标市场的模式。

图4-6 全面覆盖市场产品选择模式

4.2.4 农产品目标市场营销策略

为了有效地进入目标市场，农产品企业可以采用不同的目标市场策略，一般来说，有以下三种。

1. 无差异性目标市场营销策略

无差异性目标市场营销策略是指农产品企业在进行市场细分之后，不考虑各子市场的特性差异，而只注意各市场需求方面的共性，将所有子市场即农产品的总体市场作为一个大的目标市场，只生产一种产品，制定单一的市场营销组合，力求在一定程度上适应尽可能多的消费者需求。

无差异性目标市场营销策略的优点是成本的经济性：一是可以大批量地生产、储存、运输和销售，因而单位农产品的成本较低；二是因为不用细分市场，经营方式简单，节约营销费用。其缺点是不考虑单个细分市场的需求差异性。随着消费者收入水平和消费水平的提高，消费者之间的需求差异性也随之扩大，无差异性市场策略难以适应这种形式。比如，原来人们对鸡蛋的需求也没有什么特别之处，但随着生活水平的提高，人们越来越重视营养，这对大批量的传统鸡场产出的鸡蛋提出了挑战。如果经营者仍然只考虑人们对鸡蛋的数量型需求，而不具体分析消费者群体对鸡蛋的色泽、口感、蛋白质含量等外观及营养品质等的需求差异，那么，大众化鸡蛋消费市场的竞争将十分激烈，会出现供过于求的市场态势。

2. 差异性目标市场营销策略

差异性目标市场营销策略是指企业针对不同细分市场上消费者对农产品的不同需求，生产不同的农产品，并采用不同的营销组合，以适应不同子市场的需求。这种策略适用于从事多种经营的大型农业企业，而小型农业生产者、农户不宜使用这种策略。

差异性目标市场营销策略的优点有以下两点：第一，其体现了以消费者为中心的经营思想，能满足不同消费者的需要，有利于扩大农产品销售额；第二，企业同时在几个细分市场上占据优势，有利于提高企业声誉，树立良好的企业形象，增进消费者对企业和商品的信任感，从而有利于提高市场占有率。如乌骨鸡、七彩龟、黑小麦、黑玉米等农产品，因为其颜色特别，药用价值较高，不仅市场销路好，而且经济效益高。

差异性目标市场营销策略的缺点有以下两点：第一，企业资源分散于各细分市场，容易失去竞争优势；第二，商品生产成本和营销成本较高，因采取多种营销组合措施，促销费用较多。因此，要权衡一下究竟差异到何种程度最有利。为了解决这个矛盾，许多企业宁可只经营少数品种，也要尽量使每个品种能适应更多消费者的需求。

3. 集中性目标市场营销策略

集中性目标市场营销策略（也称密集性市场营销策略）与前两种策略的不同之处，就是不把整个农产品市场作为自己的服务对象，而只是以一个或少数几个细分市场或一个细分市场中的一部分作为目标市场，集中企业营销力量，为该市场开发一种理想的农产品，实行专门化生产和销售。

采取这种目标市场策略的企业，追求的不是在较大市场上占有较少份额，而是在较小的市场上占有较大份额。企业面对若干细分市场时，并不希望尽量占有市场的大部分以至全部。明智的农业企业宁可集中全力争取一个或极少数几个细分市场，而不是将有限的人力、物力、财力分散用在广大的市场上。

采取这种策略的优点为：营销对象集中，企业能充分发挥优势，深入了解市场需求变化，降低成本，提高盈利水平。例如，四川雅安市雨城区草坝镇的一家农户，在具体细分雅安市民对鸡的需求的基础上，避开了大众性消费群体，选择了特定性消费群体（追求营养品质型消费的群体）为目标市场，专门生产放养的、不喂饲料添加剂的土乌骨鸡，结果绿色无公害的乌骨鸡供不应求。但这种策略也有一定的风险，由于目标市场比较狭窄，一旦市场发生突然变化，比如价格猛涨或猛跌，消费者的兴趣转移，或出现强有力的竞争对手时，企业可能会陷入困境。因此，企业选用这种策略时，要谨慎从事，要留有回旋余地。

4.2.5 确定农产品目标市场策略时应考虑的因素

上述三种市场覆盖即目标营销策略各有利弊，各自适用于不同的情况。一般来说，在选择战略时，要考虑以下四个方面的因素。

（1）企业的资源。大型或资源雄厚的企业，可实行无差异或差异营销；而资源有限、实力不强的企业，不能覆盖更多的市场，最好实行集中营销。

（2）产品的特征。一是产品本身差异性的大小，差异性很小的产品，可实行无差异营销，差异性大的产品则不宜采用；二是产品生命周期的阶段，新上市的产品，通常只介绍一种或少数几种款式，因为在此阶段重点是激发顾客的基本需要，所以最好实行无差异营销，或针对某一特定子市场实行集中营销；当产品达到成熟期时，则可改为采取差异营销战略，以维持或扩大销路。当产品进入衰退期时，采取集中性战略。

（3）市场的特点。要看市场是否"同质"。如果市场上所有顾客在同一时期偏好相同，购买的数量相同，并且对营销刺激的反应相同，则为"同质市场"，可实行无差异营销；反之，则应实行差异营销。在农产品市场，普通农产品相对过剩，而优质农产品、特色农产品和绿色农产品则需求旺盛，此时，企业实施差异性营销或集中策略将大有可为。

（4）竞争者的战略。一般来说，应该同竞争者的战略有所区别，反其道而行之。如果对手是强有力的竞争者，实行的是无差异营销，那么本企业实行差异营销往往能取得好的效果；如果对手已经实行差异营销，本企业却仍实行无差异营销，势必失利。在此情况下，应考虑实行更深一层的差异营销或集中营销。

4.2.6 农产品目标市场选择的操作程序

目标市场选择由三个程序组成：市场细分、目标市场确定、市场定位。

1. 市场细分

市场细分是企业根据市场需求的多样性和购买行为的差异性，把整体市场划分为若干个具有某种相似特征的顾客群，称之为细分市场或子市场，以便选择确定自己的目标市场。经过市场细分的子市场之间的消费者具有较为明显的差异性，而在同一子市场之内的消费者则有相对的类似性。可见，市场细分是一个同中求异、异中求同的过程。企业进行市场细分的目的就是为了实现目标市场营销，而市场细分的结果为企业提供了发现理想市场的机会。企业在确定目标市场后，还需要制定一个切实可行的市场定位策略，这是企业占领市场、战胜竞争对手，取得立足点和进一步发展的重要环节。

2. 目标市场确定

目标市场确定是指在市场细分的基础上，企业根据自身优势，从细分市场中选择一个或者若干个子市场作为自己的目标市场，并针对目标市场的特点展开营销活动，以期在满足顾客需求的同时，实现企业经营目标。

3. 市场定位

市场定位是指企业从各个方面为产品创造特定的市场形象，使之相较于竞争对手的产品显示出不同的特色，以求在目标顾客心目中形成一种特殊的偏爱。

4.2.7 选择农产品目标市场必须走出"多数谬误"误区

1. 多数谬误的含义

选择目标市场的目的是使产品有销路。这种思想的问题是并非有销路的市场都一定能成为企业理想的目标市场，如果出现多数谬误，农户就不可能实现预估的营销目标，还可能导致挫折和失败。多数谬误是指过多的农户都把同一个细分市场作为自己的目标市场，从而造成某一种产品的供给远远超过市场需求。在这种情况下，这些农户共同经营同一种产品，实际上就是共同争夺同一产品有限的消费群体，结果造成社会劳动和资源的浪费，并且不能满足本来有条件满足的其他市场需求，大大提高了农户的机会成本，影响农户的经济效益，甚至造成农户的经营失败。在现实的经济生活中，多数谬误屡屡发生。

2. 多数谬误产生的原因分析

从农户市场营销实践来看，多数谬误的原因如下。

（1）农户均将市场容量最大、利润潜量最大的市场作为目标市场。许多农户只盯着着市场的需求潜量和诱人的利润，认为只要市场有需求，重视产品质量，价格合理，加上推销工作，就能够扩大销售量，提高市场占有率，从而取得最大的利润。这种情况造成的结果是竞争者太多，形成同步共振，造成损失。

（2）企业经营者在指导思想上急功近利，只考虑农户的目前利益，避难就易，而看不到长远利益，使企业经营陷入困境。这种情况往往是农户把最容易进入的市场作为目标市场。有些农户看到某些农产品畅销，且投资小、见效快时，便产生了投资冲动。如果某农户因培育果树苗发了财，结果就户户育，村村育，乡乡育，最后只能造成果树苗当柴烧的情况。类似事例，不胜枚举，更为严重的是现在仍有许多农户还在重蹈覆辙。

（3）抵挡不住外围市场一时走俏的诱惑。市场细分、确定目标消费群，只能在自己的有效市场范围内，决不能放弃自己的优势，去追求所谓的"热"。俗话说："庄稼活，不用学，人家咋做咱咋做。"这是一种盲从思想，很多农民在这种习惯思维的引导下急功近利，盲目发展，看到别人家赚了钱，也挤进同一条赚钱道，盲目地扩大同类农产品的种植面积，结果却赚不了钱。这样的多数谬误已屡见不鲜，使农户深受其害。

（4）对已经确定的目标市场缺乏精细的了解。信息是宝贵资源，但也是共有资源。当某一农户从传媒得知某地某货奇缺价高而进行生产时，将和四面八方获知同一信息采取同一举措的众多农户在市场上发生碰撞，奇缺变为过剩，致使抢购的俏货转眼之间变成卖不出去的滞销货。

（5）对细分后的目标市场的变化没有足够的把握。市场细分的各项变量随着社会大环境的变化而不断变化，所以不能用固定的观念去看待变化的市场，而应以变制变，具体问题具体分析，及时调整自己的营销策略。

市场细分是一个复杂的问题，不是简单地种什么、养什么的问题，它还牵涉资金、市场、人才、技术等诸多因素。因此，进行市场细分必须对多种因素进行综合考虑、科学论证、统筹规划，有计划、有步骤地进行。客观地讲，在商品经济生产中，多数谬误是很难完全避免的，而农户和企业应尽可能把多数谬误控制在最小的范围之内，要把它造成的损失降低到最低限度。

案例

实赣派：一颗会唱红歌的橙子

在"2022中国品牌价值评价信息"发布会上，赣南脐橙荣登区域品牌（地理标志）百强榜，位列第六。而"实赣派"作为赣南脐橙的精品，其价值也日渐得到消费市场的认可。

2016年，天下星农公司团队远赴江西赣州，决心从赣南脐橙中优选出精品，打造出一个优质的脐橙品牌。

1. 让红色文化融入品牌精神

赣南，红色故都，这里是长征精神的发源地，是全国著名的革命老区，是红军气壮山河的二万五千里长征出发地；是中华苏维埃共和国临时政府所在地，更是中央红军长征出发地。9名元帅、7名大将、37名上将从赣南这片土地走出。如今站在这片红色热土上，仍能感受到那段峥嵘岁月中的历史回声。80多年前，在于都河两岸，当地客家人送别亲人走向茫茫长征路，这些红军以实干精神走完长征。

而提到赣州的特色农产品，就不得不说"赣南脐橙"，这里是赣南脐橙核心发源地，有着40余载种植历史。这里的山地大环境，使得脐橙皮薄多汁、肉质醇厚、更具橙香。

如何将长征精神融入脐橙的品牌当中，是天下星农公司团队首先要思考的问题。该团队首先想到，长征精神的内核包含"乐于吃苦、不惧艰难的革命乐观主义精神"和"重于求实、自立自主的创新胆略"，可以说"实干"两个字贯彻长征精神的始终。

于是，天下星农公司团队将精挑细选出来的赣南脐橙取名为"实赣派"，广告语"橙就是赣出来的"，其谐音为"成就是干出来的"，将江西人的实干精神与赣南脐橙的产地优势合二为一，把地域最深厚的红色文化精神作为黄金支点，从而撬动了品牌势能。

2. 做一颗会红歌的橙子

将长征精神作为"实赣派"品牌的精神内核，赋予了赣南脐橙文化层面的意义，让人们在想到"实赣派"的时候，会立刻联想到长征精神，从而赋予了脐橙更高的文化价值。

然而，天下星农公司团队并没有止步于此。在经过多方考察后，他们发现早在2003年，《赣州晚报》与赣南红土情网站就共同推出了"《十送红军》曲调来源于赣南民歌确凿无疑"系列报道，而《十送红军》的谱曲朱正本也承认，其是根据赣南民歌《长歌》改编的《十送红军》曲谱。

再结合赣南深厚的红色文化底蕴，可见赣南的脐橙是听着红歌长大的。既然如此，何不让脐橙"唱"红歌呢？为此，天下星农公司团队特意做了一首命题诗：

客家人　红土地　十送红军　一曲唱遍

抬眼望　今朝橙　实赣精神　薪火相传

自此，会唱红歌的赣南脐橙"实赣派"诞生了。而唱红歌的寓意在于感恩。感恩赣南红土地的滋养，感恩勤劳的客家人的辛苦耕耘。

3.定位：数字化脐橙

在为"实赣派"做定位时，天下星农公司团队将其定为数字化脐橙。如何体现数字化呢？他们在种植和挑选两头做了严格把关，保证每一个实赣派橙子都为"自然成长、天生天养、不早采、不催熟、不打蜡"的优果，而后再经"重量、颜色、瑕疵、直径、密度、酸甜度"6重分选，才交付到客户手中。

优选果重。先进的果重感应分级系统，保证每盒果子个头均匀，粒粒饱满。

优选果色。光学分选流水线，为每个橙子快速拍摄多张照片，保障每颗橙子着色度在90%以上，并同时剔除果皮不均的疵果。

优选糖酸度。不损伤果皮的红外线糖酸度检测，甜度≥13.8%，酸度≤0.7%，让每颗果子酸甜可口。

优选核心产地。赣南脐橙核心产区，土壤肥沃，昼夜温差大，极利脐橙果实糖分积累。

根据2016年筛选情况，只有9%优质赣南脐橙，才可以入选实赣派。由此可见，实赣派可谓是优中选优，是赣南脐橙的"精品"。

"让脐橙数字化，让酸甜度看得见！我们实赣派的每颗橙子都拥有一样的色泽、一样的个头、一样的甜度、一样的酸度。高标准，好品质，让您闭着眼睛拿，颗颗都好吃。"

在2021年12月3日举办的中国企业家博鳌论坛——品牌建设与保护论坛暨赣南脐橙无假劣试点发布会上，实赣派成为接待品牌水果，并成为品牌消费无假劣首个赣南脐橙入选品牌。

（资料来源：中国农村网，http://journal.crnews.net/ncpsczk/2022n/d20q/gz/950897_20221111022540.html）

任务3　农产品市场定位

4.3.1　认知农产品市场定位的概念

市场定位是指企业为某一种产品在市场上树立一个明确的、区别于竞争者产品的、符合消费者需要的地位。

农产品市场定位是对农产品所施行的市场定位行为，指农产品生产经营者根据竞争者现有产品在市场上所处的位置，针对消费者对该产品某种特征或属性的重视程度，强有力地塑造本企业产品与众不同的鲜明的个性或形象，并把这种形象生动地传递给消费者，从而确定该产品在市场中的适当位置（见图4-7）。

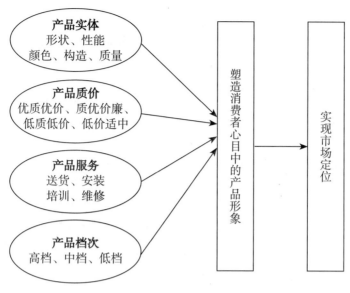

图4-7 市场定位

农产品的市场定位是农业经营者通过为自己的产品创造鲜明的特色和个性,从而在消费者心目中塑造出独特的形象和位置来实现的。这种特色和形象可以通过产品实体方面体现出来,也可以从消费者心理方面反映出来,还可以从价格水平、品牌、质量、档次、技术先进性等方面表现出来。

农产品市场定位的实质是取得目标市场的竞争优势,确定企业及其产品在消费者心目中的适当位置并留下值得购买的印象,以便吸引更多的消费者。因此,市场定位是企业市场营销体系中的重要组成部分,对于提升企业市场形象,提高农产品市场竞争力具有重要意义。

4.3.2 农产品市场定位的方法

1. 根据农产品质量和价格定位

产品的质量和价格本身就是一种定位。一般来说,在消费者看来,较高的价格意味着较高的产品质量。农产品价格普遍偏低,可对优质农产品实行高价,使其与普通农产品区别开来,满足消费者对优质农产品的需求,从而达到定位的目的。

2. 根据农产品的用途定位

同一农产品可能有多种用途,如有的农产品既可以供消费者直接食用,又可用于食品加工,那么就可以分别对它们进行不同的定位。此外,当发现一种农产品有新的用途时,也可运用这种定位方法。

3. 根据农产品的特性定位

农产品的特性包括其种源、生产技术、生产过程、产地等,这些特征都可以作为农产品定位的因素。如"绿色农产品""无公害蔬菜"等等都是根据农产品的特性进行定位的。尤其当农产品这种特性是竞争者无法提供时,这种农产品定位更有效。

4.根据消费者的习惯定位

这是按照农产品消费者对产品的习惯看法确定产品的形象,进行目标市场定位。

4.3.3 农产品市场定位的依据

农产品市场定位具有自身的依据(见表4-4)。

表4-4 农产品市场定位的依据

定位依据	实 例
特色定位	信阳市具有地方特色的信阳毛尖茶叶
功效定位	可提高免疫力的富硒类产品
质量定位	高品质的寿光蔬菜
利益定位	具有观赏价值的盆景蔬菜
消费者定位	专门面向儿童的食品
竞争定位	具有市场竞争力的五常大米
价格定位	售价高达98元/盒的礼盒装包尖白菜

4.3.4 农产品市场定位的操作程序

农产品市场定位的实质是农产品企业取得在目标市场上竞争优势的过程。因此,市场定位的过程包括三个步骤,即明确自身潜在的竞争优势,选择相对的竞争优势,显示独特的竞争优势(见图4-8)。

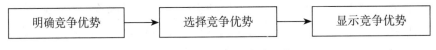

图4-8 农产品市场定位步骤示意图

1. 明确企业潜在的竞争优势

营销人员通过营销调研,了解目标消费者对于农产品的需要及其欲望的满足程度,了解竞争对手的产品定位情况及其产品的优势和劣势,分析目标消费者对于本企业的期望,得出相应研究结果,进而把握和明确本企业的潜在竞争优势。

2. 选择企业的相对竞争优势

从经营管理、技术开发、采购供应、营销能力、资本财务、产品属性等方面与竞争对手进行比较,准确地评价本企业的实力,可找出优于对手的相对竞争优势。

3. 显示独特的竞争优势

农产品企业通过一系列的营销工作,尤其是宣传促销活动,把其独特的竞争优势准确地传递给潜在消费者,并在消费者心目中形成独特的企业及产品形象。为此,企业首先应使目标顾客了解、认同、喜欢和偏爱本企业的市场定位。其次,要通过一切努力稳定和强化目标顾客的态度,以巩固市场定位。此外,企业还应密切关注目标消费者对市场定位理解的偏差,及时矫正与市场定位不一致的形象。

4.3.5 农产品市场定位的策略

农产品市场定位的策略是指农产品企业根据目标市场的情况，结合自己的条件确定竞争原则。农产品市场定位，通常可分为以下三种策略。

15种农产品品牌定位的方法

1. "针锋相对式"策略

这种定位策略是把产品定在与竞争者相似的位置上，与竞争者争夺同一细分市场。例如，有的农产品企业在市场上看别人经营什么，自己也选择经营什么。采用这种定位策略时，要求经营者具备资源、产品成本、质量等方面的优势，否则，在竞争中会处于劣势，甚至失败。

2. "填空补缺式"策略

这种定位策略不是去模仿别人的经营方向，而是寻找新的、尚未被别人占领，但又为消费者所重视的经营项目，以填补市场空白的策略。例如有的农产品企业发现在肉鸡销售中大企业占有优势，自己就选择经营饲养"农家鸡""柴鸡""土鸡""虫草鸡"等，并采取活鸡现场屠宰销售的方式，填补大企业不能经营的市场"空白"。

3. "另辟蹊径式"策略

当农产品经营者意识到自己无力与同行业有实力的竞争者抗衡时，可根据自己的条件选择相对优势来竞争。例如，有的生产经营蔬菜的农户既缺乏进入超级市场的批量和资金，又缺乏运输能力，就可利用区域集市，或者与企事业伙食单位联系，甚至走街串巷，避开大市场的竞争，将蔬菜销售给不能经常到市场购买的消费者。

当然，农产品生产经营者的市场定位并不是一劳永逸的，而是随着目标市场竞争者状况和企业内部条件变化而变化的。当经营者自身和市场情况发生变化时，都需要对目标市场定位的方向进行调整，使市场定位策略符合发挥自身优势的原则，从而取得良好的营销利润。

🔗 相关链接

农产品市场定位，常存在以下四个误区（见图4-9）。

定位过低	·使消费者没有感到有什么特别的地方
定位过高	·使消费者认为是价格极高的东西，不是自己消费得起的
定位混乱	·使消费者印象模糊
定位怀疑	·使消费者在价格、功能、质量上产生不信任的感觉

图4-9 农产品市场定位的误区

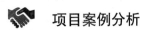 **项目案例分析**

昭阳红：以全新品牌形象立足苹果市场

2021年9月，"一款多样性苹果盲盒——潘多拉口袋"苹果盲盒在电商平台亮相，给广大消费者带来一次集"视觉、嗅觉和味觉"为一体的全新感官体验。这是来自云南昭通市昭阳区的苹果品牌"昭阳红"推出的一款全新产品。

地处云贵高原的昭阳区是我国南方苹果优生区，当地高海拔、低纬度、光照足、温差大、土壤富硒等得天独厚的自然条件，造就了昭阳苹果早熟丰产、酸甜适度、果香浓郁等优良的品质。

然而，近年来，随着苹果市场竞争加剧，价格战、渠道战层出不穷，昭阳红苹果也面临着不小的市场挑战。为此，2021年，昭阳红苹果品牌持有企业昭通超越农业有限公司聘请天下星农公司为昭阳红品牌重新进行市场定位，塑造品牌形象，助力品牌升级。

一、锚定品牌独特定位

把握好品牌定位并提炼出一句关联性强、有品牌内涵的广告语是品牌策划的关键一步。

经过多年经营，昭阳红苹果已经成为昭通现代化高标准苹果种植和昭通苹果最高品质的标准。

昭阳红从种苗、种植规范、采收、分选、仓储、冷链，一直到品牌销售，实现"七统一"的标准化输出，以此保障每一枚苹果都是内外兼修的好苹果，不仅外观好看，而且风味俱佳。特别是在分选环节，昭阳红引进"法国迈夫诺达"分选设备，从果径大小、着色面积、单果重、糖度、磕碰伤和腐心病检测等六个纬度把控苹果品质。

昭阳红苹果着色面积达80%以上，花青素等营养物质积累丰富，早熟果嘎啦的平均糖度可达13%以上，红富士的糖度更是高达16%，比其他产区的糖度高一些。同时，昭阳红苹果品种达118种之多，实现量产的也达25个。其中的"红露""青梓"和"黑卡"等品种更是以俊俏的果形、差异的颜色和独特的风味独领鳌头，成为代理商和消费者追捧的热销高端苹果品种。

经过反复思考，结合昭阳红苹果品种多样性、颜色多样性、口感多样性，天下星农公司团队开创性地为其提出了"多样性苹果"的品类定位，并提炼出"七彩云南，多姿昭阳红"品牌主张。

这一宣传主张将云南省、昭通地区独特的水土资源和气候魅力与昭阳红"多样性"的独特价值呈现了出来。一方面,可以建立关联认知。"七彩云南"这句话早已深入人心,成为人们的固有认知。将这种认知嫁接到"昭阳红"品牌中,可以让该品牌在目标受众中迅速建立起关联认知。另一方面,突出了产品特性。"七彩"是对苹果颜色多样性的科学表达,通过七彩包装,实现不同果径的区分,满足了消费者对包装颜色和果径大小的双重需求。此外,七种颜色,如彩虹一样,当摆上货架时,能够吸引消费者关注,并满足受众对包装颜色的选择需求。

"这一宣传主张精准定位了我们昭阳红苹果品种多、口味丰富等特质,让消费者一提到云南就能想到昭阳红苹果是与橙子并列的两大水果之一。其中'多姿'一语双关,既指品种多样、也指滋味丰富。"昭通超越农业有限公司总经理李炳伟介绍说,"可以说这一品牌宣传主张把握住了品牌的定位和特质,为接下来的品牌包装、市场定位、销售渠道选择等定下了基调。"

二、塑造品牌全新视觉形象

好的包装,既能塑造企业、品牌形象,也能实现与目标受众的有效沟通,从而促进产品销售并拉升品牌认知度、美誉度。

对此,通过苹果市场走访,组织10场次的年轻消费群体座谈会,天下星农公司锁定了"盲盒"这一设计形式。

近年来,随着盲盒经济的发展,盲盒内的商品种类逐渐丰富,充分满足了具有较强购买力的年轻消费群体的好奇心。盲盒最大的特点,就在于能够给消费者创造惊喜感。

"结合昭阳红苹果多品种的特点和盲盒的特性,我们设计出了'嗨看今昭'苹果盲盒。这一设计满足消费者多品种尝试的心理,也有助于打开产品销路。"胡海卿介绍说。

消费者选择苹果盲盒后,根本不清楚里面究竟有多少种苹果(15个品种随机发,3个以上的品种),对未知的追求,让这款产品一上市就充满神秘色彩和惊喜感。消费者通过多品种的体验,发现某一品种特别适合自己后,就会反向购买昭阳红特定品种的产品,从而促进了该品种苹果的持续售卖。

昭阳红苹果一直以来都没有对外宣传的统一视觉形象,很难形成视觉记忆。结合昭阳红苹果特色、昭通民族文化特点、昭阳红苹果生产标准,天下星农公司团队为昭阳红品牌设计了自有IP——昭不同。

"我们以魔法师的形象,来诠释多样性苹果的多姿多味,以及分享多品种甜蜜的惊喜之感。火红的头发及红色披风传递着如同朝阳般的生活品质。两只眼睛,一个戴眼镜,代表着科技农业、数字农业带来的品质增益之功;一个不戴眼镜,代表着情感传递，塑造有温度的苹果品牌；手托魔法帽代表着品种创新的无限魅力；头戴博士帽，是智慧农业的象征。"天下星农公司创始人兼CEO胡海卿介绍说。

三、线上+线下营销提升品牌知名度

2021年10月31日，昭阳红携118个品种亮相沪滇东西部协作交流暨"昭阳红"苹果品牌（上海）推介会，发布潘多拉口袋盲盒，获得了媒体及业界的重点关注。11月9日，参加第十四届iFresh亚洲果蔬产业博览会，并举办昭阳红多样性苹果推介会，首次亮相了"昭昭暮暮""嗨看今昭""红运昭阳""盛世昭阳"等新产品。11月15日，亮相上海新国际博览中心举行的首届上海国际水果展。12月3日，第三十届中国食品博览会上，昭阳红作为云南绿色食品展团24家企业之一，被遴选推荐……

天下星农技术团队为昭阳红苹果策划了系列高密度的线下营销活动。

在线下推广如火如荼的同时，昭阳红线上推广也全线展开。"我们通过全国性活动策划、优质媒体覆盖、天猫官方明星主播带货等方式，进一步提升昭阳红苹果品牌的认知度和好感度。充分利用昭阳红苹果多样性特点，推出'场景化产品打造、联合创品、专品专供和一城一品'等产品营销创新。"胡海卿介绍道。

经过林依轮首推和天猫"双十一"品推以及一轮又一轮的产品优化、测试反馈、链路疏通、代理开放，"昭阳红——潘多拉口袋"苹果盲盒再次被天猫官方明星主播天团选中，刘涛、刘璇、经纬等在线上直播。与此同时，各私域流量平台和线下连锁商超也陆续铺开潘多拉口袋，百城联动，共启"甜蜜潘多拉"。

经过广泛推介，昭阳红品牌战略宣传系列活动成效显著、硕果累累，2021新增销售订单10 200吨，昭阳红苹果成功进驻上海爱泽、陈氏阳光、杭州鲜科、叶臣实业、佳农食品、去火星等代表性渠道。同年度，包括昭阳红"潘多拉口袋"苹果盲盒、16.8度苹果礼盒和红运昭阳苹果礼盒等实现热销。

（资料来源：中国农村网，http://journal.crnews.net/ncpsczk/2022n/d20q/gz/950899_20221111022735.html）

辩证性思考

昭阳红苹果的市场定位是什么？谈一谈你对市场定位在农产品营销中的作用的认识。

项目检测

营销知识目标检测

1. 选择题

（1）农产品市场细分的原则包括可衡量性、（　　）、可营利性和可区分性。
　　A.可对比性　　　　B.可进入性　　　　C.可调整性

（2）目标市场选择与营销由三个步骤组成：（　　）、目标市场确定、市场定位。
　　A.市场细分　　　　B.市场调查　　　　C.市场分析

（3）农产品市场细分的方法包括单一变数法、（　　）、系列变数法。
　　A.唯一变数法　　　B.综合变数法　　　C.多重变数法

（4）市场细分就是依据顾客需求差异"同中求异，（　　）"的过程。
　　A.异中求同　　　　B.差异分析　　　　C.区分异同

2. 判断题

（1）农产品市场细分就是根据农产品总体市场中不同消费者在需求特点、购买行为和购买习惯等方面的差异性，把农产品总体市场划分为若干个不同类型的消费者群的过程。（　　）

（2）选择2~3个影响消费者需求的细分依据进行市场细分的方法叫作单一变数法。（　　）

（3）单一产品单一市场是经营者在所有细分市场中只选择一个作为自己目标市场的过程，也就是只全力生产一种产品，供应某一顾客群。（　　）

（4）农产品生产经营者的市场定位并不是一劳永逸的，而是随着目标市场竞争者状况和企业内部条件变化而变化的。（　　）

3. 简答题

（1）农产品市场细分的作用有哪些？
（2）农产品市场细分的依据有哪些？
（3）农产品目标市场营销策略有哪些？
（4）农产品市场定位的策略有哪些？

营销能力目标检测

检测项目：选择一家农产品生产企业，对该企业进行市场细分、目标市场选择和市场定位分析。

检测目的：通过检测，进一步认知、掌握农产品市场细分、目标市场选择和市场定位的方法，能够进行农产品市场细分、目标市场选择和市场定位。

检测要求：班级学习委员组织全员分团队对农产品企业目标市场选择进行分析、讨论、交流，由教师进行评价。

第2模块

做农产品生意(经营生意)——满足农产品消费需求

学习指导

农产品企业经过找农产品生意（寻找生意）——发现（创造）农产品消费需求，确定了农产品企业市场营销的服务对象，满足农产品目标消费群的消费需求，在目标市场上为产品、品牌、企业形象确定了一个富有竞争优势的地位。之后就进入了农产品市场营销活动的第2个环节，解决如何做农产品生意（经营生意）——满足农产品消费需求的问题。企业要运用市场营销组合，把产品策略、价格策略、分销策略和促销策略组合起来综合地发挥作用，才能满足目标市场的需求，更好地实现企业营销目标。

第一，要认知农产品市场营销组合即产品策略、价格策略、分销策略和促销策略之间的逻辑关系，才能对可以控制的产品策略、定价策略、分销策略、促销策略进行最佳组合，使之综合地发挥作用。产品策略是农产品市场营销组合的核心，也是定价策略、分销策略、促销策略的基础。农产品企业只有提供满足农产品目标市场需求的产品和服务，并使农产品目标消费群满意，才能实现获取利润的目标。农产品企业开发出产品以后，要与农产品目标消费群进行交易，就必须运用定价策略为农产品制定合理的价格，农产品定价策略直接影响农产品企业的利润。有了满足农产品目标消费群需求的农产品和适当的价格之后，农产品企业所面临的问题就是如何把农产品通过一定的渠道在适当时间、适当地点，按适当数量和价格，从农产品生产者手中转移到消费者手中，来实现农产品的价值和使用价值。分销策略是联结农产品生产和消费之间的"桥梁"和"纽带"。农产品企业为其产品选择了分销渠道，就要运用促销策略解决如何把农产品信息迅速传递给农产品目标消费群，并有效地对农产品目标消费群进行刺激，激发农产品目标消费群的购买欲望，使农产品企业的农产品卖得快、卖得多、卖得久的问题。

第二，要认识到，农产品企业通过产品、分销、促销在市场中创造价值，通过定价从创造的价值中获取收益。在市场营销组合中，价格是唯一能产生收益的因素，其他因素都表现为成本。价格是市场营销组合中最灵活的因素，它与产品策略和分销渠道不同，它的变化是异常迅速的。因此，定价策略是农产品企业市场营销组合的重要因素之一，它直接决定着农产品企业市场份额的大小和赢利率的高低。

项目5　农产品产品策略

项目目标

营销知识目标

理解农产品整体概念的含义、层次；掌握无公害农产品、绿色食品、有机食品、地理标志产品的标准，熟悉其认证程序及管理办法；掌握农产品创新策略；掌握农产品品牌策略；掌握农产品包装策略。

营销能力目标

能够运用农产品质量认证程序、农产品创新策略、农产品品牌策略和农产品包装策略，进行农产品产品策略分析。

导入案例

人参果品种、种苗、种植、加工、销售产学研一体化打造优势品牌

近日，云南省农业农村厅发布了《关于2022年云南省"绿色云品"品牌目录名单的公示》，石林人参果入选2022年云南省"绿色云品"品牌目录区域公用品牌名单。

石林彝族自治县1995年从武汉引进人参果试种，经过近27年的发展，逐渐发展形成了以石林县为中心，辐射带动泸西、师宗、弥勒、陆良、宜良等市县，总种植面积超过20万亩的种植格局，成为全国乃至全世界最大的商品人参果种植基地、集散地、销售中心和人参果优质种苗繁育中心。2022年，石林县被列为云南省"一县一业"特色县，今年，全县人参果种植面积达16.9万亩，预计产量达28万吨，农业产值达15.8亿元。

近年来，石林县加强与省内科研机构合作，构建人参果产业发展技术体系。与昆明市农业科学研究院合作，开展人参果优质品种选育，脱毒种苗快繁研究，种植模式创新、提升工程，地方标准体系和优质丰产技术体系构建等；与省农科院合作，开展云南省现代水果产业体系昆明试验站建设，构建石林人参果产业体系；与云南农业大学合作，开展人参果脱毒种苗研究、植物新品种DUS测试、新品种创制，人参果种植标准制定，人参果加工产品研发等。从人参果品种、种苗、种植、加工、销售产学研一体化研究，进一步加强与昆明市农科院、省农科院、云南农业大学合作，依托人参果"科技小院"，科技特派团等，加快提升人参果产业科技转化能力，打造人参果产业一体化发展平台，将石林建成全国人参果产业研发中心，打造人参果新品种研发基地、优质种苗供应基地、产品集散地和交易中心、加工产品研发中心、生产技术研发和人才培育输出中心。

（资料来源：https://nc.mofcom.gov.cn/nyzx/article?articleId=989074）

辩证性思考

石林县"人参果产学研一体化"产品策略带来哪些的深远影响？

任务1　农产品产品策略概述

5.1.1　认知农产品整体概念

农产品整体概念是指用于满足人们某种欲望和需求的与农产品有关的生产、加工、运输、销售实物、服务、场所、组织、思想等一切有用物。人们通常理解的产品是指具有某种特定物质形状和用途的产品，是看得见、摸得着的，这是一种狭义的看法。在现代市场营销学中，农产品的概念既包括有形的物质产品，即产品实体及其品质、特色、式样、品牌和包装等，也包括无形服务等非物质利益，即可以给买主带来附加利益的心理满足感和信任感的服务、保证、形象和声誉等。

农产品整体概念包括三个层次（见图5-1）。

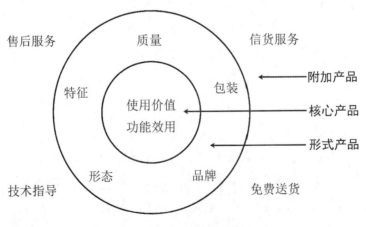

图5-1　农产品整体概念图

1. 农产品的核心产品

农产品的核心产品也称"实质产品"，是一个抽象的概念，是指消费者购买某种农产品时所追求的效用，是消费者真正的购买目的所在。如消费者购买鸡蛋，是为了从鸡蛋中获得蛋白质；购买蔬菜、水果是为了获取维生素等。消费者购买的是农产品的营养而非农产品本身。营销人员的根本任务是向消费者介绍农产品的实际效用。经营者在开发产品、宣传产品时应明确地确定产品能提供的利益，才能使产品才具有吸引力。

2. 农产品的形式产品

农产品的形式产品也叫"有形产品"，是指核心产品借以实现的形式，是能被消费者各感官感知的部分，即向市场提供的农产品实体外观。对于农产品而言，消费者可凭视觉感知，有形产品由此得名。农产品的形式产品由五个标志组成，即农产品的质量、特征、形态、品牌和包装。由于产品的基本效用必须通过特定形式才能实现，因此，经营者要在着眼于满足消费者需求的基础上，还应努力寻求更加完善的外在形式。如五彩辣椒、樱桃番茄，这些农产品在外观、形状等方面进行创新，已打破了人们对传统农产品的认识，尽管价格高但销售却很好，深受消费者欢迎。

3. 农产品的附加产品

农产品的附加产品也称"延伸产品"，是指消费者在取得农产品或使用农产品过程中所能获得的形式产品以外的利益，包括提供农产品的信贷支持、咨询与服务等。比如，农民购买种子前进行的介绍和栽培技术指导；购买大型农机具时申请贷款或国家相应补贴政策的使用；农产品或畜产品的分级、切割、保鲜工作，建立良好的配送服务等售后服务体系。

农产品整体概念以消费者基本利益为核心，指导整个市场营销管理活动，是农产品生产经营企业贯彻市场营销观念的基础。这一概念的内涵和外延都是以消费者需求为标准的，由消费者的需求来决定。第一，消费者购买农产品追求的核心利益是能够买到营养价值高、口感味道好、卫生安全性强以及无污染的优质绿色产品。第二，农产品的质量、特性、包装、品牌等形式特征也是农产品能否畅销的重要因素。第三，良好的服务是整体产品中日益重要的一部分。

5.1.2 农产品质量认证

农产品质量认证是指由第三方对产品及其生产、加工、储藏和销售过程及服务满足规定要求给出书面证明的程序，认证活动主要包括体系认证和产品认证。认可是指权威机构对有能力执行特定任务的机构或个人给予正式承认的过程。产品由授权的认证机构认证合格后，被授予认证证书和认证标志，认证标志可以按规定在产品或者产品包装上使用。

在我国，已经开展的自愿性农产品认证主要包括无公害农产品认证、绿色食品认证、有机食品认证和地理标志产品认证（即"三品一标"）。

1. 无公害农产品认证

（1）无公害农产品的概念。无公害农产品，是指产地环境、生产过程和产品质量符合国家有关标准和规范的要求，经认定合格的未经加工或者初加工的食用农产品。

（2）无公害农产品标志。无公害农产品标志，是指加施或印制于无公害农产品或其包装上的证明性标记。无公害农产品使用全国统一的无公害农产品标志（见图5-2）。

图5-2　无公害农产品标志

注：麦穗——代表农产品；
　　对勾——表示合格；无公害农产品字样；
　　金色——寓意成熟和丰收；
　　绿色——象征环保和安全

（3）无公害农产品标准。我国现行无公害农产品标准主要包括无公害农产品产地环境和生产质量安全控制规范系列标准，要体现"从农田到餐桌"全程质量控制的要求，加强针对性，注重实用性。其中，生产质量安全控制规范系列标准由农业农村部制定，以全程质量控制为核心，规定了无公害农产品主体的基本要求，是无公害农产品生产、管理和认证的依据。无公害农产品标准内容包括产地环境、农业投入品、栽培管理、包装标识与产品储运等（见表5-1）。

表5-1　我国部分现行无公害农产品标准

标准名称	标准号	实施时间
无公害农产品　种植业产地环境条件	NY/T 5010—2016	2016-10-1
无公害农产品　产地环境评价准则	NY/T 5295—2015	2015-8-1
无公害农产品　淡水养殖产地环境条件	NY/T 5361—2016	2016-10-1
无公害农产品　兽药使用准则	NY/T 5030—2016	2016-10-1
无公害农产品　畜禽防疫准则	NY/T 5339—2017	2017-10-1
无公害农产品　认定认证现场检查规范	NY/T 5341—2017	2017-10-1
无公害农产品　生产质量安全控制技术规范（第1部分～第13部分的名称分别为通则、大田作物产品、蔬菜、水果、食用菌、茶叶、家畜、肉禽、生鲜乳、蜂产品、鲜禽蛋、畜禽屠宰、养殖水产品）	NY/T 2798.1—2015～NY/T 2798.13—2015 共计13个部分	2015-8-1

（4）无公害农产品认证。符合无公害农产品产地条件和生产管理要求的规模生产主体，均可向县级农业农村行政主管部门申请无公害农产品认定。

1）申请人申请、递交材料。申请人应当向产地所在县级农业农村行政主管部门提出申请，并提交以下材料：①《无公害农产品认定申请书》；②资质证明文件复印件；③生产和管理的质量控制措施，包括组织管理制度、投入品管理制度和生产操作规程；④最近一个生产周期投入品使用记录的复印件；⑤专职内检员的资质证明；⑥保证执行无公害农产品标准和规范的声明。

2）材料初审。县级农业农村行政主管部门应当自收到申请材料之日起十五个工作日内，完成申请材料的初审。符合要求的，出具初审意见，逐级上报到省级农业农村行政主管部门；不符合要求的，应当书面通知申请人。

3）材料审查。省级农业农村行政主管部门应当自收到申请材料之日起十五个工作日内，组织有资质的检查员对申请材料进行审查。材料审查符合要求的，在产品生产周期内组织两名以上人员完成现场检查（其中至少有一名为具有相关专业资质的无公害农产品检查员），同时通过全国无公害农产品管理系统填报申请人及产品有关信息；不符合要求的，书面通知申请人。

4）现场审查。现场检查合格的，省级农业农村行政主管部门应当书面通知申请人，由申请人委托符合相应资质的检测机构对其申请产品和产地环境进行检测；现场检查不合格的，省级农业农村行政主管部门应当退回申请材料并书面说明理由。

5）环境检测。检测机构接受申请人委托后，须严格按照抽样规范及时安排抽样，并自产地环境采样之日起三十个工作日内、产品抽样之日起二十个工作日内完成检测工作，出具产地环境监测报告和产品检验报告。

6）专家评审。省级农业农村行政主管部门应当自收到产地环境监测报告和产品检验报告之日起十个工作日完成申请材料审核，并在二十个工作日内组织专家评审。

7）颁证。省级农业农村行政主管部门应当依据专家评审意见在五个工作日内做出是否颁证的决定：同意颁证的，由省级农业农村行政主管部门颁发证书，并公告；不同意颁证的，书面通知申请人，并说明理由。

省级农业农村行政主管部门应当自颁发无公害农产品认定证书之日起十个工作日内，将其颁发的产品信息通过全国无公害农产品管理系统上报。

8）证书使用。无公害农产品认定证书有效期为三年，期满需要继续使用的，应当在有效期届满三个月前提出复查换证书面申请。在证书有效期内，当生产单位名称等发生变化时，应当向省级农业农村行政主管部门申请办理变更手续。

（5）无公害农产品管理。农业农村部负责全国无公害农产品发展规划、政策制定、标准制修订及相关规范制定等工作，由中国绿色食品发展中心负责协调指导地方无公害农产品认定相关工作。各省、自治区、直辖市和计划单列市农业农村行政主管部门负责本辖区内无公害农产品的认定审核、专家评审、颁发证书及证后监管管理等工作。县级农业农村行政主管部门负责受理无公害农产品认定的申请。县级以上农业农村行政主管部门依法对无公害农产品及无公害农产品标志进行监督管理。

2. 绿色食品认证

（1）绿色食品的概念。绿色食品是指产自优良生态环境、按照绿色食品标准生产、实行全程质量控制并获得绿色食品标志使用权的安全、优质食用农产品及相关产品。"绿色"一词，体现了其所标志的商品从农副产品的种植、养殖到食品加工，直至投放市场的全过程实行环境保护和拒绝污染的理念，而并非描述食品的实际颜色。

绿色食品应具备以下条件：①产品或产品原料产地环境符合绿色食品产地环境质量标准；②农药、肥料、饲料、兽药等投入品使用符合绿色食品投入品使用准则；③产品质量符合绿色食品产品质量标准；④包装贮运符合绿色食品包装贮运标准。

（2）绿色食品标志。绿色食品标志由中国绿色食品发展中心在原国家工商行政管理总局商标局正式注册的质量证明标志（见图5-3）。

绿色食品企业须按照"绿色食品标志图形、中英文文字与企业信息码"组合形式设计获证产品包装,同时可根据产品包装的大小、形状,在企业信息码右侧或下方标注"经中国绿色食品发展中心许可使用绿色食品标志"字样,"获证产品包装设计样稿"须报送中国绿色食品发展中心审核。绿色食品标志使用权有效期为三年,当有效期满,需要继续使用绿色食品标志的,标志使用人应当在有效期满三个月前向省级工作机构书面提出续展申请,标志使用人逾期未提出续展申请,或者申请续展未获通过的,不得继续使用绿色食品标志。

图5-3 绿色食品标志

注:①绿色食品标志由三部分构成,象征自然生态:上方的太阳、下方的叶片、中心的蓓蕾。

②颜色——为绿色,象征着生命、农业、环保;图形——正圆形,意为保护。

(3)绿色食品标准。绿色食品标准是应用科学技术原理,结合绿色食品生产实践,借鉴国内外相关标准所制定的,在绿色食品生产中必须遵循,在绿色食品质量认证时必须依据的技术性文件。

绿色食品的标准体系包括环境质量标准、生产操作规程、产品标准、包装标准、储藏和运输标准及其他相关标准,形成一个完整的质量控制标准体系。

(4)绿色食品的认证。根据《绿色食品标志管理办法》和《绿色食品标志许可审查程序》,我国绿色食品的认证程序主要有以下步骤:

1)认证申请。具有规定资质的申请人,至少在产品收获、屠宰或捕捞前三个月,向所在省级工作机构(省级农业行政主管部门所属绿色食品工作机构)提出申请,完成网上在线申报并提交下列文件:①《绿色食品标志使用申请书》及《调查表》;②资质证明材料(如《营业执照》《全国工业产品生产许可证》《动物防疫条件合格证》《商标注册证》等证明文件复印件);③质量控制规范;④生产技术规程;⑤基地图、加工厂平面图、基地清单、农户清单等;⑥合同、协议、购销发票,生产、加工记录;⑦含有绿色食品标志的包装标签或设计样张(非预包装食品不必提供);⑧应提交的其他材料。

2)初次申请审查。省级工作机构应当自收到申请材料之日起十个工作日内完成材料审查。符合要求的,予以受理,并在产品及产品原料生产期内组织有资质的检查员完成现场检查;不符合要求的,不予受理,书面通知申请人并告知理由。

现场检查合格的,省级工作机构应当书面通知申请人,由申请人委托符合规定的检测机构对申请产品和相应的产地环境进行检测;现场检查不合格的,省级工作机构应当退回申请并书面告知理由。

检测机构接受申请人委托后,应当及时安排现场抽样,并自产品样品抽样之日起二十个工作日内、环境样品抽样之日起三十个工作日内完成检测工作,出具产品质量检验报告和产地环境监测报告,提交省级工作机构和申请人。

省级工作机构应当自收到产品检验报告和产地环境监测报告之日起二十个工作日内提出初审意见。初审合格的,将初审意见及相关材料报送中国绿色食品发展中心(简称中心)。初审不合格的,退回申请并书面告知理由。

中心应当自收到省级工作机构报送的申请材料之日起三十个工作日内完成书面审查，并在二十个工作日内组织专家评审。必要时，应当进行现场核查。

中心应当根据专家评审的意见，在五个工作日内做出是否颁证的决定。同意颁证的，与申请人签订绿色食品标志使用合同，颁发绿色食品标志使用证书，并公告；不同意颁证的，书面通知申请人并告知理由。

3）续展申请审查。绿色食品标志使用证书有效期三年，证书有效期满，需要继续使用绿色食品标志的，标志使用人应当在有效期满三个月前向省级工作机构书面提出续展申请。

省级工作机构应当在四十个工作日内组织完成相关检查、检测及材料审核。初审合格的，由中国绿色食品发展中心在十个工作日内做出是否准予续展的决定，准予续展的，与标志使用人续签绿色食品标志使用合同，颁发新的绿色食品标志使用证书并公告；不予续展的，书面通知标志使用人并告知理由。

（5）绿色食品的管理。标志使用人在证书有效期内享有下列权利：①在获证产品及其包装、标签、说明书上使用绿色食品标志；②在获证产品的广告宣传、展览展销等市场营销活动中使用绿色食品标志；③在农产品生产基地建设、农业标准化生产、产业化经营、农产品市场营销等方面优先享受相关扶持政策。

标志使用人在证书有效期内应当履行下列义务：①严格执行绿色食品标准，保持绿色食品产地环境和产品质量稳定可靠；②遵守标志使用合同及相关规定，规范使用绿色食品标志；③积极配合县级以上人民政府农业行政主管部门的监督检查及其所属绿色食品工作机构的跟踪检查。

标志使用人有下列情形之一的，由中国绿色食品发展中心取消其标志使用权，收回标志使用证书，并予公告：①生产环境不符合绿色食品环境质量标准的；②产品质量不符合绿色食品产品质量标准的；③年度检查不合格的；④未遵守标志使用合同约定的；⑤违反规定使用标志和证书的；⑥以欺骗、贿赂等不正当手段取得标志使用权的。

3. 有机食品认证

（1）有机食品的概念。有机食品来源于有机生产和有机加工。

有机生产是遵照特定的农业生产原则，在生产中不采用基因工程获得的生物及其产物，不使用化学合成的农药、化肥、生长调节剂、饲料添加剂等物质，遵循自然规律和生态学原理，协调种植业和养殖业的平衡，保持生产体系持续稳定的一种农业生产方式。

有机加工是主要使用有机配料，在加工过程中不采用基因工程获得的生物及其产物，尽可能地减少使用化学合成的添加剂、加工助剂、染料等投入品，最大限度地保持产品的营养成分和（或）原有属性的一种加工方式。

有机产品是有机生产、有机加工的供人类消费、动物食用的产品，包括纺织品、化妆品和饲料等有机"非食品"以及粮食、蔬菜、水果、奶制品、畜禽产品、水产品及调料等有机食品。

有机食品主要包括一般的有机农产品（如有机杂粮、有机水果、有机蔬菜等）、有机茶产品、有机食用菌产品、有机畜禽产品、有机水产品、有机蜂产品、有机奶粉、采集的野生产品以及用上述产品为原料的加工产品。国内市场销售的有机食品主要是蔬菜、大米、茶叶、蜂蜜、羊奶粉、有机杂粮、有机水果、有机蔬菜等。

（2）有机食品标志。中国有机产品标志释义"中国有机产品标志"的主要图案由三部分组成，即外围的圆形、中间的种子图形及其周围的环形线条。标志外围的圆形形似地球，象征和谐、安全，圆形中的"中国有机产品"字样为中英文结合方式，既表示中国有机产品与世界同行，也有利于国内外消费者识别。标志中间类似于种子的图形代表生命萌发之际的勃勃生机，象征了有机产品是从种子开始的全过程认证，同时昭示出有机产品就如同刚刚萌发的种子，正在中国大地上茁壮成长。种子图形周围圆润自如的线条象征环形道路，与种子图形合并构成汉字"中"，体现出有机产品植根中国，有机之路越走越宽广。同时，处于平面的环形又是英文字母"C"的变体，种子形状也是"O"的变形，意为"China Organic"。绿色代表环保、健康，表示有机产品给人类的生态环境带来完美与协调。橘红色代表旺盛的生命力，表示有机产品对可持续发展的作用（见图5-4）。

图5-4　有机食品标志

（3）有机食品标准。2019年8月30日，国家市场监督管理总局、国家标准化管理委员会联合发布《有机产品生产、加工、标识与管理体系要求》（GB/T 19630—2019），代替2011年发布的《有机产品》（GB/T 19630.1~GB/T 19630.4），于2020年1月1日起实施。《有机产品认证实施规则》明确规定有机认证要依据GB/T 19630，因此各认证机构需要统一按照该标准开展有机食品认证工作。

（4）有机食品认证程序。有机产品认证，是指认证机构依照《有机产品认证管理办法》的规定，按照有机产品认证规则，对相关产品的生产、加工和销售活动符合中国有机产品国家标准进行的合格评定活动。国家认证认可监督管理委员会（简称国家认监委）负责全国有机产品认证的统一管理、监督和综合协调工作。地方各级质量技术监督部门和各地出入境检验检疫机构（地方认证监管部门）按照职责分工，依法负责所辖区域内有机产品认证活动的监督检查和行政执法工作。

根据《有机产品认证管理办法》及《有机产品认证实施规则》，有机食品的认证程序包括认证委托人申请、申请材料的审查、现场检查、认证决定等步骤。

（5）有机食品的管理。有机食品的管理主要包括认证证书的管理、认证标志的管理以及监督检查。

1）认证证书的管理。认证证书的管理包括：①变更；②注销；③暂停；④撤销。

2）认证标志的管理。认证标志的管理包括：①取得有机食品认证证书的单位或个人，可以在其有机食品认证证书规定产品的标签、包装、广告、说明书上使用有机食品标志。②有机食品标志的图形式样由有机食品认可委员会统一规定。使用有机食品标志时，可根据需要等比例放大或缩小，但不得变形、变色。使用有机食品标志时，应在标志图形的下方同时标印该产品的有机食品认证证书号码。③有机食品标志必须在限定的范围内使用。④任何单位和个人不得伪造、涂改、转让有机食品标志。⑤在生产、加工或销售过程中有机食品受到污染或与非有机食品发生混淆时，有机食品生产经营单位或个人必须及时通报原有机食品认证机构，对该食品停止使用有机食品标志，并不得再作为有机食品生产、加工或销售。

3）监督检查。国家认监委、地方认证监管部门、各地出入境检验检疫机构、地方各级质量技术监督部门等负责对有机产品认证、生产、加工、销售活动进行监督检查。

4. 农产品地理标志

（1）农产品地理标志的概念。农产品地理标志是指标示农产品来源于特定地域，产品品质特征主要取决于该特定区域的自然生态环境、历史人文因素及特定生产方式，并以地域名称冠名的特有农产品标志。此处所称的"农产品"是指来源于农业的初级产品，即在农业活动中获得的植物、动物、微生物及其产品，是在长期的农业生产和百姓生活中形成的地方优良物质文化财富。

（2）农产品地理标志。农产品地理标志实行公共标识与地域产品名称相结合的标注制度。公共标识基本图案由原农业部中英文字样、农产品地理标志中英文字样和麦穗、地球、日月图案等元素相互辉映，体现了农业、自然、国际化的内涵。标识的颜色由绿色和橙色组成，绿色象征农业和环保，橙色寓意丰收和成熟（见图5-5）。

图5-5 农产品地理标志公共标识

（3）农产品地理标志标准。具有地理标志的农产品质量要达到农产品质量安全标准，符合保障人的健康、安全的要求。国家建立健全农产品质量安全标准体系，确保严格实施。农产品质量安全标准是强制执行的标准，包括以下与农产品质量安全有关的要求：①农业投入品质量要求、使用范围、用法、用量、安全间隔期和休药期规定；②农产品产地环境、生产过程管控、储存、运输要求；③农产品关键成分指标等要求；④与屠宰畜禽有关的检验规程；⑤其他与农产品质量安全有关的强制性要求。

制定农产品质量安全标准应当充分考虑农产品质量安全风险评估结果，并听取农产品生产经营者、消费者、有关部门、行业协会等的意见，保障农产品消费安全。

（4）农产品地理标志的登记。我国建立农产品地理登记制度，对优质、特色的农产品进行地理标志保护，是合理利用与保护保护农业资源、农耕文化的现实要求，有利于培育地方主导产业，形成有利于知识产权保护的地方特色农产品品牌。农业农村部负责全国农产品地理标志的登记工作，农业农村部农产品质量安全中心负责农产品地理标志登记的审查和专家评审工作。省级人民政府农业行政主管部门负责本行政区域内农产品地理标志登记申请的受理和初审工作。

（5）农产品地理标志管理。农产品地理标志登记证书持有人和标志使用人对地理标志农产品的质量和信誉负责。任何单位和个人不得伪造、冒用农产品地理标志和登记证书。国家鼓励单位和个人对农产品地理标志进行社会监督。具体使用情况可参考《农产品地理标志管理办法》。

5.1.3 农产品创新策略

1. 农产品形式的创新策略

（1）"大"变"小"或"小"变"大"。农产品由"大"变"小"，市场价格明显提高的例子很多。如樱桃番茄、"迷你型"水果黄瓜、抱子甘蓝、袖珍西瓜、"娃娃"菜，价格均远高出普通的蔬菜产品。农产品"小"变"大"后，市场价格明显提高的例子也很多。如雀卵大的樱桃、鸡蛋大的草莓和葡萄、拳头大的桃子等，都是因为由"小"变"大"才身价倍增。

（2）"土"变"洋"或"洋"变"土"。"土"变"洋"，可明显抬高农产品身价，例如，将山里的竹笋、葛花、香椿甚至野油菜等一些很普通的野菜加工、包装后销往城市，价格往往成倍提高；又如，对高山玉米、荞麦等粗粮进行细加工和包装后销往城市，也能卖个好价钱。在别人发展"洋货"时，反其道而行之，致力于发展"土货"，也能抬高身价，如在别人都种植引进的高产玉米，养殖外来的蛋鸡时，偏偏种植本地的优质玉米，养殖本地的优良蛋鸡，反而能卖出更高的价格，获得更好的效益。

（3）"白"变"黑"或"黑"变"白"。近年来黑色食品比较流行，一些农民朋友抓住商机，发展黑色食品，取得了很好的效益。目前，科学家们培育的黑色农产品很多，除了常见的黑米、黑芝麻、黑黄豆外，又培育出了黑小麦、黑花生、黑红薯等新品种。

（4）"高"变"矮"或"矮"变"高"。有的植物"高"变"矮"后可以身价倍增，如将桃树、柑橘树、柚树、彩椒、番茄等矮化后进行盆栽作为盆景出售，价格大幅度提高。将一些热带水果，如香蕉、木瓜矮化后栽植在北方的温室大棚内，使其能够在异地生长、结果；或将樱桃树、油桃树、枇杷树等矮化后栽植于温室或大棚内，使其提早成熟，显著提高种植效益。也有植物"矮"变"高"后可以明显改善品质、提高售价，如对韭菜、西芹喷施生长促进剂后，叶片变长、变嫩，产量与价格均有提高；在温室培育多年生番茄、茄子，可以提高其总体产量与效益。

2. 产品实体的创新策略

（1）繁育彩色农产品。近年来，科学家们培育出了许多彩色的水果、蔬菜，如黑桃、紫红甘蓝、彩色番茄等，特别是彩色蔬菜深受消费者喜爱。彩色蔬菜指与一般绿色蔬菜相比较而言的，如紫色甘蓝、甜糯玉米、紫甜椒、红菜心，以及一些果型细小、形状奇异、颜色特异的瓜类、豆类也属于这个范畴。以紫甘蓝为例，据分析，其蛋白质、碳水化合物含量分别为普通甘蓝的1.4倍和2倍，其铁、锌、维生素等含量比普通甘蓝高。烹调时，不论是清炒、凉拌、汤食或腌渍，其味道均清新可口、柔中带爽、食之不厌。这些彩色蔬菜并非当今食用蔬菜的主流产品，但因它富有不同凡响的魅力，所以能激发消费者的兴趣，为蔬菜市场不断增加新货源。

（2）开发保健农产品。为预防疾病，减少医疗费用的开支，现在人们注意通过饮食疗法来进行保健和美容，因此，保健型的农产品特别畅销，如小型红南瓜，果皮深红、果肉粉甜、风味独特，对降低人体血脂、增强胃肠蠕动和减轻脑血管硬化均有良好作用。例如：红扁豆和四棱豆可帮助肠胃消化、清热祛湿；紫红薯可以滋补强身，增强免疫力。类似上述的农产品都应该在传统品种基础上积极创新生产。

以水果为例，可以利用水果的皮、种、核加工以开发保健品：①水果甜粉，利用果皮、果渣、落果、损伤果等可制成水果甜粉，用甜粉可以制作水果饮料和食品添加剂。②果皮糖，利用柑橘、柚子等鲜果的果皮进行糖煮加工可制成营养丰富、风味独特的果皮糖。果皮糖具有止咳、止喘、润喉、化痰作用，是一种畅销保健品。③果皮油，可从梨、苹果、柑橘等果皮中提取果皮香精油。这是一种具有天然香味的保健食用油，含多种维生素，可以用来制酒和做糕点等。④水果种核，山楂、核桃、葡萄、橄榄等水果的种核均可加工保健食用油或药用油。山楂核油具有较强的抗菌作用，对多种皮肤病有较好的调理作用。

（3）大力开发无公害农产品、绿色农产品和有机农产品。近年来，随着环保观念日益深入人心，人们越来越讲究吃得健康、吃得安全、吃得环保。因此，无公害农产品、绿色产品和有机产品将会越来越畅销。无公害农产品是指产地环境、生产过程和产品质量符合国家有关标准和规范的要求，经认证合格获得认证证书并允许使用无公害标志的未经加工或者初步加工的食用农产品。绿色食品是指遵循可持续发展原则，按照特定生产方式生产，经过专门机构认定许可后可使用绿色食品标志的无污染的安全、优质、营养的食品。"按照特定的生产方式"是指在生产、加工过程中按照绿色食品的标准，禁用或限制使用化学合成的农药、肥料，添加剂等生产资料及其他有害于人体健康和生态环境的物质，并实施从土地到餐桌的全程质量控制。有机食品是按照有机农业生产标准，在生产中不使用人工合成的肥料、农药、生长调节剂和畜禽饲料添加剂等物质，不采用基因工程获得的生物及其产物，遵循自然规律和生态学原理，采取一系列可持续发展的农业技术，协调种植业和养殖业的关系，促进生态平衡，保持物种的多样性和资源的可持续利用。

案例

从"浪漫侗族七仙女"看农产品创新

现在主流的年轻群体主要是以Z时代（90后）为主，这些年轻人喜欢更加新奇酷的产品，也更加追求性价比，这就带来了一些新的市场，可以通过挖掘用户的需求，不断地开拓新品类，聚焦一款商品，锚定一种风格，抢占一个品类。

贵州省黎平县，一个国家级的贫困县，有一个驻村书记上任以后，要扶贫，发展新产业，发现当地的交通极为不便，并且也没有优势的产业，没有好的农特产品可以销售。后来发现黎平县底下盖宝村旁边有一条河叫盖宝河，传说当年七仙女下凡曾经在盖宝河里留下了美好的传说。这里有着百年以上侗族和苗族传统文化，很多建筑都非常有特色，还保留了许多上百年来传统的一些生活习惯。为此，他们借助七仙女的美丽传说打造了一个组合叫浪漫侗族七仙女，选了7个漂亮的姑娘，在快手平台注册账号，他们拍摄的内容都是围绕着她们平时的生活、绿水青山及美丽的故事，还有民族文化作为主体，没想到短短几个月就获得了十几万的粉丝。

有了这些粉丝以后，虽然在线销售产品销量不足预期，但是他们发现有很多人不远百里甚至是更远的地方，周末居家开车来到这个小乡村，一是安排跟七仙女拍照合影，二是人来了，就进行转化，比如说给大家开发出来很有地方特色的苗族美食、侗族美食，晚上准备篝火晚会，大家一起唱歌，唱侗族大歌。为了让游客住一晚，打造了很多的民宿，第二天早晨起来组织大家看日出，组织小孩子进行农事体验，骑水牛、一起去种稻草等，一下子就把整个的生态给带动起来了。因此，短短半年的时间借助内容电商打造一些旅游产品，也让当地每家每户增收超过了3 000元。

农产品创新的另外一个思路是，如果没有优质的土特产品去卖的话，可以打造家乡的绿水青山，打造特有的资源禀赋的优势。假如没有自然优势，也可以打造文化的创新。

（资料来源：http://it.people.com.cn/n1/2019/0923/c1009-31368425.html）

相关链接

2022年丰收节前夕，京东发布《2018—2022地标农产品上行趋势分析》，梳理了2018—2022年上半年各省地标农产品上行的趋势特点、品类结构变化、市场分布及消费者画像，认为地标农产品是农产品上行的新增长点。

近5年，地标农产品消费金额年均增长36%，高于农产品整体增速4个百分点；地标生鲜农产品消费金额年均增长41%，高于生鲜农产品整体增速7个百分点。

东北大米、云南普洱、新疆水果等地标农产品在该省农产品成交额占比超9成，成为产地的一张特色名片。猪牛羊肉、禽肉蛋品、蔬菜等地标产品成交额年均增速也都高于一般农产品，地标猪肉销售年增300%，木瓜、荔枝、鱼类等成交额增速超150%。内蒙古羊肉、宁夏滩羊肉、海南荔枝是2022年上半年成交额最高的地标农产品。

地标农产品数量持续增长，西部、东部品牌数量较多，山东、四川、湖北地标农产品品牌数量最高。东北、华东产区农产品上行成交额增速最高，近5年农产品上行成交额年均增速都是47%。华北产区近5年农产品上行成交额年均增长44%，华南产区、西南产区、西北产区、华中产区近5年农产品上行成交额年均增速都超过了30%。

地标农产品认知度提升，新疆是搜索量最高的农产品产地，其次是重庆、宁夏、云南、湖南。广东、北京、山东、四川、河北等省份在地标农产品的消费占比高于一般农产品，对地标农产品的消费偏好较高。

（资料来源：新华财经，2022-9-22. https://mzpp.cnfin.com/qyzx-sjlb/detail/20220922/3713857_1.html）

任务2　农产品品牌策略

5.2.1　认知农产品品牌的概念与作用

1. 认知农产品品牌的概念

品牌是用以识别某个销售者或某群销售者的产品或服务，并使之与竞争对手的产品或服务区别开来的商业名称及其标志，通常由文字、标记、符号、图案和设计等要素或这些要素的组合构成。农产品品牌就是指用于区别不同农产品的各要素的组合，如"伊利""蒙牛"等。

品牌是一个集合概念，一般包含品牌名称、品牌标志等。

（1）品牌名称是指品牌中可用语言表达，可以读出声的部分，也称"品名"，如金龙鱼、完达山、铁观音等。

（2）品牌标志也称"品标"，是指品牌中可以被识别、易于记忆，但却不能用语言表达的特定的视觉标志，包括专门设计的符号、图案、色彩等。

（3）商标是一个专门的法律术语，品牌或品牌的一部分在政府有关部门依法注册后，称为商标。国际上对商标权的认定，有两个并行的原则，即"申请在先"和"使用在先"。申请在先是指品牌或商标的专用权归属于依法首先申请注册并获准的企业，在这种商标权认定原则下，某一品牌不管谁先使用，法律只保护依法首先申请注册该品牌的企业。而使用在先是指对于同一天申请的，初步审定并公告使用在先的商标，驳回其他人的申请，不予公告。使用在先说明在采用申请在先的前提下，是一种适当的补充。

2. 认知农产品品牌的作用

（1）便于消费者识别商品的出处。在市场上，特别是在城市的超级市场中有众多的同类农产品，这些农产品又是由不同的生产者生产的。消费者在购买农产品时，往往是依据不同的品牌加以区别的。随着农业科学技术的飞速发展，不同农产品的品质差异相去甚远。这些差异是消费者无法用肉眼识别的，并且消费者也不可能在购买之前都亲口尝一尝。因此，消费者就需要有容易识别的标志，这一标志只能是品牌。

（2）便于宣传推广农产品。商品进入市场有赖于各种媒体进行宣传推广，依赖于商品实体的品牌是其中一种宣传推广的重要媒体，并且它是不用花钱的广告媒体。商品流通到哪里，品牌就在哪里发挥宣传作用。品牌是生产者形象与信誉的表现形式。人们一见到某种商品的商标，就会迅速联想到商品的生产者、质量与特色，从而刺激消费者产生购买欲望。因此，独特的品牌和商标很自然地成为一种有效的广告宣传手段。

（3）便于建立稳定的消费群。开展品牌经营生产要承诺产品质量，这有利于建立稳定的消费群。品牌标记送交管理机构注册成为商标，需要呈报产品质量说明，作为监督执法的依据。品牌也就成了产品质量的象征，可以促使生产者坚持按标准生产产品，保证产品质量的稳定，兑现注册商标时的承诺。如果生产者降低了产品质量，管理机关便可加以监督和制止，维护消费者的利益。一个成功的品牌实际上代表了一组忠诚的消费群体，这批消费群体会不断地购买该企业的产品，形成企业稳定的消费群，从而确保企业销售额的稳定。

（4）便于维护专用权利。品牌标记经过注册成为商标后，生产者既有上述保证产品质量的义务，也有得到法律保护的权利。商品注册人对其品牌、商标有独占的权利，对擅自制造、使用、销售本企业商标，以及在同类、类似商品中模仿本企业注册商标等侵权行为可依法提起诉讼，通过保护商标的专用权，来维护企业的利益。

（5）便于充当竞争工具。在市场竞争中，名牌产品借助于名牌优势，或以较高的价格获取超额利润，或以相同价格压倒普通品牌的产品，来扩大市场占有率。在商品进入目标市场之前，先进行宣传品牌和注册商标既可以防止"抢注"，又可以攻为守、先声夺人，为商品即将进入目标市场奠定基础。

🔗 相关链接

全力打造农产品品牌　全面提升农业质量效益

品牌化是农业现代化的重要特征和主要抓手。未来，应以提升优质农产品供给能力和市场竞争力为重点，继续扩大农产品认证规模，深入实施品牌带动策略，提升品牌影响力，不断培育并壮大绿色农产品、有机农产品和地理标志农产品市场，促进我国品牌强农战略有序稳健发展。

打造农产品品牌是推进农业绿色发展的必然要求。全力打造农产品品牌，加快推进品牌强农，可以从需求端倒逼农业绿色发展向全要素保护、全区域修复、全链条供给、全方位支撑转变，实现农业投入品减量化、废弃物资源化、产业模式生态化，有利于促进生产要素更合理配置，进而催生新业态、发展新模式、拓展新领域，带动乡村产业兴旺。

打造农产品品牌是改善农业供给结构的现实路径。随着我国经济的快速发展，城乡居民收入大幅增加、消费结构加快升级，农产品消费需求呈现个性化、多元化特点。打造农产品品牌，可以优化农业生产结构和产品结构，减少低端无效供给，增加绿色优质农产品供应，提高供给质量和效率。同时，品牌打造有利于更好地发挥农业的多功能性，提升农业的多功能价值，使农业供需关系在更高水平上实现新的平衡。

打造农产品品牌是提升农业竞争力的有力举措。当前，我国农业规模小、产业链条短，质量效益偏低，农业品牌杂而不亮，市场竞争力不强。全力打造农产品品牌，有利于提高我国农业产业发展质量，树立我国农产品良好的国际形象，提升对外合作层次与开放水平；品牌打造还可以全产业链拓展增值空间，提升农业质量效益和竞争力，增强我国农业在全球竞争中的市场影响力。

（资料来源：https://www.gmw.cn/xueshu/2022-06/08/content_35795312.htm）

5.2.2 农产品品牌策略

1. 品牌有无策略决策

农产品营销者首先要确定生产经营的产品是否应该有品牌。尽管品牌能够给品牌所有者、品牌使用者带来很多好处，但并不是所有的产品都必须一定有品牌。现在仍旧有许多商品不使用品牌，如大多数未经加工的初级原料，如棉花、大豆等；一些消费者习惯不用品牌的商品，如生肉、蔬菜等；临时性或一次性生产的商品等。在实践中，有的营销者为了节约包装、广告等费用，降低产品价格，吸引低收入购买力，提高市场竞争力，也常采用无品牌策略。如超市里就有无品牌产品，它们多是包装简易且价格便宜的产品。

必须说明的是，农产品无品牌也有对品牌认识不足、缺乏品牌意识等因素。当然，农产品有无品牌不是一成不变的。随着品牌意识的增强，原来未使用品牌的农产品也开始使用品牌，如泰国香米、新奇士橙子、红富士苹果等，品牌的使用也大大提高了企业的利润率。

2. 品牌归属策略决策

确定在产品上使用品牌的营销者，还面临如何抉择品牌归属的问题。一般有三种可供选择的策略：一是企业使用属于自己的品牌，这种品牌叫做企业品牌或生产者品牌；二是企业将其产品销售给中间商，由中间商使用自己的品牌将产品转卖出去，这种品牌叫做中间商品牌；三是企业对部分产品使用自己的品牌，而对另一部分产品使用中间商品牌。

一般来说，在生产者或制造商的市场信誉良好，企业实力较强、产品市场占有率较高的情况下，宜采用生产者品牌。相反，在生产者或制造商资金拮据、市场营销薄弱的情况下，不宜选用生产者品牌，而应以中间商品牌为主，或全部采用中间商品牌。必须指出的是，若中间商在某目标市场拥有较好的品牌忠诚度及庞大而完善的销售网络，即使生产者或制造商有自营品牌的能力，也应考虑采用中间商品牌，这是在进入海外市场的实践中常用的品牌策略。

3. 品牌统分策略决策

营销者必须决定企业不同种类的产品是使用一个品牌，还是各种产品分别使用不同的品牌。决策此问题，通常有以下四种可供选择的策略。

（1）统一品牌策略。统一品牌是指厂商将自己所生产的全部产品都使用一个统一的品牌名称，也称家庭品牌。如江西的三百山脐橙、三百山食用菌、三百山灵芝等。企业采用统一品牌策略，能够显示企业实力，在消费者心目中塑造企业形象；集中广告费用，降低新产品宣传费用；企业可凭借其品牌已赢得的良好市场信誉，使新产品顺利进入目标市场。然而，不可忽视的是，若某一种产品因某种原因（如质量）出现问题，就可能牵连其他种类产品，从而影响整个企业的信誉。此外，统一品牌策略也存在着易相互混淆、难以区分产品质量档次等令消费者感到不便的问题。

（2）个别品牌策略。个别品牌是指企业对各种不同的产品分别使用不同的品牌。这种品牌策略可以保证企业的整体信誉不会因某一品牌声誉下降而承担较大的风险；便于消费者识别不同质量，档次的商品；有利于企业的新产品向多个目标市场渗透。显然，个别品牌策略的显著缺点是大大增加了营销费用。

（3）分类品牌策略。分类品牌是指企业对所有产品在分类的基础上各类产品使用不同的品牌。例如，企业可以将自己生产经营的产品分为蔬菜类产品、果品类产品等，并分别赋予其不同的品牌名称及品牌标志。分类品牌可把需求差异显著和产品类别区分开，但当公司要发展一项原来没有的全新的产品线时，现有品牌可能就不适用了，应当发展新品牌。

（4）复合品牌策略。复合品牌是企业对其各种不同的产品分别使用不同的品牌，但需在各种产品的品牌前面冠以企业名称，例如，可口可乐推出的"雪碧茶"等。复合品牌的好处在于，可以使新产品与老产品统一化，进而享受企业的整体信誉，节省促销费用。与此同时，各种不同的新产品分别使用不同的品牌名称，又可以使不同的新产品彰显各自的特点和相对的独立性。

4. 品牌重新定位策略决策

品牌重新定位策略也称再定位策略，是指全部或部分调整或改变品牌原有市场定位的做法。虽然品牌没有市场生命周期，但这绝不意味着品牌设计出来就一定能使品牌持续。为使品牌能持续下去，在品牌运营实践中还必须适时、适势地做好品牌重新定位工作。例如，浙江金华市佳乐乳业有限公司的"初道""乐溶""蓝钙""熊猫滚滚""维卡""皇品"等，都是"佳乐"牛奶最新推出的高端乳品，对佳乐品牌进行了重新定位。

企业在进行品牌重新定位时，要综合考虑两方面影响因素：一是要考虑再定位成本，包括改变产品品质费用、包装费用和广告费用等。一般认为，产品定位或品牌定位改变越大，所需的成本就越高。二是要考虑品牌重新定位后影响收入的因素，如该目标市场上有多少顾客、平均购买率、竞争者数量、潜在进入者数量、竞争能力如何以及顾客愿意接受的价格水平等。

5. 多品牌策略决策

多品牌策略是指企业同时为一种产品设计两种或两种以上互相竞争的品牌的做法。例如，中粮集团旗下拥有众多子品牌，横跨粮、油、糖、棉、食品饮料等多个领域，中粮集团采取以福临门等主业品牌为核心的多品牌战略，旗下品牌长城葡萄酒、中国茶叶、酒鬼酒、蒙牛乳品、香雪、大悦城等影响力日益扩大。

案例

以主业品牌为核心，实施多品牌战略

中粮旗下拥有众多子品牌，横跨粮油糖棉、食品饮料、酒店地产多个领域，构建起庞大的品牌矩阵。面对如此多的细分行业和品牌，中粮采取了以福临门等主业品牌为核心的多品牌战略，并在此基础上，针对长城葡萄酒、蒙牛、大悦城等拓展品牌进行品牌结构优化与认知提升。

针对福临门等核心主业品牌，中粮在战略层面保持了高度重视，不断完善农粮主业资产布局，促进农产品采购、储存、加工、运输等环节上下游协同一体，从而高效保障粮油供应。也正因此，品牌才能在产品创新与营销传播方面大显身手。截至目前，福临门连续推出了营养家食用植物调和油、黄金产地玉米油、葵花籽油、家香味压榨菜籽油、家香味土榨花生油、家香味纯香大豆油等多种创新产品。不仅如此，福临门食用油的所有生产基地，全部通过了ISO9001国际质量管理体系及HACCP食品安全与预防体系的双重认证。正是基于安全、多元的产品体系，福临门的品牌认知与好感度已经实现行业领先。2021年1月20日，品牌评级权威机构Chnbrand发布2021年（第七届）中国顾客推荐度指数品牌排名与分析报告，中粮福临门在大米和面粉品类中纷纷斩获佳绩，大米更荣登推荐度榜首。

（资料来源：https://baijiahao.baidu.com/s?id=1716139620705258758&wfr=spider&for=pc）

6. 农产品品牌延伸策略

品牌延伸是指企业采用现有成功的品牌，将它应用到新产品经营的全过程。农产品企业实施品牌延伸策略有利于新产品快速地进入市场。利用"搭乘品牌列车""借船出海"，使该产品快速得到消费者的认同、接受并产生品牌联想，促进新产品快速进入市场。给现有的品牌带来新鲜感和活力，拓展了经营领域，满足消费者的不同需求，形成优势互补，可给消费者提供更多的选择。这有利于品牌价值最大化，有利于企业开展多元化业务，分散经营风险。

（1）向上延伸策略。这种策略是指企业以低档或中档产品进入市场，之后渐次增加中档或高档产品。这种策略有利于产品以较低的价格进入市场，市场阻碍相对较小，对竞争者的打击也较大。企业在占领部分市场，向中、高档产品延伸，就可获得较高的销售增长率和边际贡献率，并逐渐提升企业产品的高档次形象。例如，"好想你"枣片在原来普通包装的基础上推出礼品装（精装或者豪华包装等）。

（2）向下延伸策略。这种策略与向上延伸策略正好相反，是指企业以高档产品进入市场后逐渐增加一些较低档的产品。向下延伸策略有利于公司或产品树立高档次的品牌形象，而适时发展中、低档产品，又可以躲避高档产品市场的竞争威胁，填补自身中、低档产品的空缺，为新竞争者的涉足设置障碍，并以低档、低价吸引更多的消费者，提高市场占有率。例如，"好想你"枣片在原来礼品包装的基础上推出普通包装或者更为简单的包装商品等，这种策略的优点是有利于占领低端市场，扩大市场占有率；缺点是容易损害核心品牌形象，分散核心品牌的销售量，甚至在核心品牌的消费族群中留下负面印象。

（3）双向延伸策略。这种策略是指生产中档产品的企业，向高档和低档两个方向延伸。双向延伸策略有利于形成企业的市场领导者地位，而且由中档市场切入，为品牌的未来发展提供了双向的选择余地。例如，"好想你"枣片在原来普通包装的基础上推出礼品装（精装或者豪华包装等）的同时也推出更为简单包装的枣片。这种策略的优点是有助于更大限度地满足不同层次消费者的需求，扩大市场份额；缺点是容易受到来自高低两端的竞争者的夹击，或者造成企业品牌定位的模糊。

（4）主副品牌策略。这种策略是以一个主品牌涵盖企业的系列产品，同时给各产品打一个副品牌，以副品牌来突出不同产品的个性形象，如"康师傅——老火靓汤""乐百氏——健康快车"等。主副品牌策略利用"成名品牌+专用副品牌"的品牌延伸策略，借助顾客对主品牌的好感、偏好，通过情感迁移，使消费者快速认可和喜欢新产品，达到"一石二鸟"的效果。如此达到了"既借原品牌之势，又避免连累原品牌"的效果，可左右逢源，但需注意的是，副品牌只是主品牌的有效补充，副品牌仅仅处于从属地位，副品牌的宣传必须要依于主品牌，而不能超越主品牌。

（5）亲族品牌延伸。亲族品牌延伸是指企业经营的各项产品市场占有率虽然相对较稳定，但是产品品类差别较大或是跨行业，原有品牌定位及属性不宜做延伸时，企业往往把经营的产品按类别、属性分为几个大的类别，然后冠之以几个统一的品牌。例如，中国粮油食品进出口总公司在罐头类产品上使用"梅林"商标，在调味品上使用"红梅"商标，在酒类商品上则使用"长城"商标。

7. 农产品品牌命名策略

（1）根据产地来命名。"一方水土养一方人"。许多农产品受水土的影响，其质量、味道、口感差别较大，因而农产品流行的地域性比较强。用产地来命名，有助于了解这些地方的人对产品产生亲近感和信任感，如云南普洱、五常大米、宁夏枸杞、阳澄湖大闸蟹、宁夏滩羊肉、山西老陈醋、新疆阿克苏苹果、山东樱桃、海南芒果、广西沃柑、福建龙井、信阳毛尖、安徽的黄山毛峰、六安瓜片、祁门红茶等。

 思政教育

铭记家乡历史、弘扬传统文化

以"历史传承"为主题，让学生感受产地人民对农产品生产做出的传承贡献，感受地方情怀，并以此为榜样，进而为发扬中华民族传统文化努力！文化是一个民族、一个地方的根基和灵魂。文化对一个民族、一个国家、一个地区的发展是越来越重要。没有深厚的文化底蕴，没有文化的传承和创新，在地区的竞争之中就有可能处于弱势地位。当然，对待传统文化，取其精华，去其糟粕，在文化的创造性传承中才能推动当地的文化发展。因此，必须培养学生的文化自觉意识，对学生进行乡土文化教育。

（2）以动物、花卉名称命名。用形象美好的动物、花卉名称命名，可以引起人们对商品的注意与好感，并追求某种象征意义，如台州的"玉麟西瓜、仙梅杨梅""千叶春"大米，焦作的"铁棍山药"等。

（3）根据人名命名。这种名称或以人的信誉吸引消费者，或以历史、传说人物形象引起人们对商品的想象，如"詹氏蜜蜂园"蜂产品、永福杜鹃花、"禹王"牌农机产品、台州的"玉环文旦"等。

（4）以企业名称命名。这种以企业名称命名的品牌，突出了商品生产者的字号和信誉，能加深消费者对企业的认识，有助于突出品牌形象，以最少的广告投入获得最佳的传播效果，如双汇集团的"双汇"火腿肠、方欣米业的"方欣"牌大米、三真米业的"三真"富晒米、驻马店"1+1"面业的"1+1"面粉等都是以企业名称作为品牌名称的典范。

案例

双汇上榜2020年BrandZ最具价值中国品牌100强

2020年10月15日，WPP与凯度消费者指数共同发布2020年"BrandZ最具价值中国品牌100强排行榜"。在全球新冠肺炎疫情影响下的艰难一年中，最具价值的100个中国品牌依旧实现12%的年同比上涨，显示出了强势的品牌韧性及提升品牌价值的能力。食品饮料行业表现出色，茅台、伊利、五粮液、蒙牛、双汇、洋河股份等13个品牌上榜。其中，双汇品牌价值排名第45位，较去年上升4位，品牌价值较去年提升38%，双汇也是唯一上榜的中国肉类消费品牌，持续领跑中国肉类行业。

双汇作为中国最大的肉类食品企业、农业产业化国家重点龙头企业，坚持为消费者提供高品质的产品和高标准的服务。2019年双汇发展实现营业收入603.10亿元，同比增长23.43%；实现归属于上市公司股东的净利润54.38亿元，同比增长10.70%。2020年上半年实现营收363.48亿元，同比增长43.01%；净利润30.41亿元，同比增长26.74%。

双汇品牌斩获如此成绩，得益于该公司对肉类行业的专注，以及不断洞察新消费、满足新需求，大力实施结构调整、营销创新。早在2021年7月份，双汇还上榜中国快速消费品市场前50榜单，据凯度消费者指数发布的《2020中国品牌足迹》显示，其凭借60.7%的品牌渗透率、4.3亿的消费触及数和近4次的购买频次，品牌影响力同比去年更上一个台阶，位居第五位。

（资料来源：http://henan.sina.com.cn/toutiao/2020-11-11/detail-iiznctke0821028.shtml）

（5）根据商品制作工艺和商品主要成分命名，以引起消费者对其质量产生信赖感，如"山贝"山货特产食品、"其鹏"有机茶、"长园"野生茶油等。

（6）以具有感情色彩的吉祥词或褒义词命名，以引起人们对商品的好感，如"好想你"红枣、"金玉"牌滁菊等。

（7）以现代科技为由头来命名。用这种方法命名具有时代感，使人有现代、时髦等感受，如灵宝的"SOD蜜"苹果、"三真"富硒米等。

案例

新颖、可信度极高的"SOD蜜"苹果

在农产品里面，"SOD蜜"苹果就是一个新颖别致、不落俗套而且可信度非常强的品牌名称。SOD即超氧化物歧化酶（Super Oxide Dismutase），是人体中不可缺少的具有特殊生物活性的酶，它能将自由基变成对人体无害的水分子和氧分子，进而提高人体的免疫力，延缓衰老、抵抗疾病激发青春活力。"SOD蜜"苹果所含SOD酶存活时间长，在一年左右。长年食用可起到"抗衰老、养颜美容、延年益寿"的功效。有了科技含量极高的品牌名的广泛传播，有了SOD这个"天大"的卖点，拥有"高贵身段"的"SOD蜜"苹果畅销国内外便是必然的了。

（资料来源：https://www.sohu.com/a/119524958_354484）

5.2.3 塑造农产品品牌的方法

1. 抢占公共资源

创建农产品品牌战略的第一步，就是发现、发掘和抢占公共资源，包括产地资源和品类资源，将其"据为己有"。也就是说，将产地和品类资源"企业化"，出于产地，高于产地，占据品类，打造自己的品牌，做产地和品类的代表。这些资源对于创建农产品品牌来说是最重要的战略资源，这是与做工业品品牌最大的不同。

2. 以快制胜做老大

做品牌，就要抢做老大品牌。如果某企业不是老大，就要寻找能够做老大的行业或者品类市场。一个行业一个品类只能有一个老大，老大的资源越来越少。做老大，就是要以品牌占位，以传播称王。

3. 用文化塑造提升品牌

饮食承载着文化，文化影响着饮食。农产品从田间地头来到厨房餐桌，要想卖得多、卖得贵、卖得持久，就要借重文化的力量，使品牌增值。因此，挖掘、打造、提炼和传播与食品相关的文化价值成为创建品牌的必需。与农产品相关的文化资源包括消费者认知、消费习惯和饮食习俗，比如食品概念、饮食习俗、口味方法，诸如南甜北咸，中辣西酸就是这种资源，还包括人文历史资源，比如产品传说、名人故事等。

4. 内在品质差异化、外在化

（1）从种养方式和品种改良入手，在产品上制造不同。一些特别的品种，可能会带有独特的外在差异性，这是地域特产备受消费者追捧的原因之一，甚至为此津津乐道。企业要擅于将这些产品独特的差异性与品牌相连，使之成为自己品牌的特征，像标志标签一样成为消费者辨识这个品牌的依据。同样是猕猴桃，新西兰从中国引种后，对原先口味偏酸的绿色果肉猕猴桃进行了改良，推出了口味偏甜的黄色果肉的全新品种——黄金奇异果。2012年新西兰佳沛国际奇异果占全球市场份额的28%，远远超过奇异果的故乡中国的出口量。

（2）挖掘提炼产品和品牌差异化价值并加以彰显传播。农产品市场是一个天生高度同质化的市场，这就是前文所说的"高度均质"问题。如果产品本身现成的差异化不足，那么需要下功夫挖掘，在产品和品牌价值上制造出不同。盛产大桃的北京平谷，挖掘桃子本身吉祥长寿的涵义，通过并不复杂的技术让桃子长成寿星的模样，一个可卖到100元的高价。

5. 外在形象品质化、差异化

要设法让产品和品牌在外在形象上表现出差异，用外在形象彰显和提升内在价值，即内在品质外在化，外在形象品质化、差异化，这就是品牌和产品形象的塑造。

外在形象品质化、差异化，主要通过以下四种手段：①创意建立品牌识别符号；②选准品牌代言人，做正确的广告；③好包装彰显价值和差异；④利用新型产业模式创造差异，利用终端设计塑造形象。

6. 创建领先或者独特的标准，引领行业

在品类或者行业中，创建领先或者独特的品类或者行业标准，引领行业，甚至引导国家标准的形成，取得先手，让竞争对手沦为跟进者、模仿者，或者为消费者树立一个评判产品的"主观"标准，从而在消费者购买决策时提供依据，这是在农产品抢市场、做老大、做品牌的有效法则。从某种意义上说，知识产权比知识本身重要，技术标准比技术本身重要，拥有消费者心中标准比实际标准重要。拥有标准，就有话语权和主动权，也就拥有更强的竞争力。

7. 杂交创新

杂交创新就是指大胆借鉴、叠加、互补和融合其他行业的优秀思想、资源、技术、模式和方法，从而催生出全新的产业、品类（产品）或者营销思路，获得竞争优势，实现突破。

杂交创新的两大类型：①不同行业间的互动、借鉴与合作。比如獐子岛海参借高端酒水渠道双赢；比如淳牌有机鱼与酒店合作，实行独创的专卖政策。②将不同行业间的营销要素的整合进来，为我所用，改良产品或者其他营销要素的DNA，使它产生变异，创造出（1+1）"的几何倍增效应，从而产生巨大的营销能量。比如雅克V9和果维康VC含片，食品功能化与功能食品化，你中有我，我中有你。杂交变异后的产品与原来大不一样了，显现出更为强劲的优势基因；比如哈根达斯入乡随俗，创造出"月饼冰激凌"；比如湛江国联水产，借鉴速冻水饺经验，请名厨研制成功中国第一款速食"水煮虾"，不懂厨艺或者没有时间下厨房的人，只需把"水煮虾"下锅煮5分钟，就能享受到五星大厨级的美味。

8. 深加工，让产品彻底与众不同

农产品市场是个天生高度同质化市场，常见的产品其产品价值和附加值都低。越是生鲜食品，同质化越是严重。对产品进行深加工，改变产品原始形态，大幅度提升产品的附加价值，使原来相同的产品变得彻底与众不同。

农产品塑造品牌的难度与加工深度成反比，即随着加工程度越来越深，做品牌的难度逐渐降低，反之亦然。深加工正是产品差异化、增值化的魔术师。深加工可以大大增加农产品食用的方便、卫生程度，易储存和运输，这些增值在消费者的需求上找到了落脚点。例如，1公斤鲜辣椒价格约为1.2元；晒制成干辣椒后，收购价格约为每公斤5元；把1公斤干辣椒制成辣椒酱，市场价格最高也不过10元左右。当同样的辣椒换成深加工方法，得到的是令人振奋的新答案：1公斤干辣椒中可以提取辣椒红色素40克、辣椒精10克、辣椒籽油60克，还可以提取辣椒碱，剩余的椒粕和籽粕等下脚料作饲料卖。这样一来，1公斤干辣椒能增值到35元，利润大大提高。

任务3　农产品包装策略

5.3.1　认知农产品包装的概念

农产品包装是对即将进入或已经进入流通领域的农产品或农产品加工品采用一定的容器或材料加以保护和装饰。农产品包装包括商标或品牌、形状、颜色、图案和材料、标签等要素。农产品包装主要包括以下两个层次。

1. 运输包装

运输包装又称大包装、外包装。它是将货物装入特定容器，或以特定方式成件或成箱的包装。运输包装作用主要有两点：一是保护货物在长时间和远距离的运输过程中不被损坏和散失；二是方便货物搬运、储存和运输。

（1）单件运输包装。单件运输包装是指农产品在运输、装卸、储存中作为一个计件单位的包装，如纸箱、木箱、铁桶、纸袋、麻袋等。

（2）集合运输包装。集合运输包装是指将一定数量的单件包装组合成一件大的包装或装入一个大的包装容器内，包括托盘、集装袋等。

2. 销售包装

销售包装又称小包装、内包装或直接包装，是指产品以适当的材料或容器所进行的初次包装。销售包装除了保护农产品的品质外，还有美化农产品，宣传推广，便于陈列展销，吸引消费者和方便消费者识别、选购、携带和使用，能起到促进销售产品价值的作用。

5.3.2　农产品包装的作用

（1）保护商品。保护商品是包装最基本和最重要的功能。在运输储存过程中，农产品难免会受到一定的冲击、震动及受潮、虫害等外部环境的侵袭，如包装不好，产品就会在运输储存过程中受损。农产品的特殊性使其对包装的保护功能要求更为严格，农产品包装还必须要保护农产品的品质和鲜度。

（2）方便物流。农产品在流通过程中，要经历无数次的运输、装卸搬运、储存，好的包装，不仅可以提高仓库的利用率，提高运输工具的装载能力，还可方便消费者携带、消费。

（3）促进销售。包装是产品的无声推销员，能够促进商品销售。在农产品质量相同的情况下，精致、美观、大方的包装可以激发消费者的购买欲望。农产品包装往往会给消费者形成第一印象，这致使当前果蔬产品的包装开始趋向精美化。

5.3.3 农产品包装设计的原则

"人要衣装，佛要金装"，商品要包装，农产品同样如此。在几秒钟内，商品能否吸引消费者的眼球，并促使消费者留意、停顿、观察、赞赏并最终产生购买行为，产品包装便扮演了一个决定性的角色。重视包装设计是企业市场营销活动适应竞争需要的理性选择，好的包装赋予农产品"秒杀"的力量，让消费者一见钟情，无力抗拒。一般来说，包装设计还应遵循以下七个基本原则。

（1）安全。安全是产品包装最核心的作用之一，也是最基本的设计原则之一。在包装活动过程中，包装材料的选择及包装物的制作必须适合产品的物理、化学、生物性能，以保证产品不发生损坏、变质、变形、遗漏等现象。

（2）便于运输、保管、陈列、携带和使用。在保证产品安全的前提下，应尽可能地缩小包装体积，以利于节省包装材料和运输、储存费用。销售包装的造型要注意货架陈列的要求。此外，包装的大小、轻重要适当，便于携带和使用。

（3）美观大方，突出特色。包装具有促销作用，主要是因为销售包装具有美感。富有个性、新颖别致的包装更易满足消费者的消费要求。

（4）包装与商品价值和质量水平相匹配。包装作为商品的包扎物，尽管有促销作用，但不可能成为商品价值的主要部分。因此，包装应有一个定位。一般来说，包装应与所包装的商品的价值和质量水平相匹配。根据市场经验可知，包装不宜超过商品本身价值的13%～15%。若包装在商品价值中所占的比重过高，就会容易产生名不符实之感，使消费者难以接受；相反，价高质优的商品自然也需要高档包装来烘托商品的高雅贵重。

（5）尊重消费者的宗教信仰和风俗习惯。社会文化环境直接影响着消费者对包装的认可程度，因此，为使包装收到促销效果，在包装设计中，应该深入了解消费者特性，根据不同国家或地区的宗教信仰和风俗习惯设计不同的包装，以适应目标市场的要求。切忌出现有损消费者宗教情感、容易引起消费者忌讳的颜色、图案和文字。

（6）符合法律规定，兼顾社会利益。包装设计作为企业市场营销活动的重要环节，在实践中必须严格依法行事。《中华人民共和国农产品质量安全法》第五章农产品销售第三十八条规定：包装物或者标识上应当按照规定标明产品的品名、产地、生产者、生产日期、保质期、产品质量等级等内容；使用添加剂的，还应按照规定标明添加剂的名称。

（7）绿色环保。包装设计还应兼顾社会利益，坚决避免用有害材料做包装，注意尽量减少包装材料的浪费，节约社会资源，严格控制废弃包装物对环境的污染，实施绿色包装战略。

此外，包装还要与产品价格、渠道、广告促销等其他营销要素相配合，并满足不同运输商、不同分销商的特殊要求。

5.3.4 农产品包装的策略

1. 统一包装策略

统一包装策略是指企业生产经营的所有产品，在包装外形上都采取相同或相近的图案、色彩等共同的特征，使消费者通过统一的包装联想起这些商品是同一企业的产品，具有同样的质量水平。统一包装策略不仅可以节省包装设计成本，树立企业整体形象，扩大企业影响，而且可以充分利用企业已拥有的良好声誉，消除消费者对新产品的不信任感，进而带动新产品销售。统一包装策略适用于质量水平相近的产品，但由于统一包装策略容易对优质产品产生不良影响，因此，对于大多数不同种类、不同档次的产品一般不宜采用这种包装策略。

2. 等级包装策略

按照农产品的质量，价值分成等级，不同等级采用不同的包装，同等级产品采用相同的包装。如对高档产品采用精致包装，对低档产品采用简易包装，其做法适应不同需求层次消费者的购买心理。不同等级产品包装有各自的特点，易于区分，使消费者根据包装就可选择商品，从而有利于全面扩大销售。然而，值得注意的是，等级包装策略的包装设计成本较高。质量越高，价值越大，包装越精美。如将苹果按大小、色泽分级进行包装。

等级包装策略应注意把本企业的商品同时与市场上同类、同值产品作比较，以正确地决定等级之间的差异程度。

3. 分类包装策略

分类包装策略是根据消费者购买目的不同，对同一种农产品采用不同的包装。例如，购买商品用作礼品赠送亲友，则可精致包装；若购买者自己使用，则简单包装。分类包装策略适应不同需求层次消费者的购买心理，便于消费者识别、选购商品，从而有利于全面扩大销售。

4. 配套包装策略

配套包装策略是农产品生产经营者根据消费者的消费习惯，将数种有关联的产品配套包装在一起成套供应，便于消费者购买、使用和携带，同时还可降低包装成本，扩大产品销售。配套包装根据消费者的购物心理特点，诱发消费者的购买欲望，从而扩大商品销售。如将各种风味的糕点装在一个别致的包装盒内，其外形不仅美观大方，还便于消费者品尝不同风味的糕点，方便携带，充分满足消费者的要求。但在实践中，还须注意市场需求的具体特点、消费者的购买能力和产品本身的关联程度大小，切忌任意搭配。

5. 再使用包装策略

再使用包装指原包装的商品用完后，包装容器可转做它用的策略，又称"双重用途包装策略"。

再使用包装可分为复用包装和多用途包装。复用包装可以回收再使用,大幅度降低包装费用,节省开支,加速和促进商品的周转,减少环境污染。多用途包装在商品使用后,其包装物还可以有其他用途。如罐头瓶还可以当水杯用,饼干盒可当纸抽盒用。

6. 附赠品包装策略

附赠品包装策略是指在包装物内附赠一些物品,从而引起消费者的购买兴趣,有时还可诱发消费者重复购买的意愿。包装物中的附赠品可以是小挂件、图片等实物,也可以是奖券。赠品包装策略对儿童和青少年及低收入者比较有效,可吸引消费者进行重复购买。这也是一种有效的营业推广方式。

7. 更新包装策略

更新包装就是改变和放弃原来的包装。更新包装策略是指企业包装策略随着市场需求的变化而改变的做法。一种包装策略无效,依照消费者的要求更换包装,实施新的包装策略,可以改变商品在消费者心目中的地位,不仅可令人感觉产品有所改进,也可令人感觉企业具有一定的创新能力,进而收到迅速恢复企业声誉之效果。

🔗 相关链接

水果包装凸显六大发展趋势

(1)小型化。目前,城乡市场的水果消费已出现现买现吃的特点,而眼下市场上的箱装水果多在10~20千克。针对这种现象,若企业及时推出5千克的轻便包装,将受到消费者欢迎。

(2)精品化。洋水果在国内市场上走俏,其主要原因除水果品质好外,包装精美也是一大因素。果农们如果在包装印刷上多下工夫,销量不会比洋水果差。

(3)透明化。消费者在购买水果时,都喜欢开包检查,看有没有次果、烂果。因此,在包装时采用部分透明材料,既显示诚实信用,又增加了包装的美感。

(4)组合化。在市场销售的实践中,一部分果农别出心裁地把自产的苹果、酥梨、葡萄进行组合包装,消费者只要买上一包,就可品尝各种水果的美味,效果非常好。

(5)绿色化。针对目前包装污染严重的问题,果农们就地取材,用绿色植物来编织小篮盛装水果,既美观又无污染,消费者自然喜欢选购。

(6)礼品化。针对部分消费者购买水果作为礼物的需求,果农们投其所好,推出了礼品化包装,比如馈赠祝福型、地方特色型等,很受消费者欢迎。

(资料来源:https://www.my478.com/baike/20211023/425954.html)

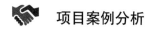 项目案例分析

讲好品牌故事

"褚橙",可算是农产品品牌故事讲得最成功的一个。

曾经的"烟王"褚时健75岁时二度创业,承包2 000亩荒山创业,85岁时他的果园年产橙子8 000吨。

2008年以前,这个品种的冰糖橙在云南的收购价只是几毛钱一斤,在杭州地区的售价约2.5元一斤,销量很平淡。随着王石、潘石屹等知名人士在微博上的力捧,"褚橙"的传奇故事引爆公众话题,并被誉为"励志橙"。目前,"褚橙"的市场售价约为108~138元/箱(10斤),而且不愁销路。

一枚精心包装的冰糖橙和一位洞悉商业智慧的营销天才,巧妙地描述了一个切合时代脉搏的励志故事,75岁老人在跌倒之后选择二次创业并最终取得成功。这种讲故事的背后,是农产品营销的一种创新。

整个传播展示出:品牌是有温度的。讲故事,可以让购买者感受到品牌的温度。人生总有起落,精神终可传承。其中,励志、不服输的精神、创新精神、工匠精神等恰恰是这个时代需要的精神。"褚橙"的问世与消费者内心的渴望、认可得到碰撞,从而占领了消费者内心。

随后借助互联网平台,"褚橙"传播渠道得到进一步放大。当然,褚时健卖橙,他的成功之道在于,种出高品质的好水果,然后引入创意与实力兼具的生鲜电商平台作为产品营销的战略合作方,当好的产品遇到好的渠道销售模式时,成功是水到渠成的事情。

农产品如何讲好品牌故事呢?

(1)哪儿种?"一方水土养一方人。"要将本地的土地特色、休闲旅游和原生态展现出来,而往往一个原产地,都会有一个美丽的故事或者传说,或者原生态的风景和环境非常迷人。

(2)怎么种?好的农产品一定是有特别的种植方法,无论是绿色原生态的种植方法,还是传承悠久的土方法,要将这个与别的种植的差异化明显对比出来。

(3)谁种的?农产品的故事少不了人,种的人是淳朴的农民还是欢快的农民,这些农民有哪些故事,用人格化来将农产品讲出动人的故事和情怀。

从"褚橙"的案例,可以看出:农产品的故事最核心的是传承,即从原产地的水土,到种植方法和标准,再到农民的传承。

(资料来源:http://dy.163.com/v2/article/detail/DR1RT28705380UBN.html)

辩证性思考

"褚橙"品牌的成功带给我们哪些启示？

项目检测

营销知识目标检测

1.判断题

（1）农产品是一个整体概念。（　）

（2）农产品的附加形式是产品整体概念中最重要的部分。（　）

（3）农产品的核心，是消费者对产品最主要的需要、最基本的要求。（　）

2.简答题

（1）简述农产品整体概念的含义及层次。

（2）农产品创新策略有哪些？

（3）农产品品牌策略包括哪些？

（4）农产品包装设计的原则有哪些？

（5）农产品包装策略有哪些？

营销能力目标检测

检测项目：选择一家农产品生产企业，对该企业的农产品创新、认证、品牌及包装策略进行分析。

检测目的：通过检测，进一步熟悉、掌握农产品创新策略、品牌策略和包装策略，能够进行农产品创新策略、品牌策略和包装策略的分析，撰写农产品产品策略方案。

检测要求：班级学习委员组织全员分团队对农产品产品策略方案进行分析、讨论、交流，由教师进行评价。

项目6　农产品定价策略

项目目标

营销知识目标

理解农产品价格的构成要素和影响农产品定价的主要因素；掌握农产品定价的方法和定价策略。

营销能力目标

能够运用农产品定价的方法和策略，进行农产品定价策略分析。

导入案例

超市蔬菜水果的定价

蔬菜是消费者基本需求的商品，价格一定要低。在有自采优势的保障下，营运毛利应该保持在15%为合理。然而，要注意的是，蔬菜商品去掉损耗后最高加价率不应超过50%。很多生鲜店营运人员常常把某些销售量不大的菜加上几倍的价格，这是不对的，这会严重影响消费者对一家店的良好印象。水果的毛利率也应控制在15%左右，不能过高。水果的经营重点应为品质的管理，定价和加价率应遵循和蔬菜一样的原则。

（资料来源：https://www.shangyexinzhi.com/article/488241.html）

辩证性思考

谈谈你对超市蔬菜水果定价的看法？

任务1　影响农产品定价的因素

在市场经济条件下，农产品企业作为独立的生产者和经营者，可以自主地制定价格。价格是营销组合的可控变量之一。然而，这种自由定价并不是随心所欲、不受任何限制的。价格的制定要受一系列内部因素和外部因素的影响，其中，内部因素包括企业的定价目标、营销组合、生产成本等，外部因素包括市场特性、需求特点、竞争者特点、消费者心理特点和宏观环境特点等。

6.1.1 农产品价格构成要素

农产品价格由农产品生产成本、流通费用、利润构成，其公式可表示为

$$农产品市场价格=农产品生产成本+流通费用+利润$$

1. 农产品生产成本

农产品生产成本是农产品在生产过程中耗费的所有物质资料和人工费用的总和。农产品生产成本是构成农产品价格的基础。

2. 流通费用

流通费用是农产品在从田间到市场销售这个过程中所发生的各种费用，主要包括储运费用、摊位费用等。流通费用的高低主要取决于流通环节，流通环节越多费用越高。

3. 利润

利润是指农产品的销售收入扣掉生产成本和流通费用后的剩余部分。利润的多少取决于农产品市场价格的高低及生产成本和流通费用的多少。

6.1.2 影响农产品定价的因素

1. 企业定价目标影响农产品定价

农产品价格不是漫无边际地随意波动的。定价目标就是农产品企业进行商品定价时要达到的主要目的，它是确定定价策略和定价方法的依据。

（1）以维持生存为目标。在激烈的市场竞争中，一些尚未进入、正在进入农业圈或竞争力较弱的新公司，他们的生存比发展更重要。这些新公司会实施"薄利多销"措施，利润对他们来说并不是首要关注点，价格不宜定得太高，只要能弥补"可变成本+固定成本"，有一定利润，就可以了。然而，这种定价方式不能长期使用，应根据情况变化及时调整，切记不要将"活着"作为长期目标。

（2）以利润最大化为目标。针对新奇的农产品或渠道来源可控的农产品，可以满足追求新产品、喜欢"新奇"的客户。这些农产品在市场上几乎没有竞争对手，因此可以定价更高以获得更快和更高的利润。而一旦出现与其他农产品的竞争时，便逐步降低价格，让价格先高后低，提高整体利润。

（3）以销售增长率最大化为目标。一般情况下，销售额越大，单位成本就越低，经营者的利润也就越高。扩大消费者的范围，有利于使产品在市场领域竞争，长期占据市场领域的份额收益。经营者提供优质的农产品和服务，使价格定在中低价位，以价格优势吸引更多消费者，让消费者感受到购买中低价位产品可以获得优质服务。

（4）以产品高质量来提高产品价格。农产品经营者可以通过名、优、特、新产品的生产来获得高价格和高利润。

提高农产品质量，应该让优质农产品实现较高价格

(5)以市场份额为目标。为了保持原有市场份额或提高市场份额,生产经营者需要在较长时期内维持低价、进行促销,排斥或应付竞争对手或者防止新的竞争者进入,以保持销售量与销售额。在竞争性市场上,农产品企业用保持和增加市场份额作为定价目标,稳定占有某种(或多种)农产品一定量的市场份额,获得绝对的市场定价权,长久占有市场份额收益。市场占有率并不一定与资金利润率相一致,有时候为了在竞争中扩大市场份额,必须在价格上做出一定牺牲,从而导致资金利润率的下降,但在市场扩大以后,总的盈利水平可能提高。

(6)以适应竞争为目标。大多数经营者对于竞争者的价格都十分敏感,在定价之前,在本企业产品品质、规格与竞争者类似产品之间作认真的比较,并主要以对市场有决定影响的竞争者的价格作为定价基础。

(7)以稳定价格为目标。农产品在市场上的价格越稳定,就意味着经营的风险越小。在市场竞争和供求关系比较正常的情况下,为了避免不必要的价格竞争、保持生产的稳定,以求稳固地占领市场,农产品企业常常以保持价格稳定为目标。

2. 农产品成本影响农产品定价

农产品成本包括生产成本、销售成本和储运成本等,是农产品价格的主要组成部分。成本是定价的下限,如果农产品定价低于成本,那么农产品企业不仅无利可图,而且连基本的再生产也无法维持。在正常情况下,农产品定价要高于成本。

农产品企业为获得理想的利润,一方面应在可能的情况下制定尽量高于成本的销售价格,另一方面应在生产经营过程中采取各种措施,努力降低成本,以求在同等价格水平下,获取更多的利润。

3. 供求状况影响农产品定价

一般情况下,当某种农产品的供给量大于市场的需求量(即产品供过于求)时,产品滞销,价格下跌;当某种农产品的供给量满足不了市场的需求量(即产品供不应求)时,产品畅销,价格上涨。例如蔬菜,刚上市时价格较高,随着上市量的增加,价格逐渐下跌,直到供需平衡。

当产品价格高到某一水平时,将无人购买,可见,市场需求是产品定价的上限。对于不同农产品,由于其需求价格弹性大小不一,供求关系对其价格的影响程度也是不同的。

4. **市场竞争因素影响农产品定价**

竞争对手的多少和竞争强度对农产品定价有重要的影响。

(1)完全竞争。当该市场有众多经营者生产和销售同一种产品,每个经营者占市场份额比例很少,其行为对价格不会产生影响。因此,彼此都是市场价格的接受者,要获得更高的经营利润,就不能采取高价格,而是通过提高劳动生产率,降低成本来增加利润。

(2)不完全竞争。不完全竞争市场有许多经营者生产和营销各种不同的产品,由于各个经营者生产的产品都有一定特色,因此在市场中只要占有部分份额就可以对产品的市场价格产生影响,此时可部分运用价格策略寻求较高利润。

(3)垄断。垄断市场上只有一家经营者生产或经营某种产品,经营者拥有绝对定价权，可以制定高价谋利。然而，这种行为会损害消费者利益，国家要通过"反垄断法"予以防止。

（4）寡头竞争。由少数经营者共同占有大部分产品的销售量，某个经营者的行为会对另外的经营者产生影响。为避免因过度竞争而造成的损失，经营者之间往往达成某种协议或默契，谁也不轻易降价和涨价，因而价格较稳定。

另外，农产品在定价时，还必须考虑竞争者产品的质量和价格。如果自己的产品与竞争对手的产品相似，就可制定与竞争者相似的价格，否则销路就会受影响；如果比竞争对手的产品质量差，则将价格定得低些；如果优于竞争对手的产品，则价格就可以定得高些。

5. 消费者心理和习惯影响农产品定价

农产品企业决定价格时，必须考虑消费者对农产品价格的反应。价格的数字表示非常明了，然而消费者会对其有各种各样的理解。另外，消费者对价格的反应也会因农产品的种类而异。例如，在食品消费中，对很难看到品质差别的鸡蛋，消费者的价格反应较敏感；相反，消费者对于品质和口味差异较大的糖果，首先重视的是其产品是否符合自己的兴趣爱好，而不是价格。

消费者心理因素对农产品的定价有时也有着深刻的，甚至是决定性的影响。市场销售管理者有必要在制定价格时充分了解和掌握消费者对自己产品的购买心理和能接受的价格。

（1）自尊心理。这类消费者希望得到精神上的满足，对礼品、高档商品愿意出高价购买。例如，有的消费者宁愿花10元买，不愿花9.5元买，虽差0.5元，但好像差一个档次。针对这种心理，要制定高档次的价格满足消费者需要。

（2）实惠心理。这类消费者希望少花钱购买经济实用的物品，人们对一般日用品往往抱有此种心理。例如，他们认为一件商品0.9元比1元要便宜一个档次。面对这种情况时，采取尾数定价法效果明显。

（3）信誉心理。这类消费者十分重视商品的牌子，如果是名牌，即使价格高些也会购买，对于不熟悉的新产品，即使价格便宜也不敢买。针对这类消费者，薄利多销策略毫无意义，应实施名牌高价策略。

（4）惜时心理。有这种心理的人比较珍惜时间，不太计较价格。针对该心理的消费者，应采用整数价格，例如在火车站出售的商品、节日商品等。

（5）对比心理。消费者通过对比不同产品的价格，以决定购买何种产品。据此在定价时要考虑同类产品之间的比价。

（6）推断心理。当某一种商品降价时，消费者会推断以后还要继续降价，便持币观望，以待再降；反之，当某一种商品价格上涨时，就推断还要上涨，便进行抢购。针对这类消费者，降低价格时一定要慎重，宁可增加附加产品和服务也不要降价。

6. 政策法规或行业组织干预

农产品价格是关系到国家、企业和广大农民三者之间的物质利益的大事，牵涉各行各业和千家万户，与人们的物质生活息息相关。因此，国家在遵循价值规律的基础上，往往还通过特定物价工作方针和各项政策、法规，对农产品价格进行管理，或利用税收、金融、海关等手段间接地控制农产品价格，例如，政府为保障国家粮食供给安全，在一定时期往往制订一个比均衡价格高的支持价格来调动农民的种粮积极性，促进农业生产的发展。可见，国家有关的政策、法规对农产品价格的形成有着极其重要的影响。

政府为了维护经济秩序，或为了其他目的，可能通过立法或者其他途径对企业的价格策略进行干预。政府的干预包括规定毛利率，规定最高、最低限价，限制价格的浮动幅度或者规定价格变动的审批手续，实行价格补贴等。

思政教育

开展市场价格检查，保价稳供，守护好群众的"菜篮子"

2022年，新疆维吾尔自治区市场监督管理局持续关注群众需求，统筹各级市场监管力量，成立市场巡查专班，对主要副食品开展市场价格检查。

"牛肉现在多少钱一公斤？"8月14日，该市场监管局党组副书记、局长多里坤·阿吾提、副厅长级干部鹿毅一行来到全疆最大的牛羊肉一级批发市场——新联农副产品综合批发市场，了解蔬菜、水果、牛羊肉价格走势，查看标价标签，与驻点市场监管人员、市场负责人、个体商户等进行交谈。该市场承担着全市600多家社区蔬菜副食品直销店配送，目前总体运行平稳，供应充足，价格稳定。多里坤·阿吾提表示，各级市场监管部门将从严从实抓好各项措施落实，加大"菜篮子""米袋子""肉案子"产品价格质量监管力度，依法严厉查处囤积居奇、哄抬物价等违法行为，切实稳定市场秩序。截至目前，全区各级市场监管部门出动执法人员9 379人次，检查各类经营主体26 170户次，现场整改545个，对37起涉嫌价格违法的行为进行立案调查，责令停业整顿1家，对27起未明码标价和涉嫌哄抬物价的案件进行立案调查。

（资料来源：https://www.ts.cn/xwzx/shxw/202208/t20220815_8431243.shtml）

7. 企业或产品的形象因素

企业或产品的形象因素也影响农产品定价。有时企业根据自身的理念和形象设计的要求，需要对产品价格做出限制。例如，企业为了树立热心公益事业的形象，会将某些有关公益事业的产品价格定得较低，为了形成高贵的企业形象，将某些产品价格定得较高。

任务2　农产品定价方法和定价策略

6.2.1　农产品定价的方法

影响农产品定价的最基本因素是产品成本、市场需求和竞争状况。从这三个方面的不同侧重点出发，定价方法就可分为成本导向定价法、需求导向定价法和竞争导向定价法等三类。

1. 成本导向定价法

成本导向定价法是以农产品的总成本为中心来制定价格的一种方法。

（1）成本加成定价法。成本加成定价法就是在产品单位总成本的基础上，加上预定的预期利润，作为产品的销售价格。利润比例就是俗称的"几成"。计算公式为

$$单位产品销售价格 = 产品的单位总成本 \times (1 + 加成率)$$

采用这种定价方法的关键是：一要准确核算成本；二要确定恰当的利润百分比（即加成率）。

对于季节性强的产品、特殊品、储存保管费用高的产品以及需求缺乏弹性的产品，加成率一般宜高一些。

其优点：计算简便，在正常情况下，可以保证获得预期利润。

其缺点：只考虑了产品本身的成本，忽视了市场供求和竞争的情况。

用这种方法计算出来的价格，可能不为消费者所接受，也可能缺乏市场竞争力。因此，加成率应随着市场需求及竞争情况的变化而作相应的调整。

成本加成定价法适用于产销量与产品成本相对稳定、竞争不太激烈的情况下。

例1：某果品加工企业生产某种水果罐头，经核算生产一瓶罐头的总成本为10元，按30%的加成率计算，计算每瓶水果罐头的销售价格。

$$每瓶罐头销售价格 = 10 \times (1 + 30\%) = 13（元）$$

（2）盈亏平衡定价法。盈亏平衡定价法又叫"收支平衡定价法""保本点定价法"，指按照某产品的销售总收入与该产品的总成本平衡的原则来制定该产品的价格的。公式为

$$单位产品销售价格 \times 产品产销量 = 产品总成本$$

得计算公式为

$$单位产品销售价格（保本点价格）= 单位产品变动成本 + 单位产品固定成本$$

盈亏平衡定价法适用于竞争激烈、经营不景气、销售困难的情况下。

> **相关链接**
>
> **产品成本的分类**
>
> 根据是否随产销量的增减而增减，产品成本可分为两类：固定成本和变动成本。

（1）固定成本。固定成本是指在一定限度内不随产量和销量的增减而增减、具有相对固定性质的各项成本费用，如固定资产折旧费、房地租金、办公费用等。

（2）变动成本。变动成本是指随着产量和销量的增减而增减的各项费用，如原材料消耗、生产工人的工资等。

固定成本与变动成本之和即产品的总成本。

例2：假设果品企业全年固定成本总额为2万元，每千克果品的变动成本为8元，如果订货量分别为8 000千克和10 000千克，果品售价各应定为多少时，企业才能保本？

订货量为8 000千克时：保本点价格为

$$8+ 20\ 000/8\ 000=10.5（元）$$

订货量为10 000千克时：保本点价格为

$$8+ 20\ 000/10\ 000=10（元）$$

（3）目标利润定价法。目标利润定价法是指以投资额为基础，加上投资希望达到的目标利润进行定价的一种方法。计算公式为

单位产品销售价格=（总成本+目标利润）/预计销售量

=（固定成本+目标利润）/预计销售量+单位产品变动成本

其优点：可以保证实现既定的利润目标。

其缺点：这种方法是先估计产品的销售量，再据此计算出产品的价格，这样的价格，不能保证销售量的全部实现。因为实际操作中，价格的高低反过来对销售量有很大影响。

目标利润定价法适用于市场占有率较高或自制商品具有独特性的情况下。

例3：在例2中，如果该果品企业希望达到的年目标利润为5万元，预计年销量为10 000千克，问产品售价应定为多少，企业才能实现目标利润？

$$单位产品销售价格=（20\ 000+50\ 000）/10\ 000 +8=15（元）$$

2. 需求导向定价法

需求导向定价法是以消费者对产品价值的理解和需求强度为依据来定价，而不是以产品的成本为基础定价的。

（1）理解价值定价法。理解价值定价法也称"感受价值定价法""认知价值定价法"，是根据消费者在主观上对产品的理解价值来定价的一种方法。

消费者在购买某一产品之前，基于从产品的广告宣传所得的信息及自身的购物经验、对市场行情和同类产品的了解等，对产品价值有一个自己的认知和理解。只有当产品的价格符合消费者的理解价值时，他们才会接受这个价格；反之，消费者就不会接受这个价格，产品就卖不出去。

理解价值定价法多用于名优特新产品及工艺品的定价。如一个肯德基的汉堡，其成本不过几元钱，而售价高达十几元，甚至数十元，仍然卖得很好，就因为它是名牌产

品，而其他普通牌子的汉堡即使质量已赶上并超过该名牌产品，也卖不了那么高的价格。消费者对产品价值的感受，主要不是由产品成本决定的。

（2）需求差异定价法。需求差异定价法又称"差别定价法"，是指根据销售对象、销售地点、销售时间等条件变化所产生的需求差异，尤其是需求强度差异，对相同的产品采用不同价格的方法。

采用需求差异定价法定价，一般是以该产品的历史价格为基础，根据市场需求变化的具体情况，在一定幅度内加价或减价。需求差异定价法主要有以下四种形式：

1）不同消费者的差别定价。这是根据不同消费者的消费性质、消费水平和消费习惯等差异，制定不同的价格。如会员制下的会员与非会员的价格差别，学生、教师、军人与其他消费者的价格差别，新老消费者的价格差别，等等，可以根据不同的消费者的购买能力、购买目的，制定不同的价格。

2）不同地点的差别定价。由于地区间的差异，同一产品在不同地区销售时，可以制定不同的价格。如某种饮料在旅游景点和街边零食店出售，由于需求程度不同定价不同。

3）不同式样产品的差别定价。同一种质量和成本的产品，但外观和式样不同，对消费者的吸引程度不同，可以制定不同的价格。如食品中的礼品装、普通装及特惠装三种不同的包装，虽然产品质量和成本几乎没什么差别，但价格往往相差很大。

4）不同时间的差别定价。同一产品由于在不同的时间段里，顾客的需求强度是不同的，据此可制定不同的价格。如在需求旺季时，可以提高价格；在需求淡季时，可以采取降低价格的方法吸引更多顾客。

综上，需求差异定价法，对同一产品制定两个或两个以上的价格，其好处是可以使产品定价最大限度地符合市场需求，促进产品销售，有利于生产经营者获取最佳的经济效益。

相关链接

采用需求差异定价法的条件

（1）消费者对产品的需求有明显的差异，需求程度不同，市场能够细分。

（2）消费者在主观上或心理上确实认为产品存在差异，价格差异不会引起顾客反感和不满。

（3）不存在市场套利行为，低价市场的购买者没有可能将低价购进的某种产品在高价市场上倒卖给他人。

（4）采取的价格差异形式不违法。

3. 竞争导向定价法

竞争导向定价法主要依据竞争者的价格来定价。通过研究竞争对手的产品质量、服务状况、价格水平等因素，结合自身的竞争实力，来确定产品价格。

（1）随行就市定价法。随行就市定价法又称"通行价格定价法"，是指以本行业的平均市场价格水平作为定价基础的一种方法。

采用通行价格定价法，既容易被消费者所接受，也能与竞争对手"和平共处"，避免价格战产生的风险，还能给自己带来合理的利润。随行就市定价法主要适应于以下四种情况：①同质产品的定价；②产品成本难以核算；③欲与同行业竞争者和睦相处，避免竞争激化；④难以对消费者和竞争者的反应做出准确估计，不易为产品另行定价。

（2）投标定价法。投标定价法是指在招标竞标的情况下，根据竞争者可能的报价，来确定自己产品价格的方法。

投标定价法主要用于大宗农产品采购。一般是由一个买方（某农产品求购者）公开招标，多个卖方（某农产品供给者）竞争投标报价，最后由买方按物美价廉的原则择优选取。

6.2.2 农产品定价策略

1. 新产品定价策略

（1）撇脂定价策略。撇脂定价策略又称高额定价策略，这一定价策略就像从牛奶中撇取其中所含的奶油一样，意为提取精华，快速取得利润，即在新产品投放市场的初期，利用消费者求新、求奇的心理动机和竞争对手较少的有利条件，以高价销售，在短期内获得尽可能多的利润，以后随着产量的扩大、成本的下降、竞争对手的增多，再逐步降低价格。

撇脂定价策略的适用条件：产品的质量与高价格要相符一致；要有足够的消费者能够接受这种高价并愿意购买；竞争者在短期内不易打入该产品市场。

（2）运用渗透定价策略。渗透定价策略又称低额定价策略，与撇脂定价策略相反，它是在新产品投入期定较低的价格，以吸引大量消费者，提高市场占有率，实现赢利目标。在食品市场竞争激烈的环境中，采用此技巧有积极的作用，因为定价低，在市场潜力大、竞争者容易渗透的情况下，给予竞争者一个价低利少、无利可图的印象和感觉，从而抑制了竞争者的渗透。

这种渗透定价策略主要有三种：

1）高质中价位定价。高质中价位定价指企业提供优质的产品和服务，但价格却定在中等水平上，以价格的优势吸引众多的消费者，使消费者感到用中等的价钱可获得高品质的消费服务。

2）中质低价位定价。中质低价位定价指企业以较低的价格，向消费者提供符合一般标准的产品和服务，使顾客以较低的价格，获得信得过的产品。这一目标市场的顾客群对价格敏感，但又不希望质量过于低劣。例如，仓储式商店的发展就是针对这一顾客群的。

3）低质低价位定价。产品没有质量优势，唯一有的是价格优势。这一策略主要迎合一些低收入阶层。

渗透定价策略的适用范围是：新产品进入市场；产品市场规模大，市场竞争性较强；产品需求弹性较大，消费者对产品价格反应敏感，稍微降价就会刺激需求；大批量生产能显著降低成本；薄利多销的利润总额大于按正常价格销售的利润总额。

（3）运用满意定价策略。满意定价策略又称中间定价策略，是介于撇脂定价策略和渗透定价策略之间的一种中间定价策略，因价格水平适中，农产品生产者、中间商及消费者各方面都能顺利接受。作为一种中间定价策略，在新产品刚进入市场的阶段，将价格定在介于高价和低价之间，力求使买卖双方均感满意。一般产品都适宜采取这种定价策略。

2. 心理定价策略

心理定价策略是充分了解、分析和利用消费者不同的消费心理，在采用科学方法定价的基础上，对价格进行一些灵活的甚至是艺术的调整。

（1）尾数定价策略。尾数定价策略是农产品企业为产品制定一个与整数有一定差额的价格，利用消费者求廉的心理，从而促使购买的一种价格技巧。例如，本应定价100元的商品，定价99.99元，虽然只低0.01元，却可给买者以价廉的感觉。

（2）整数定价策略。整数定价策略与尾数定价策略正相反，有的产品不定价为9.8元，而定为10元，同样使消费者产生一种错觉，迎合消费者"便宜无好货，好货不便宜"的心理，以显示产品的高档。

这是针对求名或自尊心理较强的消费者所采用的定价策略。整数定价对低价产品来说有主观之嫌，但对高价产品却是适宜的。

（3）声望定价策略。对在消费者心目中享有声望的农产品，比如一些传统的名优产品、民族特色产品、市场影响较大的驰名商标等，制定比产品的实际成本、一般利润高得多的价格。声望定价可以满足消费者的某些特殊欲望，如地位、身份、财富、名望等，迎合消费者的求名心理，满足高收入消费者的需要。

（4）促销定价策略。农产品企业利用消费者有贪便宜的心理，将某几种产品定低价（低于正常价格甚至低于成本），或利用节庆日举行"特价"等活动，把部分产品按原价打折出售，以吸引消费者。

（5）习惯定价策略。消费者在长期、大量的购买活动中，对某种产品需要支付多少金额会产生牢固的印象，渐渐在购买时形成了一种价格定势。这种价格定势心理对消费者的购买行为有着重要的影响，他们往往从习惯价格中去联想和对比价格的高低涨落，以及产品质量的优劣差异。农产品企业对这类产品定价时，要充分考虑消费者的这种心理定势，不可随意变动价格，应比照市场同类产品的价格定价。否则，一旦破坏消费者长期形成的消费习惯，就会使之产生不满情绪，导致购买的转移。

（6）招徕定价策略。招徕定价策略包括低价招徕定价和高价招徕定价两种基本形式。一些农产品经营者利用消费者的求廉或好奇心理，有意将某种或某些产品的价格定低或按变动成本定价，甚至将某些产品的价格定高，以吸引消费者进店。在购买了这些低价或高价产品之后，再购买其他正常价格的产品，消费者会改变以往的消费习惯而提高购物欲望。

3. 折扣定价策略

（1）现金折扣策略。现金折扣策略又称"付款期限折扣"，是指对按约定日期付款或提前付款的消费者，给予一定的价格折扣。鼓励消费者早日支付货款，以加速资金周转，减少呆账风险。某农产品赊销时规定：消费者的付款期限为1个月，若立即付现可打95折，10天内付现可打97折，20天付现可打98折，最后10天付款则无折扣。

（2）数量折扣策略。数量折扣策略是指按消费者购买数量的多少给予不同的价格折扣，数量折扣分为一次折扣和累计折扣两种形式。一次折扣是指按照单项产品一次成交数量或金额的多少，规定不同的价格折扣率，一般适用于能够大量交易的单项产品，用于鼓励买方大批量购买，比如"买二送一""买五送三"策略。累计折扣是指在一定时期内购买一种或多种产品的数量或金额超过规定数额时，给予买方的价格折扣，折扣的大小与成交数量或金额的多少成正比。某果品经营者给顾客的优惠是：一次性购买满200元，折扣10%；满300元，折扣15%；满500元，折扣20%；不足200元，不给折扣。

（3）季节折扣策略。有些商品的生产是连续的，而其消费却具有明显的季节性。为了调节供需矛盾，这些商品的生产企业便采用季节折扣的方式，以价格折扣来鼓励消费者在淡季购买，使企业的生产和销售在一年四季能保持相对稳定。

季节折扣比例的确定，应考虑成本、储存费用、基价和资金利息等因素。季节折扣有利于减轻库存，加速商品流通，迅速收回资金，促进企业均衡生产，充分发挥生产和销售潜力，避免因季节需求变化所带来的市场风险。

（4）功能折扣。中间商在产品分销过程中所处的环节不同，其所承担的功能、责任和风险也不同，企业据此给予不同的折扣称为功能折扣，也叫中间商折扣。鼓励中间商大批量订货，扩大销售，争取顾客，并与生产企业建立长期、稳定、良好的合作关系是实行功能折扣的一个主要目标。功能折扣的另一个目的是对中间商经营的有关产品的成本和费用进行补偿，并让中间商有一定的盈利。

（5）回扣和津贴。回扣是间接折扣的一种形式，它是指购买者在按价格目录将货款全部付给销售者以后，销售者再按一定比例将货款的一部分返还给购买者。津贴是企业为特殊目的，对特殊顾客以特定形式所给予的价格补贴或其他补贴。

 项目案例分析

如何让农产品卖出好价格？

找卖点，做出优势和特色，也就是常说的"和同行区分，不和同行竞争"。

1.产品溢价

（1）打造稀缺。物以稀为贵，稀缺就是卖点。例如早春的香椿，越早越值钱。越早上市的草莓价格越贵，比别人早上市15天，可能会多挣2倍的利润。

（2）发掘和打造好产品"色香味"的优势和特色，让产品自己说话。中看、好闻、好吃，色香味更佳的产品，往往更获青睐更有销量，更能卖出好价格。比如"枣中极品"和田枣，"果肉厚实、皮薄核小"；"中国第一个苹果"烟台苹果，"果形端正、色泽艳丽、果肉甜脆、香气浓郁"，都是以"色香味"实用价值上的核心优势，雄踞同类产品价值和价格的鳌头。

此外，国内典型的"麒麟瓜"长相纹理像瑞兽麒麟，味道甜美多汁，名字又好寓意太平长寿，价格高，销量也好。再比如比鸡蛋还大的草莓，当然，色香味有数据支撑更好，包括外观、口味、大小、甜度等物理指标，列出来更有说服力。

（3）发挥创意、打造特色外观和包装。在保证质量的前提下，消费者愿意为好名字和外观多付钱。

对新农人来讲，一个简单方法是改包装：改大包装为几斤重的小包装；改黑塑料袋装、散装为有质感的牛皮纸装、布袋装、瓶装乃至易拉罐装；改方形包装为圆形、扇形、三角形包装，都能起到溢价效果。

（4）发掘和增加新的成分和功效，实现增值。营销专家特劳特说，谁买得起5美元一磅的盐呢（是平常价格的20倍）？几乎谁都买得起。其中的诀窍并非只把盐的价位定到5美元，而是要给产品加入某些特色，使其物有所值。

有些新功效是大自然先天赋予我们的。在湖北恩施、陕西安康等富硒地区生产的富硒大米、富硒茶、富硒蔬菜等具有增强人体抵抗力、抗癌等功能，价格就水涨船高。也可以后天添加新成分，使农产品具备某种保健性、功能性。比如，在第三届中国（北京）生态食品博览会上的这款富硒艾草挂面，在富硒原料中加入艾草成分，价格就比普通面条高。

2.生产溢价

好产品来自哪里？追根溯源，好水土、好品种和好的生产过程。好生产最能支撑好产品的价值。

（1）产地溢价。一方水土产一方物产。区域水土条件越好越特殊、越能创造溢价。这就是产地溢价。如日本大王山葵农场，主要卖点是"使用日本北阿尔卑斯山的地下溶雪水浇灌"，在山葵田里开通了活水，引入中部雪山的融水直接灌溉，严格控制水温，细心呵护，种出来的芥末堪称"日本最佳"，价格也是相当不菲。

水土不单是产地，也是产品信用的支撑。西湖龙井、烟台苹果等地理标志产品，宁夏枸杞、新会陈皮等道地药材，以及上面所说的"丽水山耕"，都是产地溢价的典型。

（2）品种溢价。品种改良也可以带来溢价。

要么是开发新品种，比如以前吃玉米是黄的，现在有黑玉米了，人们会接受这种品种溢价。要么是找回老品种，比如陪伴不少老北京人长大、曾一度因为产量低等原因绝迹数十年的老北京鞭杆红胡萝卜、核桃纹白菜、苹果青番茄、九叶茄等，因为老味道纯正，响应市民需求"重出茅庐"后，价格都比普通菜贵一大截。

（3）生产（制作）过程溢价。这一过程可以分为四部分：

1）生态种养溢价。生态种植的有机或绿色产品，价格都比较高。因此，从种什么、选种开始，到土壤、建设、种植、育肥施肥、日常管理、收获，包括灌溉、除草、病虫害防治等，尽量做生态种养。只要不是贵得离谱，消费者就能接受。

2）原料的采摘方式和高标准。比如湖北秭归的伦晚脐橙一律由老农人工采摘，对果品伤害少；标准化收购，排除了次果、落果，成本高，质量好，因此价格更高。

3）存储物流环节溢价。现在不少水果仓储都用保鲜剂、防腐剂，我们要是从仓储到运输，试着全程不用防腐剂、保鲜剂呢？辽宁葫芦岛的"酵德一家"就是这么做的。

4）制作和加工的溢价。从加工中找特色和亮点，如好设备、好流程、好工艺、好师傅，在关键环节或工艺上有亮点，有数据等作为支撑，让消费者感觉好产品来之有据。

一是加工方式。比如洽洽瓜子改炒瓜子为煮瓜子，不脏手、好吃不上火。在煮瓜子的过程中，放入多种香料和对人体有益的中草药，"百煮入味香"，抓住了消费者的味蕾。

在工业化、标准化盛行的今天，用土法或老工艺做产品，也能脱颖而出。比如恩农出品的有机面粉"千斤石磨制成，口感营养不流失"，价格比普通面粉贵五倍还能卖到断货。

二是工艺设备。譬如汇源果汁当年初创时开拓市场的一大利器就是：德国进口装备。

三是工艺过程。当年的"乐百氏矿泉水，27层净化"直接用工艺数字作诉求点，很有说服力。

3.消费、服务和情感的体验溢价

（1）特色消费方式。生长周期长达420天，爆汁甜的湖北秭归的伦晚脐橙，一再传递这样的消费方式：伦晚脐橙，可以"吸"着吃，有趣不脏手！

（2）提供增值服务。可以免费停车，可以免费品尝送试用，开心农场可以免费提供农具和肥料，都是试图用增值服务来吸引客户。

（3）凸显服务者特色身份。大到英国海归生产的"黄金奈李"、北大毕业生卖的猪肉、正宗意大利大厨的意餐、印度大厨做的抛饼、央视《舌尖上的中国》报道过的"张爷爷手工挂面"，一款非物质文化遗产的产品，小到"三代豆腐世家"做出来的豆腐，跟一个普通人生产的农产品和美食，哪个客户体验更好，更有溢价空间？

（4）围绕主导产品打造服务，解决客户痛点问题。譬如，百果园推出的"三无退货"的特色服务机制，就是针对水果退换难的痛点问题推出的：不好吃的话，无实物、无小票、无理由退换货（除了在门店退货外，百果园允许顾客在百果园官方App上退款，退款额度由用户自行选择），积攒了大批回头客，也使产品的高价有了支撑。

（资料来源：养阳谷，https://www.zhihu.com/people/mck-18-40/pins）

辩证性思考

好的农产品怎么定价，怎么卖起价？

项目检测

营销知识目标检测

1.填空题

（1）影响定价的主要因素有_____、产品成本、市场需求、竞争者的产品价格。

（2）通常的情况下，农产品定价存在着三种定价导向：_____、_____和_____。

（3）为使消费者产生价格低廉和卖主经过认真的成本核算才定价的感觉企业往往采用_____定价心理策略。

（4）新产品定价策略一般有_____和_____两种。

2.选择题

（1）在赊销时，如果买方以现金付款或者提前付款，可以给予原定价格一定折扣的优惠，这就是（　　）。

　　A.现金折扣　　　　B.数量折扣　　C.交易折扣　　D.功能折扣

（2）为鼓励顾客购买更多商品，企业给那些大量购买产品的顾客的一种减价称为（　　）。

　　A.功能折扣　　　　B.数量折扣　　C.季节折扣　　D.现金折扣

（3）某种苹果本应定价6元，厂商定价时实际订为5.88元，这种定价策略为（　　）。

　　A.声望定价　　　　B.尾数定价　　C.招徕定价　　D.整数定价

（4）某商场规定，顾客一次性购买其产品满200元，给予10%的折扣，这种折扣属于( )。

  A.数量折扣　　　　B.现金折扣　　C.季节折扣　　D.以旧换新

（5）尾数整数定价一般适用于( )的产品。

  A.价值较高　　　　B.高档　　　　C.价值较低　　D.奢侈

（6）把苹果按不同档次分别定价，使消费者感到商品档次高低的明显差别，便于购买，这种定价策略为( )。

  A.声望定价　　　　B.尾数定价　　C.招徕定价　　D.分档定价

3.简答题

（1）农产品价格的构成要素有哪些？

（2）影响农产品定价的主要因素有哪些？掌握农产品定价的方法和定价策略。

（3）成本导向定价有哪几种？各有什么利弊？

（4）需求导向定价法有哪几种？各有什么利弊？

（5）简述农产品定价策略的内容，并举例说明。

营销能力目标检测

  检测项目：选择一家农产品生产企业或农产品经营企业，对该企业进行农产品定价策略分析与运用。

  检测目的：通过检测，进一步熟悉、掌握农产品定价方法和策略，能够进行农产品定价策略分析与运用。

  检测要求：班级学习委员组织全员分团队对农产品定价策略进行分析、讨论、交流，由教师进行评价。

项目7　农产品分销策略

项目目标

营销知识目标

掌握农产品分销渠道及农产品直销和间接销售的形式；掌握现代信息技术在农产品网络销售过程中的应用。

营销能力目标

能够运用农产品分销策略的方法，进行农产品直销、间接销售和网络营销的分析。

导入案例

虎邦辣酱的扩张之路

创立于2015年的虎邦辣酱对于自身的定位已经十分清晰，"一餐一盒"的小盒辣酱品类通过外卖消费习惯，成功对准以"单身""懒宅"为特征的年轻消费者群体。坐拥10万家外卖终端"新货架"的虎邦，已经深入了"网络一代"年轻人的心智当中。

在2019—2021年，虎邦几乎涉足了全部线上直销的火热打法，从涉足娱乐圈的明星、电影、娱乐节目跨界合作，到网红推广"大胃王挑战""魔鬼辣挑战"。与淘宝头部主播李佳琦等建立长期战略合作关系，还涉足电竞以及游戏品牌联动，甚至在网红带货风潮消退时，通过智联招聘、BOSS直聘等品牌联合，进行校园地推活动，扩大在主力消费人群学生、白领中的认知度。外卖场景的渠道探索和打造"网红"产品的营销思路，让虎邦辣酱得以快速扩张。

（资料来源：调料家，https://mp.weixin.qq.com/s/BqIydKMGzVecrHffC8pcFA）

辩证性思考

谈谈你对虎邦辣酱营销模式的看法？

任务1　农产品分销渠道

7.1.1　认知农产品分销渠道

1. 认知农产品分销渠道的概念

农产品分销渠道是指农产品从生产者向消费者转移时，取得商品所有权或帮助转移其所有权的所有企业和个人。农产品分销渠道，通常也称作流通渠道或销售渠道。简单地说，农产品营销渠道就是农产品从生产者向消费者转移过程的具体通道或路径。

2. 农产品分销渠道的层次

（1）起点是生产者，终点是消费者（生活性消费）或用户（生产性消费）。渠道作为产品流通的途径，一端连着生产，另一端连接消费，因此它是最直接、最简单的营销渠道。

（2）营销渠道的积极参与者——各种类型的中间商。产品从生产领域进入消费领域的过程中要有一些经营环节或经营机构的参与，要发生多次的买卖行为，各种类型的中间商扮演着重要角色，包括生产者、批发商、零售商、消费者。

（3）生产商向消费者或用户转移产品应以商品所有权的转移为前提。如生产商将其产品直接销售给消费者或用户，不经过中间商，这是直接转移商品所有权。然而，通常情况下，生产商都是经过一系列中间商将其产品转卖给消费者或用户的。如果流通过程有代理商参与，代理商对商品没有所有权，那么只是代客买卖。

（4）流通渠道是商品从生产商到消费者手中的运输储存过程，不仅反映了商品价值形态变化的经济过程，而且反映商品实体运动的空间路线。

产品的流通渠道构成了营销活动效率的基础。要提高营销效率，就必须以最低的成本完成商品的转移过程。农产品对营销渠道的基本要求是多渠道和少环节。

3. 农产品分销渠道的类型

农产品流通渠道有长短、宽窄之分。一般来说，长的渠道类型中间环节较多，短的渠道类型中间环节少，在不同的流通渠道类型中，中间环节的多少、参与的中间商数量及流通特点各有不同。

（1）排除中间商的直销型。生产者不经过中间环节而把自己生产的产品直接销售给消费者或用户，即：生产者——消费者。

这是用时最短、最直接的渠道，由生产商直接控制产品的营销，从而可以迅速地得到顾客的反馈。例如，网络营销、电话营销、送货上门、邮购、企业直营商店、产品展销会、订单销售等都属于这种形式。从经济效益的角度分析，产品直接从生产商那里流向最终用户，正是生产商所期望的，可以最大限度地节省流通费用。例如：某年，全国玉米种子市场遇到了好行情，生产面积小，玉米种子少，需求量远远大于供货量，在这种情况下，一些有预见性的经销商，拿出自己的所有资金，对一些生产厂家的种子实行包销，减少中间环节，直接到零售商，从而获取了最大的利润。

（2）单一环节直销型。生产者将产品直接批发给零售商，由零售商卖给用户，即：生产者——零售商——消费者。

单一环节直销型与排除中间商直销型相比，生产商和消费者中间有零售商的介入，产品覆盖的市场面要广一些。但对生产商来说，要面对许多零售商进行销售业务，工作量仍然巨大，且市场范围也有限，不利于企业进一步扩大生产和销售。

（3）多环节销售型。生产者生产的产品经过多层次、多环节销售给用户，即：生产者——批发商——零售商——消费者。

在多环节销售型中，由于中间商的积极参与和发挥作用，使生产商的信息来源广泛、市场接触面和用户群扩大，从而增加销售量。但是由于中间环节多，会增加商品的储运费用，产品到达用户的时间延长，最终导致流通效率降低。

7.1.2 影响农产品销售渠道的因素

农产品销售渠道的长短和环节的多少受多种因素影响。合理选择农产品流通渠道，必须具体分析对销售渠道的影响因素。影响农产品销售渠道选择的基本因素有以下三个。

1. 农产品的自然属性

对于易破损和鲜活易腐的农产品，应当尽可能减少中间环节，缩短销售渠道。最好能实现产销或产需直接销售，以最大限度地缩短流通时间，减少经营损失。

2. 农产品市场状况

对于产品货源充足、供过于求或供应季节性强的农产品，应当采取广泛多样的销售渠道，以最大限度地扩大营销范围。在农产品市场容量大、潜在需求多、销售地域广的情况下，可以选择比较长的销售渠道。

3. 农产品销售及其服务能力

在农产品销售能力及储运、加工服务能力比较强，具有精深加工、长期储存和长途运输条件，并且农产品的使用价值不会损失的情况下，企业可以选择多种销售渠道。

案例

娃哈哈从单一渠道到多元渠道

娃哈哈堪称由单一化渠道成功转型多元化渠道企业的典范。公司创立之初，限于人力和财力，主要通过糖烟酒、副食品、医药三大国有商业主渠道内的一批大型批发企业，销售公司第一个产品——儿童营养液。随着公司的稳健发展和产品多元化，其单一渠道模式很快成为企业的销售瓶颈，娃哈哈开始基于"联销体"制度

（联销体制度是娃哈哈和代理商之间建立的一个共同经营产品的渠道体制，从厂家、经销商到终端每个环节的利益和义务都会得到明确）的渠道再设计：首先，娃哈哈自建销售队伍，拥有一支约2 000人的销售队伍，隶属公司总部并派驻各地，负责厂商联络，为经销商提供服务并负责开发市场、甄选经销商。其次，娃哈哈在全国各地开发1 000多家业绩优异、信誉较好的一级代理商，并凭借数量众多的二级代理商，确保娃哈哈渠道重心下移到二、三线市场。这充分保证了娃哈哈渠道多元化战略的实施。娃哈哈针对多种零售业态，分别设计开发不同的渠道模式：对于机关、学校、大型企业等集团顾客，厂家上门直销；对于大型零售卖场及规模较大的连锁超市，采用直接供货；对于一般超市、酒店餐厅及数量众多的小店，由分销商密集辐射。这种"复合"结构，既能够有效覆盖，又能够分类管理，有利于在每种零售业态中都取得一定的竞争优势。

从娃哈哈案例可以看出，渠道多元化是实施企业战略多元化的必然结果，也是企业生命周期发展的必然阶段。娃哈哈渠道多元化战略对于公司的快速发展功不可没。

（资料来源：微点阅读，https://www.weidianyuedu.com/content/0817725930926.html）

任务2　农产品直接销售

7.2.1　认知农产品直销

1. 认知农产品直销的概念

农产品直销是指农产品生产者直接将农产品销售给消费者或用户，不经过任何中间环节的销售方式，也称"零级渠道"。

2. 农产品直销的优点与缺点

农产品直销没有任何中间商的介入，起点是生产者，终点是消费者。它具有鲜明的优点与缺点（见表7-1）。

表7-1　农产品直销的优点及缺点

优　点	缺　点
①了解市场需求。直接面对消费者销售，可及时、具体、全面地了解消费者的需求状况。 ②控制产品价格。取消了中间环节，减少了产品损耗，免去了层层加价，降低了营销成本，进而有利于降低售价，提高产品竞争能力。 ③提供有效服务。直接为消费者服务，为人们的特殊购物需要提供了可能。 ④返款迅速。可及时收回货款，加快生产资金周转	①分散生产者的精力。集生产、销售、管理于一身，生产者要承担全部的市场风险。 ②增加销售费用。生产者销售产品时需要花费一定的人力、物力、财力。 ③销售受限。有的销售机构销售能力有限，销售范围和数量受到较大限制。 ④生产地与消费者对接效率低。消费者直接到田间购买农产品或农户将农产品运到城市去卖，第一种方式效率低，第二种方式实现率低

3. 选用农产品直销方式的条件

农产品直销的优势明显。然而,不是所有农产品生产者在任何条件下采用直销方式都是最佳的选择。选用农产品销售方式时,需要考虑农产品、生产者、消费者、竞争者等方面的因素(见表7-2)。

表7-2 选用农产品直销方式的考虑因素和适宜直销条件

考虑因素		适宜直销条件
农产品	易损性	易腐烂变质或易损坏的农产品,如蔬菜、水果、鲜鱼虾、鲜奶、鲜花等
	体积和重量	体积大、笨重的农产品,如牛、羊等
	技术性和服务要求	技术性强,服务要求高的农产品,如观光旅游农业的产品及服务
生产者	是否具有销售能力和经验	具有较强的营销能力和经验,可自己组织销售,并且有能力承担市场的风险
	是否能有效覆盖目标市场	规模大、实力雄厚,可以占领目标市场,并不断扩大市场份额
	是否具有较高的利润率	比较采用不同销售方式时的支出与所得,直销的所得大于支出且经济效益最大
消费者	目标市场范围的大小	目标市场范围小,潜在购买者少
	消费者的集中程度	消费者分布较为集中
	消费者的购买习惯	顾客一次购买量大,购买频率低
其他	竞争产品的销售渠道	通常情况下,应与同类产品竞争者采用相同或相似的销售方式;竞争激烈时,应寻求独特的销售方式
	空间便利性	交通便利的十字路口或者附近的集贸市场、在产地就近出售给消费者
	中间商的合作性	中间商不愿合作、合作费用高

7.2.2 农产品直销的方式

1. 农产品零售直销

农产品零售直销是指生产者在田间、地头、农贸市场、菜店中直接把农产品出售给消费者,或直接把农产品送到客户(旅馆、饭店、家庭)手中的直销方式。

农产品零售直销的主要形式:①农贸市场上农民自己出售农产品;②农家直销;③田间地头、集市销售;④租赁柜台、自设直销店销售;⑤直接送货上门;⑥网上零售直销。

2. 农产品订单直销

农产品订单直销是由农产品加工企业或最终用户与农产品生产者直接签订购销合同,生产者根据合同安排生产、定向销售的直销形式。订单销售是先找市场后生产,既避免了生产的盲目性,又适应了市场的需要,较好地解决了农产品卖难的问题。

(1)农产品订单直销的类型。农产品订单直销按照客户的不同分为六个类型:

1)农户、合作社与个人消费者签订订单。这种模式适合有机种植、绿色种植。如今的消费者对农产品健康、安全的期望很高，农户、合作社可以利用线上资源，提供农产品的私人定制服务，让消费者通过认购的方式提前下订单，等农产品生产完成再通过快递送到消费者手中。

2）农户、合作社与农科院等类似的科研机构进行合作。这种订单农业带有一定的科研性质，通过提供良种和先进的技术提高种植收益。以某基地为例，种子、农药、化肥等农资都是由农科院来提供，并提供相关人员培训，合作社要做的就是在种植的过程中帮助收集相关的数据，这样不仅大大降低了生产的成本，也在生产的过程中提高了农户的技能和种植收益。

3）农户、合作社与龙头企业或者加工厂签订产销合同。农产品加工率越高、它的附加值就越高。在农产品聚集的产区，当地政府通过引进相关的加工企业到当地落户，形成一条龙的产业链条。

4）农户、合作社与批发市场签订产销合同。比较知名的农产品在上市前一般都会到各地举行相关的推介会，很多的批发市场都会在现场签订订单。

5）农户、合作社与专业协会签订产销合同。为了对抗风险，维护共同的利益，多个同类的加工企业会成立相应的协会，通过协会的方式和当地的农户、合作社进行合作。以某乡葡萄种植基地为例，当地的种植规模超过2万亩，通过协会提供专业技术指导，使得该乡葡萄的亩产都达到5000千克以上。

6）农户、合作社与经销公司、经济人、客商签订产销合同。依靠流通组织发展订单农业，农民通过经销公司、经济人、客商签订产销合同。多样丰富的销售网络有助于农产品效益提升和规模化种植的发展。

（2）农产品订单直销的操作程序及方法。要做好农产品订单直销，需要从寻找农业订单、签订农业订单、履行农业订单三个方面着手，并发挥地方政府的引导、服务、规范和监督作用（见表7-3）。

表7-3 农产品订单直销的操作程序及方法

操作程序		操作方法
寻找农业订单		县乡政府帮助农民找订单； 通过农产品推销能人找订单； 通过参加农产品交易会找订单； 通过网络寻找订单； 通过农业中介服务机构找订单
签订农业订单	诚信考察	要搞好签约企业的资信调查，全面了解企业的经营、管理、运作、履约能力等情况，选择信誉好、实力强、运转正常的企业作为合作对象
	市场调研	多渠道、全方位地搜集信息，掌握农产品的供求信息，了解订单农业的适用范围； 一些常规性农产品由于种养的普遍性，企业选择余地比较大，往往导致订单关系脆弱，造成失约现象。而特色农业、优质农产品以及专用性比较强的农产品，因为具有特有性，合同关系相对比较稳定。因此，要把订单农业重点放在名特优农产品和专用农产品上

续表

操作程序		操作方法
签订农业订单	订立合同	发展订单农业，必须签订完备、严密、可操作的合同，尽量避免因约定不明发生争议，特别是要把当事人的名称和住所、标的、数量、质量、价格、履行期限、地点和方式、违约责任、解决争议的方法等条款列详细、订明白，这是防止企业毁约的有效手段
履行农业订单	维护订单的严肃性	要加强对法律法规知识及相关政策的宣传力度，增强合同双方的法律意识，引导农民和企业树立法制观念，提高诚信意识，依法认真履约，维护订单合同的严肃性
	注重提高农产品质量	要加快推进标准化生产和管理，大力推广先进科学技术，采用科学管理方法，努力提高农产品的品质，进一步增强农民的质量意识、标准意识，严格按照订单的要求履行职责，以良好的信誉和高质量的产品树立形象，赢得更多的订单

3. 农产品观光采摘直销

观光采摘直销是农产品生产者在游客观光、采摘、垂钓等活动中，直接推销自己农产品和服务的一种直销形式。农产品观光采摘直销是随着观光农业的兴起应运而生的。

（1）影响观光采摘运行的主要因素。

1）单纯模仿，产品缺乏特色和主题。目前，多数观光采摘园相互模仿，产品雷同，缺乏特色和主题，缺乏精品和亮点，难以满足游客的深层次需求，造成游客逗留时间短，消费支出受抑制，游客重游率低的情况。

2）缺乏文化底蕴和内涵。受观光采摘经营者文化品位不高、过度追求商业利益等因素的影响，观光采摘普遍文化特质不突出，缺乏文化底蕴和内涵。

3）基础和服务设施不完善。基础设施和公共服务体系建设滞后，是观光采摘园的普遍问题。有些景区道路狭窄难行，可进入性非常差；有些景区卫生及住宿条件让人望而生畏，让游客感觉是在花钱买罪受，大大制约着出游率、重游率。

4）人员素质差，服务水平低。大多数观光采摘园都是在原有生产基地的基础上开发而成的。经营人员以当地农民为主，未受过专业培训，服务意识较差，服务质量较低，容易引起游客的不满。

5）缺乏品牌意识，知名度低。多数采摘园经营者缺乏营销观念，在品牌建设上投入少，仅仅靠原始的"口碑"进行品牌传播，在市场上的知名度不高，致使观光采摘的人流量少，限制了其综合效益的提高。

（2）观光采摘直销的操作程序及方法。观光采摘直销要突出创新特色、挖掘文化底蕴、抓好基础设施建设、提高服务水平、强化品牌意识五点，力求使游客在园中感悟到其天然之美，得到追求美的心理需求和观赏需求，力争创作出"望之生情，览之动色"的观光采摘园（见表7-4）。

表7-4 观光采摘直销的操作程序及方法

操作程序	操作方法
突出特色和主题	培育有机、绿色产品,可依托科研院所引进高科技,采用先进农业生产技术,给游客提供真正的绿色食品,提升观光采摘园的档次;结合自身资源和优势确定特有的开发主题,并在景观设计、活动设计、设施建造、服务提供等各个环节贯穿和体现主题,最大限度地突显特色,增强产品的竞争力
挖掘文化底蕴	我国几千年的农耕历史在乡村地区形成了厚重的农耕文化、乡土文化和民俗文化,因此,经营者在开发休闲农业产品时应充分挖掘和利用深厚的传统文化内涵,将其融入产品设计中,创造出现代艺术和时尚。实践证明,只有那些富有文化内涵的采摘园才能更受游客的青睐
抓好基础设施建设	观光采摘园的园林化建设以生态学为指导,园林观赏植物与果树及整个乡村环境景观相结合,形成一个完善的、多功能的、自然质朴的游赏空间
提升配套服务水平	观光采摘园的服务者大多数为农民,服务意识和服务技能较差,无法满足游客的需求,致使游客体验感受不佳。经营者应采取定期或不定期、集中或分散等多种形式对服务人员进行各种培训,提高服务人员的综合素质和服务技能,使采摘服务更加专业化、职业化
强化品牌意识,加大营销力度	采摘园经营者应该以特色农产品采摘为主题,打造自身品牌,积极参与举办各种农事节庆活动和主题活动,筹划和推介采摘旅游项目,加大品牌宣传力度,吸引城市消费者前来购买,从而推动采摘产业发展

相关链接

采摘园的七种经营模式

1.生态观光游

以优美的自然生态环境来满足城镇居民回归自然、融于自然的愿望,游客能尽情享受大自然的恬静与安详,呼吸清新的空气,放松疲惫的身心。深入其中,春季可赏花,夏日可避暑,金秋可摘果,尽享田园风光。这是一种以生态观光为主,以蔬果采摘为辅的旅游形式。

2.蔬果采摘游

组织游客在指定果园或温室大棚内开展名特优新果品的观光采摘游活动。游客可游览园貌、采摘、品尝、拔菜、收获农作物等,体验劳作之艰辛,尽享收获之愉悦。如温室的草莓采摘游、西瓜采摘节、西红柿采摘节、葡萄采摘节等活动。

3.科普教育游

这类园区通常是以产业基地发展起来的,在发展初期以育苗以及科技示范为主,后期融入旅游元素。园区可以利用果树科技示范基地优越的硬件设施和丰富的品种资源,向游客尤其是青年学生展示现代化的栽培管理技术,普及果树知识,开展科技探索,使他们了解园艺学发展动态,产生对生物学科的浓厚兴趣。这是一种以科普学习为基调的旅游品种，适合于在校学生和以家庭为小团体的出游者。

4.农事体验游

利用农舍、果品、土特产及依附的田园风光，吸引城市游客"吃农家饭、品农家菜、住农家屋、娱农家乐、购农家物"。游客还可在果园亲自动手，体验果树的嫁接、修剪、疏花、套袋等管理活动，丰富市民对农事活动的了解。这是一种亲近自然、回归自然的特色旅游品种，春、夏、秋三季均可，适合于城市妇女、孩子和以家庭为小团体的出游者。

5.农产品加工过程体验游

以葡萄为例，游客可在指定的葡萄酒庄园内参观葡萄的栽培管理、采摘、榨汁、酿造、分装等葡萄酒加工全过程，免费品尝酒庄自酿的葡萄酒。这种模式适合于相关专业人士和时尚人群。但由于这类庄园均位于种植规模较大的产地，因此对其他非集中产地不具有借鉴意义。

6.节庆文化游

在果园内举办多种文化节庆活动，如赏花节、摄影书画比赛、猜灯谜、放风筝等项目，使游客在游玩的同时，提高自身的文化素养。如北京大兴举办的西瓜节、河南漯河举办的桃花节等。

7.休闲度假游

休闲度假旅游是指以消遣娱乐、康体健身、休憩疗养、放松身心为主要目的，到某一特定目的地进行较少流动性的旅游消费活动。相对于观光旅游而言，度假旅游更强调安全宁静的优美环境、丰富多彩的娱乐生活、增进身心健康的游憩设施和高品质的服务。此外，休闲度假能够与新农村建设结合起来，促进农村的建设发展，是一种更高层次的旅游形式。

（资料来源：搜狐网，https://www.sohu.com/a/279017692_100177194）

几种值得借鉴的国外观光农业经营模式

任务3　农产品间接销售

7.3.1　认知农产品间接销售

1. 认知农产品间接销售的概念

农产品间接销售是指农产品生产者通过中间商把自己的产品卖给消费者或用户的销售方式，包括一级渠道、二级渠道、三级渠道等。

（1）农产品间接销售一级渠道模式：

生产者——零售商——消费者。

生产者——批发商/代理商/经纪人——用户。

这种模式称为一级渠道,它是农业生产者将农产品销售给零售商,再由零售商转卖给消费者,中间经过一道环节。

(2)农产品间接销售二级渠道模式:

生产者——批发商/代理商/经纪人——零售商——消费者。

生产者——批发商/代理商/经纪人——批发商——用户。

二级渠道是指农业生产者将农产品销售给批发商,由批发商转卖给零售商,最后再出售给消费者。这种模式为大多数中、小型企业和零售商所采用。

(3)农产品间接销售三级渠道模式:

生产者——收购商/代理商/经纪人——批发商——零售商——消费者。

这种模式是在生产者和批发商之间又经过一道收购商环节。农产品的收购商有两类:一是基层商业部门设立的独立核算的收购站和供销社,他们收购农副土特产品,然后交给市、县商业批发企业;二是个体商贩,他们走街串巷,收购农副产品,然后转卖给批发企业。例如,个体商贩到各地农村收购药材和山货,然后转卖给当地批发企业。

相关链接

中间商的种类

1.按是否拥有商品的所有权分类

(1)代理商、经纪人。代理商是指接受生产者委托,从事商品销售业务,但不拥有商品所有权的中间商。他们只按代销额提取一定比率报酬,不承担市场风险。

经纪人与代理商类似,自身并不拥有商品和货币,只为买卖双方牵线搭桥并协助他们进行谈判,在促成交易后,由委托方付给佣金。

(2)经销商。经销商是从事商品流通业务,并拥有商品所有权的中间商。在买卖过程中,他们要承担经营风险。经销商包括批发商和零售商。

2.按在流通过程中的作用不同分类

(1)批发商。批发商是指主要从事批发业务,将商品批量销售给转卖者或者生产者的中间商。其按经营业务内容分为专业批发商、综合批发商;按经营地区分为生产地批发商、销售地批发商。

(2)零售商。零售商是指将商品直接销售给最终消费者,以经营零售业务为主要收入来源的中间商。具体有以下两种:①传统零售商。传统零售商受空间位置限制,销售覆盖面积小,整体的销售经营缺乏灵活性,成本也相对较高。传统零售商主要包括百货商店、超级市场、便利店、专营店、折扣店、专卖店、购物中心等。②网络零售商。

网络零售商具有极大的灵活性与较大的覆盖面积，整体经营更加灵活，成本低廉。由于网络零售进入与退出比较简单，因此它的竞争者数量也比较多，容易造成网络内部的竞争。网络零售商主要包括电话订购、邮购公司、自动售货机、网上商店等。

2. 农产品间接销售的优点与缺点

农产品间接销售，是指生产者与消费者之间有若干中间商介入的一种销售方式，它的优点与缺点与直接销售相反。渠道越长，越能有效地覆盖市场，扩大产品的销售范围，市场风险越小。然而，渠道越长，环节越多，商品价格会越高，不仅不利于市场竞争，还会使经营者与消费者沟通信息越发困难。

3. 选用农产品间接销售的条件

当在不适宜采用农产品直销的条件下，可选用农产品间接销售。选择农产品间接销售渠道长短的选择，关键是要适合自身的特点，权衡利弊，宜长则长，宜短则短。短渠道一般适宜鲜活商品，如蔬菜、鱼虾、糕点等。长渠道一般适宜产量大、需扩大市场销售范围的商品，如粮食类。

7.3.2 认知农产品经纪人

1. 认知农产品经纪人的概念

农产品经纪人是指从事农产品收购、储运、销售，以及销售代理、信息传递、服务等中介活动而获取佣金或利润的组织或个人。

经纪人活动的目的是促成买卖双方交易的实现，从中得到佣金。简单地说，佣金就是跑腿费、服务费，是因经纪人为买卖双方提供了交易信息、人员服务、交易场所、仓库、保管、运输等而收取的服务费。对农产品经纪人来说，除了通过中介服务获取佣金外，还可通过自营农产品，赚取购销差价。

2. 农产品经纪人的种类

农产品经纪人根据分类标准的不同，可分为以下几种类型（见表7-5）。

表7-5 农产品经纪人的种类

分类标准	类　型	内　容
按经纪业务划分	销售型经纪人	从事农产品的购销活动，把农民生产的产品收过来再卖出去，把农民需要的生产资料买回来再卖给农民，为当地农产品找市场，实现产销衔接，解决农产品的买难、卖难问题
	科技型经纪人	利用自己掌握的农业科技知识和技能，为农民服务，帮助农民引进并推广农业新品种、新技术，经纪人在为农民服务中获得收入
	信息型经纪人	主要为农户提供农产品科技、市场行情，种植、养殖、加工，以及政策等多方面的信息，使农民的产品找到好的销路、卖出好的价格，从中获得一定数额的信息服务费
	复合型经纪人	既从事农业生产，又提供信息、技术服务，还从事农产品的购销业务。这一类经纪人综合实力较强

续表

分类标准	类型	内容
按组织形式划分	个体经纪人	经纪人利用自己掌握的知识和信息,联系交易双方,撮合成交后,从中获得一定的收益
	合伙经纪人	以一个经纪人带头,其他经纪人分工协作,撮合交易或组织收购,从中获得一定数额的经济收益
	经纪人协会	有规章制度,也有理事会等组织机构,抵御市场风险的能力比较强,组织交易的农产品规模和金额较大
	专业合作经济组织	除具有经纪人协会的功能外,还组织会员进行生产、培训会员,使其掌握相应的生产知识,通过产品流通促进会员增收
	经纪人公司	经纪人发展的高级模式,需要经纪人具有比较高的素质和管理水平
按经营性质划分	专业经纪人	不从事农产品的生产,而是专门做农产品销售的人
	兼职经纪人	在特殊的时间段,特别是在农产品收获的季节里,从事农产品经纪活动的人。既从事农产品生产活动,又从事农产品销售活动

3. 农产品经纪人的主要经纪活动

（1）居间活动。居间活动指经纪人为交易双方提供市场信息、提供交易条件及媒介联系,撮合双方交易成功的商业行为。

（2）行纪活动。行纪活动指经纪人根据委托人的委托,以自己的名义与第三方进行交易,并由经纪人承担规定的法律责任的商业行为。

（3）代理活动。代理活动指经纪人在委托权限内,以委托人名义与第三方进行交易,并由委托人直接承担相应的法律责任的商业行为。

（4）自营活动。自营活动是指经纪人不是靠撮合别人的交易和接受别人的委托从中收取佣金,而是自己通过低价买进、高价卖出行为,从中获取差价赚取利润。

案例

辣椒经纪人 架起产销桥

有"中国辣椒第一镇"之称的河南省漯河市临颍县王岗镇,火红的辣椒成为一道亮丽的风景线。王岗镇水牛宋村村民宋建营是一名辣椒经纪人,他把一批又一批的辣椒销售到全国各地,为村民架起"产销桥",带动农户共同致富。

种植辣椒、成为辣椒经纪人,多年来,宋建营和小小的辣椒结下了不解之缘。"我1989年就开始种辣椒,那时候我们这边刚开始引进辣椒种植,我算是最早的一批种植户。"宋建营称,他一边种植一边总结经验,逐步扩大种植规模,增加收入。在他的影响和带动下,越来越多村民也开始种植辣椒。

过了几年,他开始骑着自行车到农户家中收辣椒,再卖给外地来的收购商。

"最开始我就骑自行车收购辣椒,一天能挣一百多块钱。后来有了三轮车,我就骑着三轮车把收购的辣椒送到平顶山等地,一趟能拉一千多斤。2000年之后,他开始到湖南、武汉等地寻找客商,扩大销路,让辣椒走得更远,再上一个台阶。"宋建营表示,经过几年的打拼,他实现了从辣椒贩子到辣椒经纪人的华丽转身,路子越拓越宽,视野越来越开阔。在宋建营和其他经纪人的不断努力下,农户解决了辣椒销售问题,拓宽了辣椒销路,共同致富奔小康。

(资源来源:新浪网,http://henan.sina.com.cn/toutiao/2020-09-29/detail-iivhvpwy9502428.shtml)

7.3.3 农超对接

1. 认知农超对接的概念

农超对接是指农户或农产品生产企业与超市签订意向性协议书,由其向超市直供农产品的一种新兴的农产品流通模式,主要是为优质农产品进入超市搭建平台。

思政教育

党的二十大报告提出:"全面推进乡村振兴,加快建设农业强国,扎实推动乡村产业、人才、文化、生态、组织振兴",要求"发展乡村特色产业,拓宽农民增收致富渠道"。习近平总书记指出:"产业振兴是乡村振兴的重中之重""产业兴旺是解决农村一切问题的前提"。而农业产业化龙头企业是引领带动乡村全面振兴和农业农村现代化的生力军,是打造农业全产业链、构建现代乡村产业体系的中坚力量,是带动农民就业增收的重要主体,在加快推进乡村全面振兴中具有不可替代的重要作用。

(资料来源:鄂州农村农业局,http://nyj.ezhou.gov.cn/xwzx/gzdt/202211/t20221121_509272.html)

2. 农超对接的优点

(1)减少了农产品流通环节,增加了农民收入。农超对接,减少了流通环节,通过直接采购可以降低流通成本20%~30%,给农民增加收入的同时也给消费者带来了实惠,是种"惠农利民"的流通模式。

(2)按需生产,减少盲目性。农超对接便于将销售信息及时准确地反馈到生产环节,使农户可及时调整生产规模和产品结构,真正做到市场需要什么,农户就生产什么,避免了生产的盲目性,稳定了农产品销售渠道和价格,有效地降低了市场风险。

（3）保障农产品安全。农超对接可使超市获得数量稳定、质量可靠、卫生安全的农产品货源，提高了市场竞争力，促进了农产品的销售。

综上所述，农超对接稳定了农产品销售渠道，促进了农民增收，消费者能买到安全、新鲜、价格不贵的农产品，超市也提高了盈利水平，是一个农户、消费者、超市三方共赢的流通模式。

3. 农超对接的主要模式

（1）超市+农业合作社+农户。超市向符合要求的农业合作社进行采购，合作社再组织社员进行生产。

（2）超市+农业龙头企业+农户。超市通过农业产业化龙头企业为中介同农民合作，为合作对象提供专业的农产品种植养殖技术或资金，建立食品安全监督体系等，使其产品达到农产品安全标准。例如可以通过追溯码方式查询到产品的出处和生产过程，让消费者购买到安全、放心的农产品。

（3）超市+供销社+合作社+农户。超市不直接和合作社进行对接，而是通过当地的供销社与合作社、农户进行对接。供销社帮助合作社建立标准化的生产基地，合作社再组织农户进行生产。

（4）超市+合作农场。超市入股农业生产企业，合作开发自有农场。农民把土地租借给企业，或者以土地入股，由企业直接投资设立农产品生产基地，聘请当地的农民为员工进行农业生产。农民只需提供劳务即可。

（5）超市+大户+小户。超市与农业生产大户对接，大户负责对小户农产品的集中储运，协调小户农产品种类的选择，上门进行技术指导。

案例

加快推进
"农超对接"

农超对接闯出一片天

成立于2009年的山东青岛广大果蔬专业合作社始终秉持农超对接的产业化经营理念，利用十年时间，从最初的一个营业额不足100万元的村级合作社，发展到采购基地覆盖全国38个省（市）、2020年营业额达5.8亿元、辐射带动50多个村庄、实现年增收2 100万元的国家级农民合作示范社。合作社注重品牌化经营，2016年合作社注册了"沽河两岸"农产品品牌，依靠过硬的产品品质树立了合作社口碑，增强了核心竞争力。2019年，合作社建成了高标准的温室大棚，依据客户需求进行订单种植。为了保证产品品质，建立了严格的农产品质量安全追溯和自律性检测检验制度，建成了农业技术培训基地，培育了一批用智慧种地的高素质农民，为合作社的专业化、标准化发展打好了基础。下一步，合作社要做"农产品销售+采摘+农耕文化体验+农业科普"的"农产品大观园"，走三产引领二产、助推一产，一产、二产围绕三产精准运作的融合发展路子，带动更多的人共同致富。

（资料来源：农民日报http://www.ce.cn/cysc/newmain/yc/jsxw/202111/22/t20211122_37105185.shtml）

任务4 农产品网络营销

7.4.1 认知农产品网络营销

1. 认知农产品网络营销的概念

农产品网络营销是指在农产品销售过程中全面导入电子商务系统，利用计算机技术、信息技术、商务技术对农产品的信息进行收集与发布、依托农产品生产基地与物流配送系统，开拓农产品网络销售渠道，以达到提高农产品的品牌形象、增进与消费者的关系、改善消费者服务方式最终扩大农产品销售的目的。

2. 农产品网络营销的内容

（1）网上调研。网上调研指通过在线调查表或者电子邮件等方式，可以完成网上市场调研，相对传统市场调研，网上调研具有高效率、低成本的特点。

（2）品牌宣传。网络品牌价值是网络营销效果的表现形式之一，通过农产品网络品牌的价值转化可以实现持久的顾客关系和更多的直接利益。通过系列推广措施，可达到使消费者和公众对自身品牌的认知和认可，有利于农产品网络营销更好的发展。

（3）信息发布。通过网站发布信息是网络营销的主要内容之一。利用农产品网络的便捷性，农产品销售者可以将农产品信息发布到网络平台中。无论哪种网络营销方式，结果都是要将一定的信息传递给目标人群，包括顾客、潜在顾客、合作伙伴、竞争者等。信息发布需要一定的渠道资源，这些资源可分为两种：一是内部资源，如企业网站、注册用户等；二是外部资源，如供求信息发布平台、网络广告服务资源等。

（4）网上销售。建立网站，利用自身网站实现销售的全部流程，或利用第三方电子商务平台开设网上商店，以及与电子商务网站不同形式的合作，销售农产品。这种销售方式可以避开某些传统的商业流通环节，减少线下交易的烦琐过程，降低农产品买卖双方的交易成本。

（5）物流配送。农产品的网络营销交易过程必然会伴随农产品的运输和配送，农产品物流信息化是网络营销的重要组成部分。信息化可以提高农产品市场流通效率。农业信息的畅通，有利于实现市场供需平衡，还有利降低农产品交易成本，促进农产品的商品流通。

（6）客户服务。互联网提供了更加方便的在线客户服务手段，包括从形式最简单的常见问题解答，到邮件列表等各种即时信息服务，在开展客户服务的同时，也可增进同客户的关系。

7.4.2 农产品网络营销渠道策略

农产品网络营销通常采用"双道法"的渠道策略。"双道法"指同时使用网络分销渠道和传统分销渠道，以达到最大销售量的目的。农产品网络营销是传统营销方式与现代网络工具的有机结合，这种分销方式不仅为买卖双方带来直接的经济利益，还合并了中间分销环节，为消费者提供了更为详尽的商品信息。而企业几乎不需要分销成本，这使买卖双方的互动性增强，可即时地利用网络交流信息。

例如，云南省的花卉网络营销是成功运用"双道法"的案例。目前，云南花卉主要的流通渠道方式有两种：一是中间贸易商从昆明市呈贡区斗南批发市场组货，发往各消费地代销点、批发市场或零售商；二是花卉生产企业根据花卉网站上的网络订货，直接把产品发给自己的客户。

7.4.3 农产品网络营销的模式

1. 农产品+可视农业

"可视农业"主要是指依靠互联网、物联网、云计算、定位技术及现代视频技术将农作物或牲畜生长过程的模式、手段和方法呈现在公众面前，让消费者放心购买优质产品的一种模式。

此外，"可视农业"还有一大功能，就是可靠的期货订单，使众多的"可视农业"消费者或投资者，通过利用网络平台进行远程观察并下达订单，他们在任何地方通过可视平台都能观察到自己订的蔬菜、水果和猪牛羊等畜产的生产、管理全过程。

实施可视农业的操作程序主要有以下四点：

（1）可视化农业适合在大面积的土地上实施，因此要完成可视化农业的过程，要先整合土地，取消一家一户的传统模式。

（2）可视农业的基础设施投资较高，故应该选择经济作物种植。

（3）安装田间管理监控器及温度传感器和喷灌设施。对单位面积内的病虫害和田间的空气温度及土地肥力有效地分析掌控。

（4）互联网末端设备可以有效、及时地接收到传感系统传递的信息，并及时地进行处理解决。

案例

九月丰可视化农场

永吉县九月丰家庭农场是吉林市地区"第一个吃螃蟹"的可视化农场，其土地从农民手上流转而来。负责人肖建波介绍，这里的130公顷水田可用于可视化农业，随着技术的日臻完善，客户的数量也逐渐增多。

"我们长期合作的客户有30多位，有来私人定制的，也有集团化公司来洽谈。"肖建波说，2015年开始，便有来自广州、河南、天津、北京等地的客户认购土地。

定居郑州的李少峰认购了30亩土地，每年丰收的稻米，他会送给亲属和朋友。其收货地址常有变动，他要让新老朋友都尝尝东北新米。

随着可视化农业的发展，九月丰在2017年有了"大客户"。那是来自新加坡的集团公司，直接认购了50公顷水田，秋收的稻米用于公司福利和转售。来自广州的大客户则来洽谈商业合作，他们表示要在当地推广可视化业务。

"我们预计，未来客户数量还会有增长，我们也将增加种植面积。"肖建波说。

（资料来源：中国新闻网，https://baijiahao.baidu.com/s?id=1676886595419864393）

2. 农产品+微商

农产品+微商就是通过微信朋友圈、微信群、微信公众平台和小程序发布农产品信息，包括种植、成长、采摘等信息。把农产品的生长情况拍成图片或视频发布到微信里，让消费者第一时间了解农产品的情况。

农产品微商营销时应注意的五个问题：

（1）农产品品类的选择。尽量选择储存时间长、便于运输的农产品，以减少运输过程中的损耗。

（2）销售的农产品要保质保量。朋友圈中的农产品想要长久销售，靠的是口碑相传，因此，向消费者提供的农产品最好是无公害农产品、绿色农产品、有机农产品，只有把农产品的安全性放在首位，才能建立起买卖双方之间的信任。

（3）把握消费群体的需求。在营销前要仔细观察消费者的心理需求，并综合考虑季节性、天气状况及农产品上市时间等因素。

（4）营销方案要做到细做精准。推广农产品时，要详细介绍农产品的产地环境，农产品的生产过程，以及农产品的特点和优势，重点从营养性、安全性等方面进行实事求是的阐述。

（5）做好农产品的售后服务回访。消费者购买和食用农产品后要有跟踪服务，打电话或者微信回访，询问消费者对产品的感受和认识，听取消费者意见，以便在今后生产经营中进一步改进。对重复购买的老顾客和愿意帮助推销的消费者，适当给予一定的奖品激励，逐渐培养一批忠实顾客，形成一个稳定的消费群体。

3. 农产品+电商

农产品+电商就是电商、互联网平台对农产品进行展示及推广，让更多人了解、知晓，并方便用户在线下单及购买。

农产品+电商，也存在一定的问题及解决对策（见表7-6）。

表7-6 农产品+电商存在的问题及对策

问 题	对 策
①农产品标准化程度低。农产品网络营销经营者大多数是个体经营，缺少标准化体系，标准化生产较难。 ②创牌意识不强，知名度低，特色食品有特色无规模。 ③冷链物流还不健全，消费者对生鲜农产品新鲜度要求高，保质期要求严。因冷链物流设施普遍不足，导致生鲜农产品网销难，成本高	①制定农产品生产和输出标准，农户按照统一标准进行种植、采摘、包装。缩小产品的差异性，扩大产品的相似度。 ②加大监管力度，实施农产品品牌培育工程，对农产品生产、包装、销售等过程进行实时监督，确保农产品健康、安全，质量有保障。培育重点产品，打造一批具有规模效应和示范带动效应的龙头企业，以标杆企业和知名品牌为农村电商发展注入强劲动力。 ③完善物流基础设施，增加冷链物流车辆，使生鲜配送过程更加顺畅，降低成本

案例

赖园园：让金桔长出"翅膀"

"全国脱贫攻坚先进个人"赖园园，为了让家乡特产融安金桔走出大山，卖个好价钱，利用互联网思维梳理了金桔产业链。她向村里人提出了多项要求：要在金桔的外表皮还是青色没有转为金色的时候就进行采摘；采摘金桔时必须戴手套，并且要用剪刀一颗一颗剪下来；果子放在竹篮里，要专门铺一层软布；一个竹篮里最多装六斤。

赖园园严格把控包装环节，以降低鲜食金桔在运输环节的损耗。针对不同消费群体设计不同的包装，满足消费者不断更新的审美和需求，两年时间研发出了11款包装，遇到特殊节日，还会专门设计应景的包装。如今，赖园园公司发出的每一颗金桔的表面都套有网状保护套，箱子四周都装有双层泡沫层，严密的包装让金桔的损坏率大为降低。

为了增加农产品的附加值，赖园园还和母亲一起劝说村民统一标准、规范种植、提升果品，她们经常一同到田间地头指导合作社成员种植金桔，鼓励果农使用符合绿色食品标准的有机化肥，考虑到一些果农缺乏资金，她主动提出给贫困户补贴10%的农药、农资费。

几年下来，赖园园成功地让融安金桔长出了"翅膀"，也帮助乡亲们不用走山路卖金桔了，如今果子还在树上，订单就已经来了。2021年，她和团队带动全镇桔农销售金桔300多万公斤，销售额达3000万元，直接带动周边群众人均增收3万多元。

（资料来源：中国故事网，https://www.chinastory.cn/PCzwdbk/detail_v2/20220811/1006000000039761660181958737114481_1.html）

4. 农产品+网络直播

农产品直播营销指的是农产品企业或个人以直播平台为载体进行农产品营销活动，达到农产品品牌提升或销量增长的目的。例如，靠虎皮凤爪一炮走红的王小卤通过入驻天猫商城和抖音直播等方式，一时间成为新晋网红。截至2021年底，虎皮凤爪的年销售额已经突破7亿元。

农产品直播营销操作有一定的程序及方法（见表7-7）。

表7-7 农产品直播营销操作程序

操作程序	操作方法
提炼出农产品的优势	在电商直播间中销售农产品，首先要考虑农产品有什么优势。例如蔬菜水果等，主播就可以从食用的角度来思考，再结合当前城镇居民倡导的"绿色健康生活"理念，通过对农产品的精准定位，提炼出产品具体优势
配合农产品的特点选场地	农产品关键在于"农"，那么直播场地就宜选在农产品原产地，主播可以结合地理环境来带大家领略一番田园风光。也可以带观众来参观农产品的栽种、收割、打包等流程，让观众身临其境，让观众买得放心，进而增强观众的信任感并促进观众的购买欲望
打造一个IP形象	主播的形象可以是农户本身、大学生、村镇干部等，在电商直播卖货中营造出一个极具特色的人设，以吸引对此标签喜爱的观众前来观看，有利于粉丝量的增长
运营社群粉丝	在直播卖货一段时间之后，主播就需要将自己的粉丝加群进行管理，同时还要进行一些主题活动或优惠活动来回馈这些老粉丝，进而提高粉丝的留存率。除此之外，在做农产品电商直播卖货时，首先选好电商直播平台，然后准备好直播方案，最后将直播时间和链接等发送给粉丝，让粉丝提早准备好观看直播
认真选择合适平台最重要	直播平台、短视频的平台不断涌现，各个平台在努力做出自己的特色。像"小红书"把目标对准城市中产阶级以上的人群，"抖音"更多的偏娱乐，"快手"偏向三四线以下的城市。要了解直播行业、视频媒体平台的不同定位，根据自己的产品特色进行市场细分，找准适合自己的平台

5. 农产品+网络视频

网络视频一般是通过非常惊艳、精致的画面、引导性的消费场景，展示产品诱人的一面，画面看起来很有食欲和诱惑力，视觉刺激很强烈。视频平台分为短视频和长视频平台，包括两类：一是视频网站，如爱奇艺、优酷、腾讯等；二是短视频手机APP，如抖音、快手、西瓜视频等。

农产品视频营销的操作程序主要有以下两点。

（1）风格定位。创作短视频，首先是短视频的风格定位，是田园风，或是知识科普、美食教程，还是创意类、动画类等，在进行短视频打造过程中，需要明确自身的定位，不同的定位有不一样的表现形式。

（2）内容策划。做好自身定位，是短视频创作的第一步。在短视频领域内，同样是内容为王；短视频的内容永远是要高于视频质量（画质、调色、特效等）及表现形式的。围绕产品的生产、种植、包装过程，从生态环境、人文历史，以及事件和热点，对短视频创作的内容进行系统的策划，将产品及品牌的多个角度形成批次性的内容，通常是2~3秒一个镜头，在比较短的视频时间内，丰富短视频内容。

6. 农产品+众筹

农产品+众筹是指由消费者众筹资金，由农户根据订单决定生产，等农作物成熟后，将农产品直接送到消费者手中的一种模式。通过众筹平台来卖农产品，企业可以解决农产品的滞销及农产品传播等问题。

农产品众筹操作程序主要有以下六项。

（1）订单审核。订单审核是指对需求订单数量、品质标准、价格、需求方用途、定金、合同等方面进行评估、审核。

（2）农场尽调。农场尽调指实地对农场从业资格、企业/个人信誉、资产、经营状况、种养殖规模、核心技术等进行全面调研。

（3）专家评估。专家评估指平台专家对农场、品种品质标准、养殖技术、防疫、保险等方面进行综合全面的评估。

（4）发布众筹。发布众筹指对满足标准的产品，进行上线众筹，并披露相关信息。

（5）项目跟进。项目跟进指线下市场团队定期对众筹项目跟进，确保种养殖众筹项目按期保量保质进行。

（6）众筹完成。众筹完成指种养殖完成之后，按订单交货，跟进回款。

案例

"隆道鸡"众筹

近日，海南股权交易中心在"海惠盈"微信平台正式推出了海南控股精准扶贫项目——"隆道鸡"众筹。自从该中心2020年推出首个农业众筹项目——蜜枣商品众筹后，已谋划了多个海南农产品众筹项目。

在养殖的过程中，临高县政府、调楼镇村两级干部及海南控股驻村干部积极指导，对科学养殖予以支持和帮助。隆道鸡通过股交中心"海惠盈"微信平台进行对外宣传和众筹，实现产品预售和资金回笼，待成品鸡养成后督促隆道村完成交货，最终促成项目完成。

（资料来源：https://new.qq.com/rain/a/20211102A05T6E00）

7. 农产品+社群

社群是有相同标签、相同兴趣、相同爱好、相同需求属性的人自发或者有组织的群体组织。农产品+社群主要指如粗粮爱好者、素食爱好者、零食爱好者、水果爱好者等对某一款农产品或者具有相同属性的人对农产品具有相同需求而组成的群体，他们会对农产品的需求相同，并且会介绍更多的客户进来消费。

例如，一些正在哺乳的母亲经常建立许多社群，然后将她们周围的其他年轻母亲带入这样的社群。她们经常交流，孩子喝什么样的奶，选择哪个阶段的配方奶等。当这些志趣相投、爱好相同的人走到一起，会不断放大产品口碑的力量和传播的价值。

农产品社群在营销时要注意的问题主要有以下三点。

（1）产品选择。从价格方面来说，农产品社群营销要选择中档产品，价格太高的产品不易推广，低端产品利润空间又太低。产品一定要有较高的性价比，要凸显产品价值，用产品说话，让消费者对产品感兴趣。

（2）社群活跃度。从社群营销现状看，最大的问题是广告太多，话题太少。如何把品牌农产品转化为粉丝愿意分享的内容，是农产品进行社群营销的关键。

（3）黏性服务：基于触达度，配置活动，让产品落地。选择合适的产品、提高社群活跃度都是为了让用户成为粉丝，成为社群的拥趸，与产品实现链接。而真正让链接变为效益的，就是产品销售与服务，不仅是售前服务，还包括售后服务。开展高频次的售前售后活动，增加触达用户机会，提高用户黏性，使产品能够卖出去，并且持续地卖出去。

8. 农产品+认养+互联网

这种模式就是为消费者"私人定制"农产品，消费者可以自行耕耘、体验农耕生活；也可以让农户按照认养人的要求进行种植，他们可以在远程监控自己所认养的田地、果蔬、禽畜的生长状况。

做好农产品+认养+互联网营销模式，需从以下三个方面做好相关工作。

（1）认养方式。迎合消费者的使用习惯，建立手机客户端等线上认购平台。如在线挑选心仪的认养物，通过视频实时监控查看种养物，在线下单完成作物的农事管理等。

（2）给消费者更多互动感、参与感。农场方可提供更多的互动性和参与感，这也是强化品牌与消费者建立强关联的一种有效手段。通过参与互动，提升消费者的粘性及对农场的信任度。如认养产品可任由认养者起名、挂牌等；定期举办会员日活动，邀请会员家庭来到农场，对研发的新品进行尝鲜、讨论与交流。

（3）多渠道推销认养农业产品。比如电商渠道、短视频渠道、传统渠道等。

9. 农产品F2C模式

F2C指Factory To Customer，即从厂商直接到消费者个人的电子商务模式。农业领域的F2C，即Farm To Customer，指线上多渠道模式。对于多品牌农业基地的产品，可以借助淘宝等电商平台，实现农场与家庭的对接，采用预售和订购的模式来销售农产品。

 项目案例分析

十月稻田全渠道营销，打破农产品刻板形象

根据2019—2021年包装东北大米的销量统计，十月稻田东北大米连续三年全国销量第一。

品牌成立之初,十月稻田就在京东和天猫等线上平台频频发力,一脱农产品的俗气,赶上时代潮流。

此外,为了让消费者更好地体验到大米的种植过程,在插秧期间,十月稻田推出了"打包春天"的整合营销活动,通过场景化营销引发消费者共鸣。在微博和小红书发起"十月稻田带你打包春天"话题,以海报和视频的方式直观展示东北大米的得天独厚的生长环境,并且通过在直播间全天不闭麦的慢直播方式,沉浸式体验,让消费者如亲临生态东北。

通过线上线下的全渠道营销,十月稻田与用户深度互动,以创意营销和多元化宣传方式持续拓展市场,吸引大批品质消费者自发口碑传播。

(资料来源:Foodaily每日食品,https://www.foodaily.com/index.php/articles/28857)

辩证性思考

结合以上案例,谈谈你对某种农产品全渠道营销的想法。

项目检测

营销知识目标检测

1.选择题

(1)向最终消费者直接销售产品和服务,产品用于个人及非商业性用途的活动属于( )。

　　A.零售　　　　　　B.批发　　　　　C.代理　　　　　D.直销

(2)在渠道选择中,产品体积大、单位价值高、技术性强的产品,一般采取( )。

　　A.宽渠道　　　　　B.一级渠道　　　C.多级渠道　　　D.零渠道

(3)影响农产品网络消费者行为的因素有( )。

　　A.社会因素　　　　B.个人因素　　　C.心理因素　　　D.文化因素

2.判断题

(1)农产品营销渠道就是农产品从生产者向消费者转移过程的具体通道或路径。( )

(2)批发商在市场上交易次数较少但交易量很大,对交易产品的规格、性能等有较深刻的了解,不具有专业知识,抗风险能力较低。( )

(3)代理商是指接受生产者委托,从事商品销售业务,但不拥有商品所有权的中间商。( )

（4）农产品经纪人在营销活动中具有产品所有权。　　　　　（　）

3.简答题

（1）农产品分销渠道的模式有哪些？

（2）农产品直销的方式有哪些？

（3）农产品间接销售的方式有哪些？

（4）"双道法"的渠道策略中"双道法"是什么？

（5）农产品网络营销有哪些创新方向？

营销能力目标检测

检测项目：选择一家农产品生产企业，对该企业进行农产品分销策略分析与运用。

检测目的：通过检测，进一步熟悉、掌握农产品分销策略的方法，能够进行农产品直销、间接销售和网络营销的分析与运用，撰写农产品分销策略方案。

检测要求：班级学习委员组织全员分团队对农产品分销方案进行分析、讨论、交流，由教师进行评价。

项目8　农产品促销策略

项目目标

营销知识目标

理解农产品促销的概念；掌握人员推销、广告促销、营业推广促销和公共关系促销的基本方式；掌握农产品网络促销的方式。

营销能力目标

能够运用农产品促销策略的方法，进行农产品促销策略分析。

导入案例

砀山梨叫响上海滩

2022年11月11日上午，在上海市辉展果蔬批发市场，砀山县人民政府和宿州市乡村振兴投资集团共同举办"千年贡梨，砀优为首"品牌发布会，让长三角消费者吃到优质砀山酥梨，进一步推动"砀山酥梨"品牌走出去。

发布会开始后，砀山酥梨生产企业负责人和采购商们共同打开装满酥梨的货车车厢，启动"千年贡梨，砀优为首"品牌发布。发布会还穿插了"天生梨质"现场开箱测糖度互动活动和"梨大无穷"竞速赛互动活动，让采购商、消费者们亲身感受砀山酥梨的优良品质，引得众多采购商纷纷签约。最终，砀山县酥梨生产企业与上海爱泽实业公司签订了战略合作协议，与盒马鲜生、天猫超市等六家采购商签订了销售协议。

（资料来源：安徽新闻网，http://www.ahnews.com.cn/yaowen1/pc/con/2022-11/17/496_711804.html）

辩证性思考

除了品牌发布会，农产品企业还可以通过哪些方式促进农产品的销售？

任务1　农产品传统促销方式

8.1.1　认知农产品促销

1. 认知农产品促销的概念

促销是促进产品销售的简称。农产品促销就是通过人员和非人员的方式，将农产品及相关的有说服力的信息告知农产品消费者，引发、刺激农产品消费者的欲望和兴趣，以达到影响目标消费群购买决策行为，促进农产品销售的市场营销活动。

2. 农产品促销组合的方式

促销组合又称市场营销传播组合，包括人员促销和非人员促销两大类。人员促销又称人员推销，是运用推销人员向农产品消费者推销商品或劳务的一种促销活动。非人员促销，是指通过一定的媒体传递产品或劳务的有关信息，促使农产品消费者产生购买欲望、发生购买行为的一系列促销活动，包括人员推销、广告、营业推广、公共关系。农产品促销，有多种方式，也有其各自的优缺点（见表8-1）。

表8-1　各种促销方式优缺点比较

促销方式	优　点	缺　点
人员推销	推销方法灵活，能随机应变；易于激发购买兴趣，促成即时交易；信息反馈及时	接触面窄；费用较高
广告	触及面广，形象生动，多次运用	说服力较小，难以促成即时购买
营业推广	吸引力大，促成消费者即时购买	过多使用，有损品牌形象，还可能引起消费者的反感
公共关系	影响面大，容易得到消费者的信任和欢迎	应长期坚持，方能取得效果

3. 农产品促销的操作程序

为了成功地把生产经营者的相关信息传递给目标消费者，企业要有步骤、分阶段地进行农产品促销活动（见表8-2）。

促销组合是一个有机的整体

表8-2　农产品促销的步骤

步　骤	具体内容
确定促销对象	通过目标市场的研究与调研，确定促销对象是潜在的购买者、现实的购买者，消费者个人、家庭以及社会团体
确定促销目标	短期促销活动目标在于直接影响消费行为；长期促销活动目标在于巩固品牌形象，维持市场占有率
设计促销内容	根据销售对象所要表达的理性需求、感性需求或道德需求等，设计促销内容，并以此刺激其反应
选择沟通渠道	沟通渠道可根据需要选择向目标客户当面推荐的人员沟通渠道，或通过大众媒体传播的非人员沟通渠道，也可将两种渠道有机地组合，发挥更好的效果
确定促销方式的具体组合	根据产品属性、价格、寿命周期、目标市场特点等，组合运用人员推销、广告、营业推广和公共关系等四种促销方式，形成组合策略或技巧

8.1.2 人员推销

1. 认知人员推销的概念

人员推销是指推销人员直接向农产品消费者推销产品和服务的一种促销活动。在人员推销活动中，推销人员、推销对象和推销产品是三个基本要素。其中，前两者是推销活动的主体，后者是推销活动的客体。通过推销人员与推销对象之间的接触、洽谈，将农产品推销给推销对象，从而达成交易，实现既销售产品又满足消费者需求的目的。

2. 人员推销的基本形式

人员推销的基本形式，有上门推销、门店推销、会议推销（见表8-3）。

表8-3 人员推销的基本形式

推销形式	注意事项
上门推销	上门推销是最常见的人员推销形式。它是由推销人员携带产品样品、说明书和订单等走访消费者，推销产品。这种推销形式可以针对消费者的需要提供有效的服务，方便消费者，故为消费者广泛认可和接受
门店推销	农产品企业在适当地点设置固定门店，由营业员接待进入门店的消费者，推销产品。门店推销与上门推销正好相反，它是等客上门式的推销方式。门店里的产品种类齐全，能满足消费者多方面的购买要求，可为消费者提供较多的购买方便，并且可以保证产品完好无损，因此，消费者比较乐于接受这种方式
会议推销	会议推销是指利用各种会议向与会人员宣传和介绍产品，开展推销活动，如在订货会、交易会、展览会、物资交流会、团购会、产品体验会等会议上推销产品。这种推销形式接触面广、推销集中，可以同时向多个推销对象推销产品，成交额较大，推销效果较好

（1）寻找农产品消费者。推销人员制订推销计划后，首要的工作就是寻找潜在的目标消费者。只有确定了推销对象，推销工作才能真正开始展开。推销人员寻找潜在的消费者，可以从多个途径去寻找（见表8-4）。

表8-4 推销人员寻找消费者的途径

寻找途径	举 例
企业外部	从现实的农产品消费者那里得到其他潜在类似消费者的信息，通过亲朋好友得到相关潜在消费者的信息，通过无竞争关系的其他销售人员得到相关信息等
企业内部	从企业的资料库、网站等方面得到相关信息，或者通过内部记录的电话、邮件等得到相关信息等
亲自寻找	通过分析产品的目标消费者的特点，进行深入探访，以得到潜在消费者的信息。为避免盲目性，应事先确定一个可能的目标范围
其他方面	通过网络、电话、微信、微博、展会、销售讨论会等途径获得潜在消费者的信息

（2）评估农产品消费者。找到潜在消费者，要对其进行评估，看其是否具有购买的意愿及能力。企业要把时间优先放在最具潜力的消费者身上，以达到最好的效果。一

一般来说，只有那些对产品有真实需求、有足额的货币支付能力、有购买决策权的准消费者，才是合格的消费者，才是推销人员应重点推销的对象。推销人员对消费者的评估主要包括三个方面的内容（见表8-5）。

表8-5 推销人员评估消费者的内容

项　目	内　容
购买需求的审查	需求审查是农产品消费者购买资格的核心内容，它影响了整个推销活动的成败。购买需求的审查包括对消费者有现实的需求、消费者确实没有需求、消费者表示出虚假的没有需求的审查
支付能力的审查	在完成了对农产品消费者需求的审查之后，推销人员就要审查消费者的支付能力。这项工作是在推销人员寻找消费者、与消费者洽谈时同步进行的。支付能力的审查包括针对终端消费者支付能力的审查、针对企业支付能力的审查、针对中间商支付能力的审查
购买决策权的审查	在很多情况下，人们虽然对推销人员推销的产品有现实需求，并且也具有相应的货币支付能力，但他们却不能采取购买行动，其中一个重要的原因就是他们没有购买决策权。购买决策权的审查包括终端消费者购买决策权的审查、农产品企业购买决策权的审查、中间商购买决策权的审查

（3）接近农产品消费者。接近农产品消费者是推销人员开始推销洽谈的前奏，这也是推销过程的一个重要环节。接近农产品消费者一般包括推销准备、约见与接近三个环节（见表8-6）。

表8-6 推销人员接近消费者的环节

环　节	内　容
推销准备	基本内容包括农产品消费者资料的准备和推销工具的准备。针对不同的农产品消费者，准备可分为约见企业型购买者的准备、中间商型购买者的准备、终端型消费者的准备和熟悉消费者的准备
约见消费者	约见农产品消费者既是接近准备的延续，又是接近过程的开始。约见的基本内容是要确定约见对象、明确约见目的、安排约见时间和选择约见地点。约见消费者的方式有当面约见、信函约见、委托约见、广告约见、网上约见等
接近消费者	主要方法有介绍接近法、产品接近法、利益接近法、好奇接近法、问题接近法、赞美接近法、调查接近法和求教接近法等

（4）推销洽谈。推销洽谈是整个推销过程中的一个关键性环节。能否说服农产品消费者，进一步激发农产品消费者的购买欲望，最后达成交易，关键在于推销洽谈是否成功。推销洽谈有一定的内容、步骤及方法（见表8-7）。

表8-7 推销洽谈的内容、步骤及方法

项　目	具体内容
推销洽谈的内容	推销洽谈涉及的面很广，内容也非常丰富。不同产品的推销有不同的洽谈内容，但基本内容主要有产品品质、产品数量、产品价格、销售服务、消费者获得利益和保证条款

续表

项 目	具体内容
推销洽谈的步骤	正式的推销洽谈，买卖双方一般在事前已通过不同渠道有所接触，双方均有交易的动机和意愿，在经过一定的准备之后双方在约定的时间、地点进行正式洽谈。一般来说，正式洽谈活动从开始到结束，可以划分为制定洽谈方案、洽谈导入和正式洽谈
推销洽谈的方法	推销洽谈要想成功进行，推销人员必须熟练掌握并灵活运用推销洽谈的提示法、演示法和介绍法，同时还要注意运用推销洽谈的倾听技巧、语言技巧和策略技巧

案例

巧推有机蔬菜

李先生经营着一家农业生态园，他一直想将园区的有机蔬菜推销给某市的一家大饭店，但总是一无所获。他就向一个朋友去请教。那个朋友告诉他一个"妙方"，要他关心一下饭店经理近期热衷的是什么，以设法投其所好。李先生通过多方打听，发现那位经理是一个叫做"爱心协会"组织的成员，并且由于他的热心，最近还被选为了组织的主席。于是李先生再去见那位经理时，一开始就谈论起了他组织的事情。得到的反应真是令人吃惊，饭店经理跟李先生谈了半个小时关于他的组织、他的计划等内容，谈话过程中充满了激情。告别时，李先生还特意"买"了一张那个组织的会员证。几天之后，这家大饭店的大厨师突然打电话，要李先生立即把蔬菜样品和价格表送去。酒店里的大厨师见到他的时候，迷惑不解地说："我真不知道你是怎么打动他的！"

（资料来源：百度文库，https://wenku.baidu.com/view/cae1412eeb7101f69e3143323968011ca300f79f.html?_wkts_=1680532260406）

（5）推销成交。对于推销人员来说，无论推销过程多么艰辛或多么完美，如果最后没有拿到订单，其结果都是失败的。对于农产品企业来说，只有不断地成交，才能促进资金回笼，赚取利润，进而赢得农产品企业的良性发展。具体可从以下两个方面着手：①要善于识别农产品消费者发出的购买信号，把握住有利时机，采取合适的促成交易的方法，达到成交的目的。②常用的成交方法有请求成交法、假定成交法、优惠成交法、保证成交法、选择成交法、从众成交法、小点成交法、异议成交法、试用成交法、最后机会成交法和激将成交法。

（6）售后服务。产品售出后，要及时了解农产品消费者的满意程度，及时处理农产品消费者的意见，消除他们的不满，提高农产品消费者的满意度。良好的售后服务可以培养消费者对产品的忠诚程度，增加产品再销售的可能性。推销人员也可通过售后的综合分析，对重点消费者进行重点管理，进一步强化再销售的可能性。

4. 人员推销的策略

人员推销具有较强的灵活性。面对面的交谈，有经验的推销人员善于把握时机，巧妙地运用推销策略，促成交易（见表8-8）。

表8-8 人员推销的策略

推销策略	策略内容
试探性策略	在不了解消费者需要的情况下，事先准备好要说的话，对消费者进行试探，同时密切注意对方的反应，然后根据其反应进行说明或宣传
针对性策略	首先要了解消费者某些方面的需求，然后有针对性地与消费者交谈，说服消费者，达成交易
诱导性策略	当消费者没有感到或强烈意识到某种需求时，推销人员可以在与消费者交谈时运用适当的方法和技巧唤起消费者的需求，诱导消费者通过购买来满足其需求

相关链接

农产品人员推销的技巧

（1）沟通技巧。推销人员在洽谈中为有效同顾客沟通，必须做到：①善听。讲究礼仪，学会善听，要用心听，耐心听，适时听，记住所听的要点并适当做些记录。②巧问。启发式询问，暗示性询问，商量式询问，有选择性询问。提问方式和内容要让对方乐于回答。③妙说。以幽默而巧妙的回答化解对方的提问；以恰当的方式委婉拒绝；用模糊的语言应付对方发难提问，转移话题；以诚恳的解释和歉意来直抒己见。

（2）说服技巧。说服技巧即采取强有力或灵活多变的方法说服对方。主要方法有自我评价法、事实说明法、以退为进法、逐步登门法、连连称是法、经验说服法、以情感人法、共同语言法、赞美奖誉法。

（3）促成交易的技巧。促成交易，主要要做到以下五点：①密切注意成交信号，当机立断促成交易；②灵活机动，随时促进交易；③谨慎对待客户的否定回答；④培养正确的成交态度，消除成交的心理障碍，利用最后的成交机会；⑤留有一定的成交余地。

（资料来源：百度文库，https://wenku.baidu.com/view/cae1412eeb7101f69e3143323968011ca300f79f.html?_wkts_=1680532260406）

8.1.3 农产品广告促销

1. 认知农产品广告促销的概念

农产品广告促销就是通过媒体向用户和消费者传递有关商品和劳务信息，达到促进销售目的的一种农产品促销手段。

2. 农产品广告定位

农产品广告定位是指在与所宣传产品相类似的众多农产品中，寻找到该农产品有竞争力的特点和独特个性，在农产品消费者心中树立该商品的地位。农产品广告定位的方式有三种（见表8-9）。

表8-9 农产品广告定位的方式

方 式	内 容
确定对象	确定广告对象和宣传概念，强调商品特点，以及信息传递方法、技巧和具体步骤等
明确广告区域和宣传力度	指在一个特定时期内对特定受众所要达到的宣传效果。广告目标可分为三种类型：通知型、说服型、提醒型。通知型广告主要用于某种新产品的入市前期，目的在于强化品牌形象、推出新产品；说服型广告的目的是培养消费者对某种品牌的需求，说服消费者在同类商品中选择它；提醒型广告对产品进入旺销期后十分重要，目的是引起消费者对该种商品的记忆和连续购买
选择广告媒体组合	根据农产品和媒体的特性选择投入费用小而宣传效果好的媒体组合

3. 农产品广告促销设计的操作程序

农产品广告促销设计，有着具体的操作程序（见表8-10）。

表8-10 农产品广告促销设计的操作程序

操作程序	内 容
确定广告目标	广告目标是指农产品企业通过广告活动要达到的目的。确定广告目标，就是要在特定的时间对特定的目标受众完成特定内容的信息沟通任务
确定广告预算	在广告预算设计中，农产品企业要充分认识广告支出与广告收益的关系。确定广告预算的方法有量力而行法、销售百分比法、竞争对等法和目标任务法
确定广告信息	这是指根据促销活动所确定的广告目标来设计广告的具体内容。产品设计要注重广告效果，只有高质量的广告，才能对促销起到宣传、激励的作用。高质量广告应该体现合法性、真实性、针对性、简明性、艺术性和统一性
选择广告媒体	不同的广告媒体有不同的特征，这决定了农产品企业广告必须对广告媒体进行恰当的选择，否则将影响广告效果。恰当地选择广告媒体，一般要考虑产品特征、农产品消费者接触媒体的习惯、媒体传播范围等
评估广告效果	进行评估的目的在于提高广告的经济效益。要准确地评估广告效果绝非易事，但并不意味着不能评估。企业可以采用"预审法"检查广告是否将信息正确、有效地传递给目标受众。此方法是在广告公布于众之前对其效果进行评估。广告投放市场以后，可用回忆测定法、认知测定法、实验室测定法等进行评估。此外，也可用销售量的变化来测定广告效果

> **相关链接**
>
> ### 广告预算时必须充分考虑的因素
>
> 企业在确定广告预算时应充分考虑以下五点因素。
>
> （1）产品生命周期。农产品在投放期和成长期的广告预算一般较高，在成熟期和衰退期的广告预算一般较低。
>
> （2）市场占有率的高低。市场占有率越高，广告预算的绝对额越高，但面向广大消费者的产品的人均广告费用却比较低；反之，市场占有率越低的产品，广告预算的绝对额也较低，但人均广告费并不低。
>
> （3）竞争的激烈程度。广告预算的多少与竞争激烈程度的强弱成正比。
>
> （4）广告频率的高低。广告频率的高低与广告预算的多少成正比。
>
> （5）产品的差异性。高度同质性的农产品，广告的效果不明显，广告预算低；高度差异性的农产品，因为具有一定的垄断性，不做广告也会取得较好的销售效果。而具有一定的差异性但这种差异又不足以达到垄断地位的产品，因为市场竞争激烈，广告预算反而应该比较多。

4. 农产品广告促销策略

农产品广告促销的主要策略有四种（见表8-11）。

表8-11 农产品广告促销策略

类　型	举　例
馈赠型广告促销策略	如赠券广告、赠品广告、免费试用广告等
直接型广告促销策略	如上门促销广告、邮递促销广告、派发促销广告等
示范型广告促销策略	如名人示范广告、现场表演示范广告等
集中型广告促销策略	如利用大型庆典活动、赞助公益事业、展销会、订货会、文娱活动等人群集中的场合进行广告宣传。其广告形式多种多样

案例

海信世界杯广告引热议

随着2022年卡塔尔世界杯的火热开启，各家企业的营销也纷纷到位。其中，作为入选FIFA官方赞助商名单——四家中国企业之一的海信受到舆论关注。

在本届世界杯首场大赛打响之时，观众注意到场边的广告围栏上，海信打出了："Hisense世界第二 中国第一"的广告语，该广告快速引发热议，有网友就其合理性与真实性等提出质疑。

据有关机构统计，2022年11月21日0点—22日16点间，相关话题的网络信息量超3万条。相关讨论下，网友表达以中性为主，占比达67%；正面及负面另各占20%、13%。大家关注的角度多样，衍生出了"世界第一是谁的""是否涉虚假宣传""违反广告法了吗""这则广告打得妙不妙"等多项主要话题。

虽然海信世界杯广告内容存在争议，但毫无疑问，海信凭借这条广告吸引了足够多的眼球。值得一提的是，这并不是海信第一次在世界杯广告中投机取巧。2016年，海信把"海信电视，中国第一"的广告语打在欧洲杯的赛场上，2018年又在俄罗斯世界杯的赛场边打上了"中国电视，海信第一"的广告词，引发讨论。而在广告投放带动下，海信产品一度出现脱销，直接拉动品牌海外营收同比翻倍增长，其海外业务占比从2016年的33.92%增至2021年的54.34%。

（资料来源：驱动中国，https://baijiahao.baidu.com/s?id=1750196962245937481&wfr=spider&for=pc）

8.1.4 农产品营业推广

1. 认知营业推广

营业推广又称销售促进，是指在特定的目标市场中，为迅速刺激需求和鼓励购买而采取的各种短期性促销方式的统称。营业推广与广告、公关、人员推销不同，后三者一般是常规的、连续的，营业推广则是非常规性的，是一种辅助促销手段。

2. 营业推广的类型

根据宣传对象不同，营业推广可以分为三种类型：①对消费者的营业推广；②对组织用户的营业推广；③对推销员的营业推广。

3. 农产品营业推广促销的操作程序

（1）确定营业推广的目标。营业推广的目标由营销目标确定的，一般有三个方面的目标（见表8-12）。

表8-12 营业推广的目标

类 型	举 例
以刺激农产品消费者购买为目标	如鼓励现有产品使用者增加使用量、吸引未使用者使用、争取其他品牌的使用者等
以鼓励中间商购买为目标	如鼓励中间商增加库存、打击竞争对手、增强中间商的品牌忠诚度、开辟新销售渠道等
以激发推销人员的销售努力为目标	如鼓励推销人员努力推销产品，刺激其去寻找更多的潜在消费者，努力提高业绩

（2）选择营业推广的工具。营业推广的工具是多种多样的，各有其特点和使用范围。在选择营业推广的工具时，要考虑市场的类型、促销目标、竞争条件和促销预算分

配,以及每种推广工具的预算。此外,同一推广目标可以用多种推广工具来实现,这就需要形成营业推广工具的比较选择和优化组合,目的是为了实现最优的推广效益。

1)用面向农产品消费者的促销工具。面向农产品消费者的促销工具主要有十四种(见表8-13)。

表8-13 主要面向农产品消费者的促销工具

工具类型	具体运用
赠品促销	向消费者赠送样品或试用品。赠送样品是介绍新产品最有效的方法,缺点是费用高。样品可以选择在商店或闹市区散发,或在其他产品中附送,也可以公开广告赠送,或入户派送
折扣券	在购买某种商品时,持券可以免付一定金额的钱。折价券可以通过广告或直邮的方式发送
包装促销	以较优惠的价格提供组合包装和搭配包装的产品
抽奖促销	消费者购买一定的产品之后可获得抽奖券,凭券进行抽奖获得奖品或奖金,抽奖可以有多种形式
现场演示	企业派促销员在销售现场演示本企业的产品,向消费者介绍产品的特点、用途和使用方法等
联合推广	指两个或两个以上的企业或品牌进行的联合市场推广的活动。这种方式的优点是企业花费较少的费用而取得1+1>2的效果。联合推广包括联合促销、联合广告、联合包装设计、联合巡展等
光顾奖	指以现金或其他形式按比例地用来奖励某一个消费者或消费团体的光顾。购买积分卡也是一种光顾奖励
免费试用	对于潜在农产品消费者免费试用产品,以期他们购买此产品
参与促销	通过让消费者参与各种促销活动,如技能竞赛、知识比赛等活动,给予消费者奖励
交叉促销	用一种品牌来为另一种非竞争品牌做广告
售点陈列和商品示范	以产品为主体,运用一定艺术方法和技巧,借助一定的道具,将产品按销售者的经营思想及要求,有规律地摆设、展示,可以起到展示商品、刺激销售、方便购买、节约空间、美化购物环境的作用
会议促销	举办各类展销会、博览会、业务洽谈会,会议期间现场进行相关产品的介绍、推广和销售活动
产品保证	销售者或明或暗地保证产品在一定时期内将达到规定要求,否则销售者将会修理产品或退款给顾客
信用消费	消费者凭借自己的信用先取得产品的使用权,然后通过信用消费来取得产品的使用权。信用消费主要有分期付款、消费贷款

2)面向中间商的交易促销工具。面向中间商的交易促销工具主要有五种(见表8-14)。

表8-14 主要面向中间商的交易促销工具

工具类型	具体运用
批发回扣	企业为争取批发商或零售商多购进自己的产品,在某一时期内给经销本企业产品的批发商或零售商加大回扣比例

续表

工具类型	具体运用
推广津贴	企业为促使中间商购进企业产品并帮助企业推销产品，可以支付给中间商一定的推广津贴等
免费商品	农产品企业给购买某种质量特色的、使其产品增添一定风味的或购买达到一定数量的中间商额外赠送几箱产品。他们也可向零售商提供促销资金或免费广告礼品，如免费赠送附有公司名字的特别广告赠品，如笔、年历、备忘录等
扶持零售商	农产品生产企业对零售商专柜的装潢予以资助，提供POP广告，以强化零售网络，促使销售额增加；可派遣厂方信息员或代培销售人员，以此来提高中间商推销本企业产品的积极性和能力
销售竞赛	根据各个中间商销售本企业产品的业绩，分别给优胜者以不同的奖励，如现金奖、实物奖、免费旅游、度假奖等，以起到激励的作用

3）面向业务和销售队伍的促销工具。面向业务和销售队伍的促销工具主要有三种（见表8-15）。

表8-15　面向业务和销售队伍的促销工具

工具类型	具体运用
贸易展览会和集会	行业协会一般都组织年度商品展览会和集会，向特定行业出售产品和服务的公司在商品展览会上出租一个摊位，以供这些公司陈列和演示它们的产品。公司业务市场营销者要做出一系列的决策，包括参加哪个商品展览会，如何将展台布置得富有吸引力，如何有效地追踪销售线索等
销售竞赛	销售竞赛是一种包括推销员和经销商参加的竞赛，其目的在于刺激他们在某一段时间内增加销售量。方法是谁成功谁就可以获得奖品。许多公司出资赞助，为其推销员举办年度竞赛，或经常性的竞赛。他们用竞赛项目来刺激经销商或推销员完成较高的公司指标。优胜者可以获得免费旅游、现金或礼品等。有些公司则给各参赛者打分，可用这些分去换取各种奖品
纪念品广告	纪念品广告是指由推销员向消费者或潜在消费者赠送一些有用的低成本的物品，条件是换取对方的姓名和地址，有时还要送给消费者一条广告信息。常用物品有圆珠笔、日历、打火机和笔记本等。这些物品使潜在消费者记住了公司名字，并由于这些物品的有用性而引起对公司的好感

（3）推广的配合安排。营业推广要与营销沟通其他方式如广告、人员销售等整合起来，相互配合，共同使用，从而形成营销推广期间的更大声势，以取得单项推广活动达不到的效果。

（4）确定推广时机。营业推广的市场时机选择很重要，如季节性产品、节日、礼仪产品，必须在季前节前做营业推广，否则就会错过时机。

（5）确定推广期限。确定推广期限即营业推广活动持续时间的长短。推广期限要恰当：若过长，消费者新鲜感丧失，产生不信任感；若过短，一些消费者还来不及接受营业推广的实惠。

（6）确定促销预算。确定预算一般有两种方式：一是全面分析法，即营销者对各个推广方式进行选择，然后估算它们的总费用；二是总促销预算百分比法，这种比例经常按经验确定。

（7）测试销售促进方案。为了保证营业推广的效果，企业在正式实施推广方案之前，必须对推广方案进行测试，内容主要是推广诱因对消费者的效力、所选用的工具是否恰当、媒体选择是否恰当、顾客反应是否足够等。发现不恰当的部分，要及时进行调整。

（8）执行和控制销售促进方案。企业必须制定具体的实施方案。实施方案中应明确规定准备时间和实施时间，准备时间是指推出方案之前所需的时间，实施时间是从推广活动开始到95%的推广商品到达消费者手中的时间。

（9）评估销售促进的效果。营业推广的效果体现了营业推广的目的，企业必须高度重视对推广效果的评价。评价推广效果，一般可以采用比较法（比较推广前后销售额的变动情况）、顾客调查法和实验法等。

8.1.5 公共关系

1. 认知公共关系的概念

公共关系是指某一组织为改善与社会公众的关系，促进公众对组织的认识、理解及支持，达到树立良好组织形象、促进产品销售的目的的一系列促销活动。

运用公共关系促销并不是要推销某个具体的产品，而是利用公共关系把企业经营目标、企业文化、企业形象等传递给社会公众，使公众对企业有充分的了解。公共关系促销的作用是对内协调各部门的关系，对外建立广泛的社会联系，密切企业与公众的关系，树立企业的良好形象，扩大企业的知名度、信誉度与美誉度。其目的是为企业的营销活动创造一个和谐、亲善、友好的营销环境，从而间接地促进产品的销售。

🔗 相关链接

企业公共关系实质是"在商不言商"，即企业公共关系活动在形式和内容上没有任何商业气息，完全是公益性活动，这样公众才容易接受，容易理解。企业公共关系活动是"既求名又求利"。雷锋做好事不求名不为利，而企业做好事是既求名又求利。只不过"名"是指企业形象，是美誉度，是现实的、直接的，而"利"是潜在的、间接的。公众只有理解了企业，接纳了企业，才能支持企业，成为企业的顾客。雷锋做好事是默默无闻的，而企业做好事是大张旗鼓地，追求的是知名度、美誉度和更大的社会效应。

（资料来源：刘厚钧. 公共关系与实务[M]. 北京：电子工业出版社，2012:1）

2. 农产品公共关系促销方式

农产品公共关系主要有以下九种促销方式（见表8-16）。

表8-16 公共关系促销方式

促销方式	内　容
交际性公共关系促销方式	交际性公共关系促销方式是以人际交往为主的实用性方式，具有直接性、灵活性的特点，尤其是通过浓厚的人情味与人际交往与公众保持联系，成为不少农产品企业和企业家的成功之道
服务性公共关系促销方式	服务性公共关系促销方式是农产品企业为消费者提供优质产品的同时提供优质服务，树立起自身的知名度和消费者的信任感，招徕更多的消费者
社会性公共关系促销方式	社会性公共关系促销方式即通过各种有组织的社会性、公益性、赞助性活动来体现企业对社会进步和发展的责任，同时在公众中增加非经济因素的美誉度来展示良好形象，促进农产品企业营销
征询性公共关系促销方式	主要通过采集信息、调查、民意测验等形式，既收集公众意见、建议、愿望等，又借此向公众传播农产品企业营销信息，扩大农产品企业的知名度，为农产品企业营销活动提供便利
同化性公共关系促销方式	同化性公共关系促销方式能超然于各种利益纠纷甚至冲突之上，在激烈的市场竞争中显得技高一筹
情感性公共关系促销方式	可直接从消费者情感、心理需要出发，具有很大的感染力和渗透力
心理性公共关系促销方式	通过打破固有思维定势、心理定势，使公众产生异乎寻常的感觉和印象，格外地对农产品企业和产品产生关注，引起购买欲
开拓性公共关系促销方式	这是农产品企业在初创时期采用的方式，指借助大众媒体异乎寻常的迅速方式使企业形象、产品形象在公众中一举定位，较快地打开营销局面
矫正性公共关系促销方式	在农产品企业形象受到损害时，为了校正受到歪曲的企业形象，解除公众的误解，就要使用矫正性公共关系。矫正性公共关系促销方式指及时发现问题，积极采取有效措施，纠正错误，改善不良形象，用真诚的解释和负责的态度来赢得公众的理解，最终获得消费者认可。运用矫正性公共关系促销方式的关键是实事求是、以诚待人、不隐瞒不欺骗，努力在组织和公众之间架起信任的桥梁

案例

白象方便面走红网络

沉寂多年的方便面品牌白象，近几年忽然走红，成了继鸿星尔克、蜂花之后又一"野性消费"的国货品牌。白象作为一家充满爱心与社会责任感的企业，一次又一次凭实力与品质"出圈"。2021年河南遭遇了百年一遇的洪灾，作为河南本土企业，白象第一时间安排救灾捐赠，几乎"搬空"仓库给各个受灾点捐赠急需的方便面，还派遣救援队奔赴灾区参加救援，之后又默默地捐款500万元。在冬残奥会期间，白象因为用工登上热搜。据报道显示山东济宁的白象食品公司在职残疾职工237人，占员工总数的30.15%；湖南分公司共有485名员工，安排117名残疾人员就业。面对网上的关注和称赞，白象官微称："都是象应该做的，我象只是认真做好自己。" 随着关注度的增加，白象忽然走红网络，产品销量和网上店铺的粉丝数也随之暴涨。有数据显示，冬残奥会期间，白象官方店的粉丝增长了三百万，白象的产品在某电商平台上销量暴涨近200%，在某直播电商里，订单额最高日增长幅度达650%。

（资料来源：https://www.toutiao.com/article/7076365340439249415/）

8.1.6 农产品促销方式的选择

人员推销、广告、营业推广、公共关系各有特点，适用于不同企业、不同产品、不同时机和不同场合的促销需要，选择促销方式时应考虑以下五方面的因素。

（1）农产品的市场性质。针对消费者市场，消费者多而分散，需要靠广告、产品陈列及展销区吸引消费者；针对生产者市场，他们的专业性强，数量少，用人员推销可以向客户介绍农产品详细信息及解答疑惑，并能保持良好关系。

（2）农产品的促销策略。农产品促销策略分为推式策略和拉式策略。

1）推式策略是指生产企业把农产品推荐给批发商，批发商推荐给零售商，再由零售商推荐给最终消费者。显然，企业采用推式策略，人员推销的作用最大。

2）拉式策略是以最终消费者为主要促销对象。企业通过广告或公共宣传等吸引消费者对产品产生兴趣，促使消费者对中间商产生购买需求，中间商受利润驱动向厂商进货。可见，农产品生产经营者采用拉式策略时，最重要的促销手段是广告。

（3）农产品购买者所处的阶段。消费者的购买过程一般分6个阶段，即知晓、认识、喜欢、偏好、确信和行动。在知晓阶段，广告和公共关系的作用较大；在认识和喜欢阶段，广告作用较大，其次是人员推销和公共关系；在偏好和确信阶段，人员推销和公共关系的作用较大，广告次之；在行动阶段，人员推销和销售促进的作用最大，广告和公共关系的作用相对较小。

（4）农产品所处的生命周期阶段。产品所处的生命周期阶段不同，农产品促销的重点不同，所采用的促销方式也就不同。一般来说，当产品处于投放期时，农产品促销的主要目标是提高产品的知名度，因此，广告和公共关系的效果最好，营业推广也可鼓励消费者试用。在成长期，农产品促销的任务是增进受众对农产品的认识和好感，广告和公共关系需加强，营业推广可相对减少；到成熟期，企业可适度削减广告，应增加营业推广，以巩固消费者对产品的忠诚度；到衰退期，企业的农产品促销任务是使一些老用户继续信任本企业的产品，可见，农产品促销应以营业推广为主，辅以公共关系和人员推销。

（5）农产品促销费用。四种农产品促销方式的费用各不相同。总的来说，广告宣传的费用较大，人员推销次之，营业推广花费较少，公共关系的费用最少。企业在选择农产品促销方式时，要综合考虑促销目标、各种农产品促销方式的适应性和企业的资金状况进行合理的选择，符合经济效益原则。

农产品促销组合就是把上面的四种主要农产品促销方式进行综合运用，形成一个系统性的农产品促销策略，以达到促进农产品销售的目的。

任务2　农产品网络促销方式

8.2.1　认知农产品网络促销

1. 认知农产品网络促销的概念

农产品网络促销是指利用计算机及网络技术向虚拟市场传递有关农产品的信息，以引发消费者需求，唤起购买欲望和促成购买行为的各种活动。

2. 农产品网络促销的特点

农产品网络促销主要表现为以下三个明显的特点。

（1）网络促销是通过网络技术传递产品和服务的存在、性能、功效及特征等信息的。它是建立在现代计算机与通信技术基础之上的，并且随着计算机和网络技术的不断改进而改进。

（2）网络促销是在虚拟市场上进行的。这个虚拟市场就是互联网。互联网是一个媒体，是一个连接世界各国的大网络，它在虚拟的网络社会中聚集了广泛的人口，融合了多种文化。

（3）在全球统一大市场中进行。全球性的竞争迫使每个企业都必须学会在全球统一大市场上做生意。

3. 网络促销与传统促销的区别

网络促销与传统促销有一定的区别，主要表现为时空观、信息沟通方式、消费群体和消费行为（见表8-17）。

表8-17　网络促销与传统促销的区别

项　　目	网络促销	传统促销
时空观	电子时空观	物理时空观
信息沟通方式	网络传输、形式多样、双向沟通	传统工具、单向传递
消费群体	网民	普通大众
消费行为	大范围选择、理性购买	冲动型消费

8.2.2 农产品网络促销的方式

传统的促销主要有人员推销、广告、营业推广和公共关系等四种方式。而网络促销是在网络市场上展开的促销活动，促销的方式有很多种（见表8-18）。

表8-18 常见的农产品网络促销方式

促销方式	内　容
网络广告	涉农企业通过网站、网页、应用程序等互联网媒介投放的形式多样的农产品营销广告，如横幅广告、链接广告、电子邮件广告等
网站推广	推广农产品网站一般通过两种途径：①通过传统广告媒体，如报纸、杂志、电视、广播等来宣传网址；②通过一些著名农产品营销网站、搜索引擎排名、微博、微信等来"曝光"和推销网址
网络公共关系	以网络为主要手段营造对农产品生产企业较为有利的舆论环境、塑造企业公众形象，协助企业与有关的各界公众建立和保持良好关系
网络营业推广	一般是指在农产品营销网站上开展网上抽奖、网络会员积分、节假日优惠酬宾活动等

🔗 相关链接

网络广告的形式

1.旗帜广告

旗帜广告也叫横幅广告，这是现今国内外网络广告的主要形式，既可以使用静态图像，也可以多帧图像拼接为动画图像。

2.BBS广告

BBS广告指在网络虚拟社区的BBS上发布的广告，主要在留言板上端右侧出现，可以使访问者在填写留言时注意到广告信息。

3.电子邮件广告

电子邮件广告指利用网络服务商根据用户的许可所收集到的电子邮件地址，向用户发出广告。其优势是针对性较强，到达率较高，广告效果较好。电子邮件广告的缺点是阅读率不高，直接转换为消费行为的尚不理想，并且涉及网络隐私权的保护问题。

4.Web站点

Web站点既可以视为一条广告，也是一个"门市"，消费者、潜在消费者和其他利益相关者可以在此找到更多有关企业及其产品和服务的信息。

5.定向广告

定向广告指网络服务商利用网络追踪技术搜集整理用户资料，并按年龄、性别、职业、爱好、收入、地域等不同标准对用户进行分类，记录储存用户对应的IP地址，然后利用网络广告配送技术，根据广告主的要求及商品、服务的性质，向不同类别的用户发送内容不同的"一对一"的广告。

6.互动游戏广告

互动游戏广告主要有两种：一是在网页游戏开始、中间、结束的时候，广告都可以随时出现；二是根据广告主的产品要求，为之量身定制一个属于自己产品的互动游戏广告。游戏广告可以通过网络、游戏和广告的组合，直接影响消费者的消费行为。

7.按钮广告

按钮广告指在网页中以按钮形式发布广告。最常用的尺寸有四种，分别是125×125、120×90、120×60、88×31单位像素。按钮广告定位在网页中，尺寸偏小，表现手法较简单。

8.墙纸广告

墙纸广告指网络服务商在其网站中根据各式各样的墙纸，为对感兴趣的用户提供免费下载，而同时在内容页面的背景上放入广告主的产品或服务信息。

9.强制性广告

强制性广告指用户在浏览网页时，广告强制地覆盖网页、部分覆盖网页或弹出窗口式广告和悬浮广告。

10.巨幅广告

巨幅广告分为全屏广告和擎天柱广告，其特点是广告篇幅较大，信息蕴含量丰富，广告干扰度低，信息传达面广，能够表达一个整体的宣传概念，广告视觉冲击范围大，互动效果增强，能够承担更多搜集用户信息机会的能力，且性价比相对合理。

11.弹出广告

弹出广告分为弹跳广告和隐性弹出式广告。弹跳广告指当用户打开网页，广告以窗口的形式自动跳出，如用户感兴趣可点击该广告查看详情，如不感兴趣则可关闭该窗口。隐性弹出式广告通常隐藏于浏览网页背后，只有当用户离开所浏览的网站时才会弹出该广告的窗口。弹出广告具有创意空间大、信息传递完整等特点。

12.时段广告

时段广告指网络服务商实行买断经营的方式，在其网站的每一个网页上发布一个或几个广告主的广告。在买断的时间广告中，广告主可以在不同的页面，以不同的形式进行，可以是连续的，也可以是一个完整的故事。

8.2.3 农产品网络营业推广的促销方法

作为网络促销的重要方式,常见的农产品网络营业推广的促销方法主要有十种(见表8-19)。

表8-19 网络营业推广常见的促销方法

促销方法	方法释义
打折促销	打折促销是最常见的网络促销方式,需要所销售的产品或有价格优势,或有比较好的进货渠道
赠品促销	在消费者买产品或服务时,可以给消费者赠送一些产品或小赠品,带来主产品的促销,在赠品的选择上要选一些有特色的、让消费者感兴趣的产品
积分促销	在许多网站里面,通过设置虚拟积分,消费者每消费一次,就会累积相应积分,这些积分可以兑换小赠品或在后续消费中,可以当成现金使用
抽奖促销	抽奖促销也是网络上促销常用的方法,抽奖时要注意公开公正公平,奖品要对大家有吸引力,这样才会有更多的消费者对促销活动感兴趣
联合促销	如果某企业的网站或网店与其他家的在产品上有互补性,可以联合一起做一下促销,对扩大双方的网络销售都是有好处的
节日促销	节日期间网络促销,也是常用的方法,节日促销时应注意与促销的节日关联,这样才可以更好地吸引消费者的关注,提高转化
纪念日促销	如果遇到了建站周年纪念日、访问量突破多少大关、成为第多少个用户、成交额突破多少数额大关等值得纪念的日期时,可以利用这些纪念日展开网络促销
优惠券促销	在网友购买时,每消费一定数额或次数,赠送消费者优惠券会促使消费者再次消费
限时限量促销	企业在网上规定的时间内,以较低的价格,销售固定数量产品的促销方式
反促销促销	声明自己的网站或网店质量有保证,从不打折促销,这样做要有一定的实力,以不促销作为促销的卖点

案例

拼多多的促销模式

拼多多成立于2015年9月,是一家专注于C2B拼团的第三方社交电商平台。拼多多开创了独特的新社交电子商务思维,即通过沟通和分享形成的社交概念,用户可以和朋友、家人等拼团获得团购价格,进而实现更低价购买更多产品的消费模式。自成立以来,拼多多发展迅速,用户量快速增长,2016年用户量突破1亿户,2017年用户量突破3亿户。2018年7月,拼多多在纳斯达克证券交易所正式挂牌上市。令人难以置信的是,淘宝和京东用了十几年的时间才成长为电商巨头,而拼多多仅用了3年的时间,就跻身成为我国国内三大电商平台之一。截至2022年3月31日,拼多多年活跃买家数达8.819亿户，同比增长7%。2022年第一季营收237.937亿元，较上年同期增长7%。

拼多多的促销活动主要包括以下六点。

1. 拼团模式

拼多多的一个有别于其他平台的特点就是它的拼团模式，通过多人组团形式进行购买，既满足消费者优惠购物的心理，又能进一步促进对商品信息进行传播，吸引更多的消费者下单。

2. 低价营销

拼多多商家在保证自己有利润空间的情况下，通过低价销售商品，让买家感到让利的力度很大。这对消费者产生了巨大的吸引力，从而使其迅速占领市场。

3. 优惠券营销

拼多多商家通过设置店铺优惠券来体现产品价格优势，提高对消费者的吸引力。优惠券一般可以分为立减券、店铺满减券、收藏券等。商家通过派发各种优惠券，能够有效促进产品销售和客户访问量的增加。

4. 百亿补贴

百亿补贴是最早由拼多多推出的一项优惠活动。通过对市场上关注度高、销量好、消费者反馈佳的品牌商品进行消费直接补贴，从而促进产品的销售，消费者实际购买的价格是商品销售价与平台补贴金额的差。"百亿补贴"既是吸引新客户的手段，也可视为一种市场竞争策略。

5. 微信"砍一刀"

微信"砍一刀"是拼多多通过微信促销的一种方式。产品购买者通过发送微信链接的方式邀请好友"砍价"，在消费者以较低价格购买到商品的同时，有效促进了拼多多用户的增加。

6. 名牌效应

利用明星代言和冠名知名度较高的综艺节目来吸引消费者，增加拼多多的曝光度，在消费者心中树立知名品牌的形象。

（资料来源：http://www.jjykj.com/view202105050505.asp?nid=6581）

8.2.4 农产品网络促销的操作程序

1. 确定网络促销对象

网络促销对象是针对可能在网络虚拟市场上产生购买行为的消费者群体而提出来的。随着网络的迅速普及，这一群体也在不断膨胀。这一群体主要包括三部分人员，即产品的使用者、产品购买的决策者、产品购买的影响者。

2. 设计网络促销内容

网络促销的最终目标是希望引起购买。这个最终目标要通过设计具体的信息内容来实现。消费者的购买过程是一个复杂的、多阶段的过程，促销内容应当根据购买者所处的购买决策过程的不同阶段和产品所处的寿命周期的不同阶段来决定。

3. 决定网络促销组合方式

网络促销活动主要通过网络广告促销和网络站点促销两种促销方法展开。然而，由于企业的产品种类不同，销售对象不同，促销方法与产品种类和销售对象之间将会产生多种网络促销的组合方式。企业应当根据网络广告促销和网络站点促销两种方法各自的特点和优势，根据自己产品的市场情况和顾客情况，扬长避短，合理组合，以达到最佳的促销效果。

网络广告促销主要实施"推战略"，其主要功能是将企业的产品推向市场，获得广大消费者的认可。网络站点促销主要实施"拉战略"，其主要功能是将消费者牢牢地吸引过来，保持稳定的市场份额。

4. 制定网络促销预算方案

在网络促销实施过程中，使企业感到最困难的是制定预算方案。在互联网促销时，对于任何人来说都是一个新问题。所有的价格、条件都需要在实践中不断学习、比较和体会，不断地总结经验：一是必须明确网上促销的方法及组合的办法；二是需要确定网络促销的目标；三是需要明确希望影响的是哪个群体、哪个阶层。

5. 衡量网络促销效果

网络促销的实施过程到了这一阶段，就必须对已经执行的促销内容进行评价，衡量一下促销的实际效果是否达到了预期的促销目标。

6. 加强网络促销过程的综合管理

促销活动的终极目标是销量，但也不能只关注销量，通过活动也可以看其他数据，如流量、跳失率、转化率、客单价等，企业对这些数据进行深入分析，查找原因，总结经验，在今后的活动中加以改善和优化。

 项目案例分析

东方甄选山东专场首日销售破亿元

2022年10月29日至30日，农产品直播电商平台东方甄选在山东省青岛市开启"齐鲁山海行"山东直播专场活动。第三方数据平台显示，10月29日专场首日，东方甄选总销售额破1.2亿元，直播观看近4 200万人次。红富士苹果、黄小米、手工千层馒头、潍坊萝卜、山东大蒜等当地农产品销量火热，章丘铁锅、胶东枣馍馍、深海海蜇丝、崂山绿茶等特色产品售卖一空。抖音平台数据显示，东方甄选山东直播专场实时在线观看人数长期高居10万人次以上，首日直播收获全国观众超1.4亿次点赞。

（资料来源：齐鲁网，https://sdxw.iqilu.com/w/article/YS0yMS0xMzYyOTQ2OQ.html）

辩证性思考

结合案例谈谈家乡的农产品可以通过什么样的网络促销方式增加销量?

项目检测

营销知识目标检测

1. 选择题

(1) 促销的本质是( )。
　　A.宣传　　　B.广告　　　C.沟通　　　D.策划

(2) 人员推销的缺点主要表现为( )。
　　A.成本低,顾客量大　　　B.成本高,顾客量大
　　C.成本低,顾客有限　　　D.成本高,顾客有限

(3) 营业推广的目标通常是( )。
　　A.了解市场,促进产品适销对路　　　B.刺激消费者即兴购买
　　C.降低成本,提高市场占有率　　　D.帮助企业与各界公众建立良好关系

2. 判断题

(1) 促销的一切活动实质上是信息的传播和沟通过程。　　　　　　　　( )
(2) 人员促销亦称直接促销,主要适合于消费者数量多、比较分散情况下进行促销。　　　　　　　　　　　　　　　　　　　　　　　　　　　　　　( )
(3) 对单位价值较低、流通环节较多、流通渠道较长、市场需求较大的产品常采用拉式策略。　　　　　　　　　　　　　　　　　　　　　　　　　　( )
(4) 营销推广在较长的时期内,对销售量的迅速提高是很有效的。　　　( )

3. 简答题

(1) 什么是农产品促销?
(2) 人员推销的基本形式有哪些?
(3) 简述农产品广告促销设计的操作程序。
(4) 农产品营业推广的基本形式有哪些?
(5) 农产品公共关系促销的作用是什么?

营销能力目标检测

检测项目:选择一家农产品生产企业,对该企业进行农产品促销策略分析。

检测目的:通过检测,进一步熟悉、掌握农产品促销策略的操作方法,能够进行农产品促销策略的分析与运用。

检测要求:班级学习委员组织全员分团队对农产品促销策略进行分析、讨论、交流,由教师进行评价。

第3模块

管农产品生意（管理生意）——管理农产品消费需求

学习指导

农产品企业解决了如何做农产品生意（经营生意）——满足农产品消费需求以后，就进入了农产品市场营销活动的第3个环节，即解决如何管农产品生意（管理生意）——管理农产品消费需求的问题。农产品市场营销管理的任务，就是调整农产品市场的需求水平、需求时间和需求特点，使供求之间相互协调，实现互利的交换，达到农产品企业的市场营销目标。因此，农产品市场营销管理实质上是对农产品供应链管理。农产品供应链管理就是构建全国统一大市场下农产品供应链，打造区域特色农产品，加快农产品流通，推动市场规则、要素和资源统一，优化缩减流通环节，有效缓解产销两地产品差价大等问题。

农产品营销策划是农产品企业对将要发生的营销行为进行超前规划和设计，以提供一套系统的有关农产品企业营销的未来方案。这套方案是围绕农产品企业实现某一营销目标或解决营销活动的具体行动措施。这种策划以对市场环境的分析和充分占有市场竞争的信息为基础，综合考虑外界的机会与威胁、自身的资源条件及优势劣势、竞争对手的谋略和市场变化趋势等因素，编制出规范化、程序化的行动方案。

项目9　农产品供应链

项目目标

营销知识目标

认识农产品供应链的重要性，熟悉农产品供应链模式和全国统一大市场下农产品供应链发展方向；熟悉农产品加工方法分类和农产品加工创新的方向；熟悉农产品仓储的特点、农产品储存的方法和农产品仓储管理的方法；熟悉农产品运输的类型与方式。

营销能力目标

选择一种模式的农产品供应链，进行分析、诊断、解决，撰写农产品供应链分析报告。

导入案例

民以食为天

中国14亿人口，每天一张嘴，需要消耗70万吨粮、9.8万吨油、192万吨菜和23万吨肉。要保证到点开饭，需要的是现代化的农产品供应链网络，以及规模化的农产品生产能力。

中国广袤多样的地理气候环境，超过8 000米的海拔变化，让中国人拥有无比丰富的食材选择。从田间地头到物流货车，从蔬菜大棚到生鲜超市，无数劳动者的辛勤奔波与接力，让天南海北的食材跨越山海，在每一张餐桌上完美相遇，让中国人舌尖上的生活越来越好。"十四五"期间，我国还要提升农产品供应链现代化水平，补齐农产品流通设施短板，农产品供应链体系也必然向着高质量发展继续迈进。

（资料来源：中国生态农业仪器网，2022-08-24. http://www.ec017.com.cn/）

辩证性思考

农产品供应链的重要性是什么？

任务1 农产品供应链概述

9.1.1 认知农产品供应链的概念

农产品供应链是指通过对农产品商流、信息流、物流、资金流的控制,从采购原材料开始,制成中间产品及最终产品,最后由销售网络把农产品送到农产品消费者手中的将供应商、制造商、分销商、零售商,直到最终用户连成一个整体的功能网链结构。

简单来说,农产品供应链就是涵盖了农批市场、农产品供应链、农产品贸易、生鲜电商、农产品生产、加工、餐饮、零售商超、物流服务、仓储服务、信息技术服务等相关企业的综合产业链条。

农产品供应链最难的是农产品上行的"最前一公里",最重要的是农产品进社区的"最后一公里",最关键的是从源头开始的产供销全链路数字化。"最前一公里"关乎农产品的销售,能否卖出好价格;"最后一公里"关乎消费者的生活;最关键的是产供销全链路数字化,关乎着农产品流通成本与效率。要实现乡村振兴,不仅要让农民把农产品卖出去,还要让农产品种得好、选得好、卖得好,这就需要用创新驱动农产品供应链。

🔗 相关链接

农产品供应链现状

一、上游:产地与种植农户分散化,供应链难以形成规模效应

我国农产品生产结构非常分散,在宏观层面体现为主要农产品产地的地域性和季节性分散,在微观层面则表现为农户组织化程度低。

我国地域辽阔,农产品生产规模庞大、种类多样,仅满足人民群众基本生活需要的《鲜活农产品品种目录》产品就有多达128个品种。而生鲜产品产区分散,不同区域独特的地质地貌和小气候差异,决定了不同地区农产品特有的品质特征。此外,生鲜果蔬的季节性明显,而不同地区消费者的饮食差异逐渐缩小,因此单个销地往往需要从全国各个产地轮流采购以实现全年不间断销售,运输距离长,跨区比例高,这也加剧了农产品生产的差异化和分散化程度。

在产地内部,农产品生产者大部分是产地农民,他们小规模分散经营与流通加工,再加上各自独立的自营物流,大大降低了农产品供应链的运行效率。这种生产分散的现状,使得农产品的标准化、品质化难以推进,也因为信息不对称和市场约

束、激励机制不健全，给产地收购工作带来很大困难，无法形成规模化收购与销售，致使农产品供应链难以形成规模效应。

二、中游：多层流通体系，专业化程度较低

我国农产品的中间流通体系呈现出以多级批发市场为主的多层级、多环节的典型特征。流通中间环节过多，产业链冗长，农产品损耗大，多级分销体系使得从生产源头到终端消费者的完整流通过程呈现出多元交叉的特点，造成农产品溯源困难，产品质量难以保证的局面。此外，流通层级的多级分化，价格信息传导链过长，市场信息不匹配，信息差过大，这些都影响产品流通效率。

三、下游：传统渠道占主导，数字化趋势日渐加强

就农产品终端环节，农贸市场仍是我国的主流方式。近年来，在数字化和互联网化的影响下，生鲜零售数字化进程加速。作为我国最大的线下生鲜零售渠道，菜市场数字化转型趋势已势不可挡。线上线下的全面打通有利于农产品市场规模的进一步爆发，通过覆盖更大范围的用户，短距离短时间的便捷配送，更好地服务于广大消费者。

（资料来源：www.eyzagric.com）

9.1.2 农产品供应链的重要性

我国属于人口大国，每年对于农产品类的基本生活用品有极大的需求。保证农产品供求平衡、维持农产品价格稳定，对于维护我国的社会安定有重大的影响。在当前国内外环境下，完善农产品供应链具有重要的战略意义。

1. 农产品供应链可以应对重大突发事件

2020年以来，由于新冠肺炎疫情的影响，全国各地陆续实行了一定时期内的交通管制。一方面，大量的农产品无法从田间地头运输出去，造成了大量农产品无法正常销售，且农产品无法及时收获会对下一轮耕种产生影响，不仅会使农户当期的收入下降，甚至会减少农户未来的收入。另一方面，市场上的农产品消费需求无法及时得到供给，导致生活必需品大量短缺，使人们维持日常生活的成本大大增加。在此背景下，市场已难以发挥资源配置作用，不得不依靠国家宏观调控。国家十分重视疫情导致的农产品供应链断裂，强调要确保粮食、蔬菜、肉蛋奶等生活必需品的供应，要求各地方政府要完善应急预案，统筹抓好生产发展、流通运输，做到产销衔接、合理调剂等。新冠肺炎疫情的发生表明，完善的农产品供应链对于应对重大突发事件具有重要意义。

2. 农产品供应链可以提高全要素生产率

我国从事农产品生产的主体是分散的农户或结构并不完善的农业生产合作组织和小规模企业，他们的销售渠道并不稳定，大多数没有形成完整的、有计划的农产品生产销售体系。我国农产品流通渠道各个环节的从业者，不能及时进行信息沟通，无法形成长期稳定

的合作关系，导致产销合作化水平低，大部分农产品都处于产销分离的状态。社会生产需要大量的人力、财力、物力和技术等要素投入，只有全要素生产率提高，才能增加国民财富，产销分离及没有销售渠道的现状使得我国农业生产占用了大量的农村人口。如果农产品供应链得以完善，会解放大量的农村人口，既可以提高农业生产效率、供给效率，又能释放大量农村人口进行第二、第三产业生产，从而提高全社会要素生产率。

3. 完善农产品供应链可以促进农业规模化生产

一套合理的农产品供应链体系可以实现农民与市场的无缝对接，使农民转变思路，从以生产为导向转变为以市场为导向，优化农产品的生产结构。完善的农产品供应链体系在服务于产地和农户的同时，也服务于农产品采购商、批发商，实现农产品的产销合作及农产品标准化。以销定产，一方面满足了消费者个性化、品质化、多样化的消费需求，另一方面避免了农户盲目生产带来的农产品滞销甚至低价贱卖的问题及阶段性供给不足问题，同时增强了农产品的市场竞争力，解决农产品难卖、卖低价问题，为供应链两端带来双赢结果。更重要的是，完善的农产品供应链，既可以促进农业规模化生产、降低农产品中间流通成本，又可以实现农产品产销较低的边际成本。

思政教育

习近平总书记的"大食物观"

2023年第6期的《求是》杂志刊发了习近平总书记的重要文章《加快建设农业强国 推进农业农村现代化》。习近平总书记生动阐释了"大食物观"。对于如何因地制宜践行"大食物观"，总书记提出两个方面的要求：

1. 要构建多元化食物供给体系，在保护好生态环境前提下，从耕地资源向整个国土资源拓展，从传统农作物和畜禽资源向更丰富的生物资源拓展，向森林、草原、江河湖海要食物，向植物动物微生物要热量、要蛋白，多途径开发食物来源。

2. 设施农业大有可为，要发展日光温室、植物工厂和集约化畜禽养殖，推进陆基和深远海养殖渔场建设，拓宽农业生产空间领域。

（资料来源：求是网，http://www.qstheory.cn/dukan/qs/2023-03/15/c_1129432282.htm）

9.1.3 农产品供应链模式

目前，我国农产品供应链模式有以下九种。

1. 以供销合作社为核心的农产品供应链模式

供销合作社作为我国最大的以"三农"为服务对象的农村合作经济组织，在发挥核心作用方面具有自己独特的优势。中国供销合作社是以农民为主体组织起来的合作经济组织，由基层供销合作社（2.6万个），县级供销合作社联合社（2 365个），地市级供销合作社联（2.6万个），县级供销合作社联合社（2 365个），地市级供销合作社联合社（337个），省级供销合作社联合社（31个）和中华全国供销合作总社组成。其中，社员1.8亿户，职工430万人，经营网点50多万个。

供销合作社参与农产品的供应链并成为其核心，其基本原理就是将农户组织起来，以供销社平台代替产地批发商和部分销地批发商的功能，将分散的农户组织起来，充分发挥自己的优势，通过组织"专业合作社＋基地＋农户"的生产体系，建立和强大农产品加工龙头企业，打造农产品服务信息网络、整合农产品连锁销售网络，重塑农产品物流系统，打造以供销合作社为核心的农业产业链。

以供销合作社为核心的农产品供应链模式有以下三个特点。

（1）深厚的农村基础，农户接受程度高。供销合作社长期为三农服务，与农民形成了非同一般的关系，对于农村市场具有广泛的适应性和渗透性。供销合作社是农民社员的合作经济组织，在地理上、心理上、利益上最接近农民。因此，由供销合作社牵头构建农产品供应链，就极易为农户接受。

（2）众多的网点分布，适应农村地理分散特点。供销社的网点遍布农村的各个角落，这正适应了农业生产分散性和农民居住分散的特点。供销合作社拥有遍布全国农村的市场网络，形成了一套现成的人员、机构、固定资产或设施，积累了丰富的从事农村商品流通的经验。这些都为供销合作社组织农户形成强有力的农产品供应链创造了有利的环境和条件。

（3）新网工程、连锁经营服务网络初步形成畅通的农村物流平台。供销社系统开展了新网工程、农副产品购销、农业生产资料、日用消费品、再生资源回收利用、烟花爆竹等连锁经营服务网络，加之本身拥有的城市连锁超市系统，初步形成完善的统一的物流配送系统，这一系统为农产品供应链奠定了物流基础。

2. 农户自产自销的农产品供应链模式

农户直接对接消费者是农产品原始的一种经营方式。在这种经营方式下，从生产、加工、运输、销售的各个环节都需要农户自行完成。虽然这种方式发展受到许多限制，但依旧在我国农产品市场上广泛存在。这种方式的组织化、规模化、专业化、契约化程度都处于较低水平，且交易方式是随机、流动的，波动性较大。如果市场价格出现混乱低迷的现象，农户就可能遭受巨大的损失。因此，在这种经营方式中，农户、其他企业以及消费者无法建立稳定的交易关系。

农户自产自销的农产品供应链模式主要有以下三个特点。

（1）农户独自经营，在销售过程中面对的对象很多通常是一次性交易，很难形成稳定的销售关系，这些因素就导致农户在运输流通过程中易出现运输路线不合理，重复率高，致使消费者与农户间信任度较低。

（2）在这种经营模式下，农户要自己完成运输、储藏、销售，然而，农户组织化程度低、规模小、技术水平弱、资金缺乏且农产品在运输流通过程中较脆弱，当销售不景气时农产品就会大量腐烂，导致农户遭受巨大的损失。

（3）农户通常会将农产品运送到城镇等较繁华的地区进行售卖，这时就出现了许多负面影响，如临街摆摊导致交通拥挤，严重影响城市的环境卫生，等等。

3. 加工企业+农户的农产品供应链模式

加工企业+农户的农产品供应链模式是以农产品加工企业为主导者的。在运作过程中，农产品加工企业不仅要负责连接农产品生产者，还要和农产品批发零售企业相联系，建立农产品销售网络，直接与市场对接。这种运作模式多存在于我国的特色农产品产区，这是因为农产品加工企业通常是发展单一性产品，针对的市场主要是一个地区的特色产品，这样更容易使加工企业专业化，运作难度也较多种产品的加工企业更小。我国许多特色农产品加工企业都采用了该模式，如由于福建省光泽县白羽肉鸡产业十分发达，福建圣农集团有限公司就是一家集产品养殖、加工、销售一体化的白羽肉鸡食品加工企业。

加工企业+农户的农产品供应链模式主要有以下四个特点。

（1）从产业链角度来看，农户已成为产业链的一部分，而加工企业为农户提供种子种植、技术指导、物流等服务，而农户只要考虑产品生产环节而不须要担心销售问题。这样，农户生产能够得到有效的保障，然而，整个供应链须要保证合作伙伴间关系的稳定，这对农户的素质有一定的要求。

（2）由于生产与销售系统得到了一定的完善，整个供应链之间的运作更加紧密，减少了流通环节，降低交易费用，提高物流效率。

（3）整个供应链主体之间的运输、储存、包装等物流服务已有专门的物流部门或专业的物流公司承担。

（4）加工型企业通过建立信息及销售等平台，不仅减少了物流信息间的阻隔，而且减少流通环节，这就可以在一定程度上降低企业的交易成本，进而提高供应链系统的整体效率。

4. 批发商+批发市场+零售的农产品供应链模式

作为主导者，农产品批发市场承担着农产品的收购和销售活动。农产品批发市场可分为产地批发市场和销地批发市场。批发商+批发市场+零售的农产品供应链运行模式是：在农产品批发市场中，农户向运销商出售农产品；在销售批发市场中，运销商会将其收购的农产品再向零售商批发，最后到达消费者手中。在该模式下发展最快的产地批发市场是1984年建立的山东寿光蔬菜批发市场，其被称为"江北第一家"。而销地批发市场最有代表性的是北京新发地农产品批发市场，该市场承担北京80%以上的农副产品供应。2020年，北京新发地产品批发市场各类农副产品交易量1 293万吨，交易额为1 006亿元。

批发商+批发市场+零售的农产品供应链模式具有以下三个特点。

（1）批发市场通常是在自主性的农贸市场作为基础下发展而来的，最开始以政府为主要监督管理者，在发展后期，市场经济的自我调节功能已经足够对批发市场进行管理，逐渐转为企业自我发展、自我调节，政府只提供一些服务功能。

（2）整个运作模式的参与者和主要利益相关者包括农户、加工商、批发商和零售商。在整个交易过程中也出现了许多中间组织，以提供运输、储存、检疫等服务项目为主，以此来保证供应链能够更好地运转。

（3）在信息接收与传递方面，批发市场可以依赖信息平台及市场农产品供需情况实时掌控交易信息，而农户和消费者由于缺乏收集市场信息的平台，无法及时把握市场变化，加之批发商出于对自身利益的考虑，容易出现对农户和消费者实施信息阻断的情况。

5. 农民专业合作社+产品经纪人的农产品供应链模式

随着全国农业合作组织的逐渐成长和农产品经纪人的大量涌现，以农民专业合作社和农产品经纪人为核心的农产品供应链模式快速发展。该模式主要是以各种类型的农民专业合作社和农产品经纪人为链接整个供应链的桥梁，并发挥组织生产、统一加工、销售等功能。

农民专业合作社+产品经纪人的农产品供应链模式具有以下三个特点。

（1）农民利益得到更好的保障。农民通过签约或入股方式加入农民专业合作社，或者通过农民经纪人组织起来，形成了规模较大的农产品供应群体，不再以家庭为单位进行分散的独立生产。这样既可以降低生产资料的购买费用，又可以保证农产品的销售渠道，还能获得农产品生产过程中的技术或资金支持。此外，零散的农产品生产者联合起来，能够提高其在谈判和信息传递中的位置，提高交易过程中的话语权。

（2）便于降低供应链成本。农民专业合作社和农产品经纪人的一端链接农户，另一端链接消费者，能够有效降低交易环节，压缩供应链长度，降低供应链成本。这种供应链模式可规避因供求信息不对称所导致的交易成本增加情况，能够提高物流运转速度，缩短农产品的流通时间，降低因存储和运输造成的损耗。

（3）我国的农民专业合作社组织发展仍然不健全，甚至存在突出问题。农民合作组织存在基础薄弱、产权不清、利益分配不完善、政府扶持效率不高等问题。农产品经纪人长期以来存在发展不规范、市场参与程度偏低、话语权偏弱等问题。

6. 农产品流通型企业+农户的农产品供应链模式

农产品流通型企业+农户的农产品供应链模式主要由农户、流通企业和消费者构成。在该模式下，大型农产品流通企业一般具有强大的资金实力和抗风险能力，可以集聚整条供应链的节点企业。许多大型农产品流通企业在承担农产品零售业务和批发业务的基础上，还建立了农产品加工配送中心，直接和农产品的生产基地合作，形成完整的产业链。然而，该模式须要保证农产品供应的稳定性，有一定的地域限制性。

农产品流通型企业+农户的农产品供应链模式具有以下三个特点：

（1）农户和流通型企业作为此模式中的重要成员，它们之间须要建立稳定的供需合作伙伴关系来共同保障农产品的顺利流通，这就要求对合作伙伴选择需要经过严密的考察。

（2）农产品从产地到配送中心，然后转移到消费者手中，整个过程以农产品流通企业为核心，能够有效地保障整个环节的平稳运行，降低成本，也提高了物流运作效率。

（3）农产品流通企业通过建立信息平台，可以有效预测市场的变化，并通过提供技术指导，将市场变化情况告知农户以此来降低市场风险。然而，农产品流通企业对质量、包装标准化有更为严格的要求，需要整个供应链运作环节参与者不断提高自身素质。

7. 第三方物流企业的农产品供应链模式

农产品物流市场的前景越来越受到人们的高度重视，这也促使许多第三方物流企业开始提供农产品物流服务。第三方物流企业的农产品供应链模式以第三方物流企业为导向，只负责提供仓储、流通、加工等服务，不直接参与生产和销售活动，通过完整的物流运作体系，来确保农产品供应链的顺利运作。这种供应链模式通过整合和管理整个供应链中的物流配送服务使农产品更有保障，不仅提高了配送服务的效率，还简化了交易流程。此外，该模式能够使整个农产品供应链完整畅通运行的第三方物流企业较少，且大多数都分布在较高经济水平的地区。

第三方物流企业的农产品供应链模式具有以下四个特点。

（1）该模式组织结构清晰，可以将物流计划和运作功能全部集中于专门的责任方手中，以此来对农产品运输、储存进行有效的资源管理，从而收获更大的整体效益。

（2）通过建立横向和纵向相结合的部门沟通模式，可确保作为运作核心的相关部门之间可以进行有效的沟通，防止信息阻塞而导致运作成本的增加。

（3）通过第三方物流运作，整个农产品物流活动能够获得更多技术、信息、资金上的支持，可以有效地组织和协调数据资源以此和消费者共享，而第三方物流企业依托于完整的物流服务网络，可以达到协调和整合地区间物流资源的目的。

（4）农产品第三方物流处于起步阶段，目前现存的第三方物流企业虽然能够提供传统的物流服务，但是物流增值功能服务水平还有待于进步和提高，同时管理水平、人才培养及专业化服务仍然须要不断加以改进。在此供应链模式中，如果任意一方企业出现经营不善的问题都可能导致整个供应链面临危机，这就须要有长期稳定的契约机制维持供应链的发展。

8. 以电子商务为核心的农产品供应链模式

随着互联网和电子商务技术的创新与应用，电商平台已成为农产品供应链的重要载体。发展农产品电子商务，是创新商业模式、完善农村现代市场体系的必然选择，也是转变农业发展方式、带动农民收入、促进农村消费的重要举措。

电子商务为核心的农产品供应链模式，具有以下四个特点。

（1）农产品有价格优势。电子商务销售可以缩减大量中间的批发零售环节，因此销售的农产品一般都会有价格优势。

（2）农产品市场被明显放大。传统交易需要买卖双方在现实的市场中进行议价才能成交。电子商务则是通过网络进行交易沟通。因此，该模式能够形成更大范围的农产品市场，使成交更加便捷。

（3）对物流配送设施的要求较高。电子商务需要强大的物流配送体系作为支撑。此外，很多农产品易腐易烂，这对物流运输提出了更加严格的要求。

（4）容易出现商品质量的争议纠纷。在网络销售中，消费者不能看到真实的农产品。展示的农产品往往存在过度包装和过度营销的现象，"萝卜快了不洗泥"等管理粗放问题也时有发生，有的不法商家还可能以次充好来欺骗消费者。

9. 休闲旅游带动的农产品供应链模式

休闲农业是指合理地开发利用农业自然资源，把农业生产经营活动与发展旅游、观光休闲结合起来。我国休闲农业呈现多样化发展的趋势，主要有如下四种：①根据区位条件划分，可分为城市郊区型、景区周边型、风情村寨型、基地带动型、资源带动型等类型；②根据产业基础划分，可分为观光种植业、观光林业、观光牧业、观光渔业、观光副业、观光生态农业等类型；③根据功能目的划分，可分为观光农园、休闲农园、科技农园、生态农园、休闲渔园、市民农园、农业公园等类型；④根据组织模式划分，可分为政府主导、企业带动、主导产业拉动、专业协会带动等类型。

休闲旅游带动的农产品供应链模式是指在政府引导下，以知名风景区或乡村旅游为依托，建立包括种植基地、农事体验、景区销售、交通沿线农村旅游服务站、乡村集贸市场等在内的供应体系，在休闲旅游发展过程中通过采摘体验、土特产采购、特色餐饮等形式实现农产品的销售。

休闲旅游带动的农产品供应链模式具有以下四个特点。

（1）与旅游结合促进农产品的销售。休闲旅游带动的农产品供应链模式能够借助游客对旅游场景的直观认知，调动消费者的购买积极性，促进顾客购买本地特色农产品，还可以通过线上宣传和销售渠道来增加电商购买量。

（2）实现游客和农户的双赢。休闲农业有利于拓展旅游空间，满足游客亲近自然的愿望，有利于推动农产品销售，提高农户收入。休闲农业与乡村旅游结合起来，能够扩大乡村景点的知名度，营造促进农民就业增收、拉动城乡居民休闲消费的氛围，是推进全域化旅游和促进城乡一体化发展的重要载体。

（3）提升农村地区的发展质量。在发展休闲旅游产业过程中，农村的田园风景、生态观光、采摘体验等能够得到有效开发，有助于乡村振兴战略的实施推进。同时，还可以吸引企业到乡村投资，带动农民就地就业。

（4）受限于地域资源禀赋的影响，很多地区不具备开展乡村旅游的基础条件，或者缺乏前期开发建设的巨大资金投入。

9.1.4 全国统一大市场背景下农产品供应链发展方向

1. 认知全国统一大市场

2022年4月，国务院发布《关于加快建设全国统一大市场的意见》，提出在全国范围内，建设基础制度规则统一，设施高标准联通，要素和资源市场统一，商品和服务市场统一，监管公平统一的国内统一市场（见图9-1）。

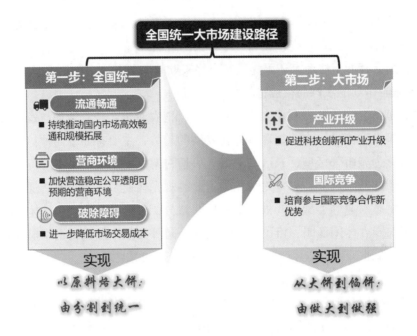

图9-1　全国统一大市场建设路径

2. "全国统一大市场"的核心思路

建设"全国统一大市场"需要明确以下三大关系：

（1）"大市场"与"强市场"并行。全面推动国内市场由"大"向"强"转变。目前我国拥有超大规模和整体市场优势，但大而不强，应在大市场基础上建设强市场，构建具有全球影响力和吸引力的现代市场循环体系。

（2）"统一大市场"与"畅通双循环"共进。打通国内大循环堵点，建设全国统一大市场；通过统一大市场建设推动国内与国际更好地联通。

（3）"统一性"与"区域性"协调。在维护全国统一大市场的前提下，优先开展区域市场一体化建设，通过区域样板的构建为全国统一大市场提供支撑；破除"小而全"的自我小循环，消除地方保护和区域壁垒。

3. 全国统一大市场下农产品供应链发展方向

（1）从源头整合农产品分散上游。可从以下两个方面着手。

1）加强产地仓建设。加强农产品产地仓建设，打通"最前一公里"，整合合作社、农户等农产品货源，实现源头直采。同时，产地仓从源头开始推进农产品标准化与冷链运作，对于提升农产品品质、打造农产品品牌、促进农产品全国销售等具有推动作用。

2）推动农商互联。农产品流通企业与农业经营主体进行精准对接，发挥流通对农产品基地的引导性作用，推动农业生产围绕市场需求，优化品种结构和产业布局，提升规模化、标准化和信息化水平，逐步形成具有较强竞争力的优势产业和品牌，推动实现产销一体，打造上联农产品基地、下联消费者，建立产销密切衔接的长期稳定农商关系。

（2）以新模式及物流缩短流通环节。可从以下两个方面着手。

1）加强产地直采。加强大型商超、一级批发市场等产地直采，减少农产品在二级、三级批发市场的流通环节，提高流通效率。

2）产地仓+快递物流配送网络+前置仓。以产地仓连接农产品，以前置仓连接消费者，以城乡高效配送网络连接产地仓与前置仓，叠加电商平台、直播平台、数字新商贸农产品批发平台，实现农产品生产与消费直连，缩短农产品供应链。

（3）通过冷链物流降低农产品损耗。加强全程冷链物流。加强产地预冷设施建设，对农产品进行初步的分拣、包装和预冷，将种类不同、特点各异的农产品转换为适宜冷链运输的标准化低温货品。对农田到餐桌全流程进行温度、湿度、气体控制，确保不断链，建立监控追溯系统，加强产品质量控制。

4. 全国统一大市场下农产品供应链发展目标

全国统一大市场背景下，农产品供应链未来将实现以下三大目标。

（1）打造区域特色农产品。以往因"小循环"、销售渠道缺乏等问题，部分地区的特色农产品产业发展受限。全国统一大市场将彻底打破农产品销售问题，各地区因地制宜发展特色农产品，使农产品在全国统一大市场的基础上运往全国，这有利于打造区域特色农产品产业。

（2）加快农产品流通。未来将进一步加强产销地对接，缩短农产品流通环节。同时，冷链物流体系的建成和信息化管理技术的应用也将优化农产品供应链。农产品生产后将快速运送到指定区域，实现快速流通。

（3）保证农产品价格。随着全国统一大市场建设，国家将统筹农产品流通，推动市场规则、要素和资源统一，优化缩减流通环节，有效缓解产销两地产品差价大的问题。

9.1.5 生鲜农产品供应链管理的重点

生鲜农产品产地一般都比较偏远，具有生产的区域性、季节性、分散性等特点，因此，农产品流通很依赖生鲜供应链。生鲜农产品又是人们的生活必需品，消费弹性小，具有消费普遍性和分散性的特点。生鲜供应链一直以来是生鲜电商企业、商超、配送公司的重中之重。因此，做好生鲜农产品供应链管理格外重要。

1. 了解生鲜农产品自身的特点

（1）生鲜农产品一般包括水果、蔬菜、肉禽蛋、水产品等，品种丰富多样。

（2）生鲜农产品的保质期一般偏短，其价格和新鲜度高度相关，稍有损耗极有可能全部报废，价值全失。这时就要注意冷链仓储管理。

（3）生鲜农产品在搬运的过程中，稍有不当操作，也极容易受损或者消耗。

2. 生鲜农产品运输过程中的仓储

生鲜农产品一般要求低温储存，部分产品需要精准控制温度、湿度，对物流过程中的仓库、车辆、包材、辅材等设备设施（如冷库、冷运车、冰袋）的专业性要求较高。

生鲜农产品SKU（最小存货单位）繁杂，为防止串味或水果相互催熟变质，每种生鲜农产品需要分区管理，包材和辅材多样且总量大。

3. 生鲜农产品的运输速度

为配合用餐时间，消费者一般对生鲜农产品的签收时间要求极为严格。另外由于消费者看重生鲜农产品的新鲜价值，也就要求较高的整体物流操作时效。这些时效诉求并不会随着季节变化而改变，对物流时效的稳定性也有着严格要求。

4. 生鲜农产品运输路线规划

生鲜农产品的物流环节中往往伴随净菜、肉类分割、包装等加工流程，涉及不同的包材、辅材、包装方法，加工包装流程较为繁琐。生鲜产品越新鲜价格越高，因此，要科学规划生鲜农产品运输路线。

5. 生鲜农产品运输流向

生鲜农产品运输流向，也就是生鲜农产品物流客户，如商超、菜市、政企食堂、食品加工厂、社区居民等。生鲜农产品的送货地点分布较散，同时多存在多级分销、多级仓储的情况，生鲜农产品的物流中转环节较多，因此，要科学管理避免失误。

6. 生鲜农产品配送

有时候会遇到单个客户采购生鲜农产品的单个SKU总量较少，但采购的SKU种类较多的情况，在配送环节中，单车装载的生鲜农产品SKU构成复杂，涉及多点卸货，配送过程复杂。这时就要特别注意，需要物流企业及时调整操作流程，以适应季节性的包装加工流程变化。

7. 生鲜农产品供应链数字化管理

用数字化引领生鲜农产品流通模式与物流模式创新，解决农产品产地区域广阔、农户分散，农产品物流配送面临的小、散、乱问题，实现农产品物流配送集约化、共享化，进一步降低物流成本。

从农产品产地直发即开始数字化，在商流上通过数字化平台减少多层中间商加价，通过物流连接降低流通成本，可以使消费者低价获得果品；在物流系统通过数字化进行智能调拨与配送，借助数字化互联互通进行各种资源整合，推动共享物流创新，可以大幅度降低物流成本。在数字链路上，全程借助区块链保证数据诚信，数据源头是关键。全链条数字化，通过"数字+商品"建立先进和便利的农产品追踪追溯体系，重构农产品产业链模式。

任务2 农产品加工

9.2.1 认知农产品加工的概念

农产品加工是用物理、化学和生物学的方法，将农业的主、副产品制成各种食品或其他用品的一种生产活动。农产品加工是农产品由生产领域进入消费领域的一个重要环节。农产品加工过程及采用方法因产品种类及消费要求的不同而定。

根据国家统计局的分类，通常将以下12个行业作为农产品加工业的主要大行业，即食品加工业（含粮食及饲料加工业、植物油加工业、制糖业、屠宰及肉类加工业、水产品加工业、盐加工业及其他食品加工业），食品制造业（含糕点糖果制造业、乳品制造业、罐头食品制造业、发酵制品业、调味品制造业及其他食品制造业），饮料制造业（含酒精及饮料酒、乳饮料制造业、制茶业等），烟草制造业，纺织业，服装及其他纤维制品制造业，皮革毛皮羽绒及其制品业，木材加工及竹藤棕草制品业，家具制造业，造纸及纸制品业，印刷业和记录媒介的复制业，橡胶制品业。

9.2.2 农产品加工的意义

1. 农产品加工业是产业兴旺的重点

作为国民经济的重要支柱产业，农产品加工业从种养业延伸出来，是提升农产品附加值的关键，也是拓展乡村多种功能、拓展农业增值增效空间的核心。2020年，全国农业总产值10.7万亿元，而农产品加工业营业收入23.2万亿元，休闲农业、农业生产性服务业、农村电商等营业收入近4万亿元，农产品加工产值与农业总产值之比达到2.4:1。这说明虽然农业在国民经济中的比值在下降，但农业的多种功能、多元价值的作用日益凸显，农业及其相关联的产值占比呈上升趋势，这为乡村全面振兴筑就坚实基础。

2. 农产品加工业是产业振兴的支点

乡村振兴，关键是产业要振兴。实践表明，农产品加工企业发展好的地方，往往能够激活一片区域、壮大一个产业、带动一方农民。加工企业的主动融入，能够发挥带动者、主力军、突击队的作用，进行要素导入和产业对接，把工业化标准理念和服务业人本理念注入农业，形成产业振兴的支点。同时，通过发展农业产业化联合体等多种形式，引导小农户分工分业加入农产品加工业发展，成为现代农业发展的积极参与者和主要受益者。

3. 农产品加工业是全产业链交叉的节点

农产品加工业是乡村产业的主体力量，为耕者谋利，为食者谋福，离三农最近，与百姓最亲。乡村产业发展路径，就是要贯通产加销、融合农文旅，即概括为"一纵""一横"，打造农业全产业链。

一纵，就是纵向拓展新的产业，贯通产加销，创造新供给。发挥乡村食品供应功能，将生产向加工、流通、品牌、销售拓展，提升新供给能力。

一横，就是横向拓展新的功能，融合农文旅，培育新业态。发挥乡村休闲体验、生态涵养、文化传承等功能，将农业向休闲、旅游、养生、文化、教育拓展，催生新业态类型。这"纵""横"衔接的关键节点正是农产品加工业。

9.2.3 农产品加工方法分类

（1）物理机械加工。物理机械加工包括粉碎、筛理、搅拌、加热、浓缩、干燥、浸出、压榨、过滤、蒸馏等。如制米、磨粉就是物理机械加工方法为主的加工类型。

（2）化学加工。化学加工包括水解、中和、沉淀、凝聚、解析等。如淀粉糖生产就是优化学方法为主的加工类型。

（3）生物加工。生物加工包括发酵、微生物的培养利用等。例如，酿造就是以生物方法为主的加工类型。

9.2.4 农产品加工方法

1. 粗加工

这种加工方法比较简单，加工费用便宜，主要为提高农产品原料采用。

（1）除杂去废加工。除杂去废加工将农产品中的杂质和废物去掉，获得比较清洁纯净的产品。一般的除杂去废加工包括挑选、整理、水洗、水沉、吹风、切削、摘除、过筛等，以实现农产品的洁净化和整齐化。如小麦入库前的吹风和过筛、花生入库前的拣选、籽棉入库前的清洁等，都属于除杂去废加工。

（2）分类分等加工。分类分等加工是将农产品按照不同的品种和规格，或按照一定的技术等级标准进行整理分装，便于进一步加工运输。如苹果按品种和单果重分级分类、杏仁按单粒重分级等都属于分类分级加工。

（3）切削分割加工。切削分割加工是将农产品切割成一定的规格、形状，供进一步加工、销售、储运等处理。如蔬菜、肉类的分割，皮革、木材的整形等就属于这一类。

（4）粉碎加工。粉碎加工是将农产品粉碎成一定大小的颗粒。如大部分中药材的粉碎、小麦的磨制等

（5）压缩、打包。压缩、打包是将疏松、有膨胀性质的农产品通过压缩体积、排除空气、打包打捆加工，使之便于储藏和运输的过程。如皮棉、毛类的压缩打包等就属于这一类。

2. 较深加工、精加工

这种加工往往能杀毒消毒，防腐防变，可以有效保护和改善农产品使用价值，便于农产品长期储存和长途运输，或者直接供应消费者。

（1）腌渍加工。腌渍加工是将农产品用盐、糖、酱油等各种调味料进行腌泡，改变其性状的加工过程。盐渍加工一般运用与鲜活农产品的加工过程，如将鱼加工成咸鱼，将鸭蛋加工成咸鸭蛋，萝卜、春不老等蔬菜加工成酱菜等。

（2）编织加工。编织加工是将苇秆、草叶、蒲、枝条、竹片等长纤维原料编织成具有一定体积和功能的席张、筐篓、器具、工艺品等的过程。河北省白洋淀地区的苇席加工就是很典型的例子。

（3）提纯加工。提纯加工是将农产品通过物理或化学的方法清除其中的各种异物，提高产品纯度的方法。如蜂蜜、动物油脂、植物油的过滤和精炼等加工就是提纯过程。

（4）干燥脱水。干燥脱水是指将含水分较高的农产品按一定的质量要求脱去适量水分，以便于储存或进一步加工处理的过程就是干燥脱水加工。如常见的鲜菜、鲜果干燥脱水后加工成干菜、果脯就是干燥脱水加工过程。

（5）冷冻冷藏。冷冻冷藏指为抑制农产品中酶的活性，减弱农产品的理化变化，防止腐败变质，对其采取的低温冷冻或冷藏措施。如菜豆的冷藏、鲜鱼和肉类的冷冻处理等都属于这一类。

（6）密封包装。密封包装是对农产品进行杀菌脱氧、高压密封的包装方法进行加工。如当前市场上多见的经过真空包装的酱肉、扒鸡等。

9.2.5 农产品加工创新的方向

1. 冻干

2020年以来，突然爆发的全球新冠肺炎疫情，让带着健康属性的冻干受到了消费者的广泛青睐。菠萝蜜、草莓、猕猴桃、苹果、红枣、无花果、秋葵、香菇……只要能想得到的果蔬都能通过真空低温脱水工艺变成果蔬脆片。一些品牌生产出的冻干品类在市场表现亮眼。

冷冻可以最大限度地保持原新鲜食品的色香味及营养成分、外观形状等，使农产品在无须防腐剂就可在常温下保存5年以上，且成品重量轻，便于携带和运输，是加工旅游、休闲、方便食品绝好的方法。

有数据显示，2020年我国冻干食品增速超过全球冻干食品7.8%的增速，呈现出强劲的发展态势。在国内，果蔬类休闲零食市场比较小众，目前只占消费的千分之二，但其后续发展潜力不容忽视。

2. 方便食品

近年来，"螺蛳粉"风靡全国，如柳州螺蛳粉市场规模和产业产值逐年增长。2015年螺蛳粉产业产值约5亿元，到2019年螺蛳粉全产业链产值超过130亿元。预计到2025年底，柳州螺蛳粉全产业链力争实现销售收入900亿元。

在加工方面，螺蛳粉生产包括中上游螺蛳、木耳、豆角、腐竹等原材料的加工，中游为干米粉、酸笋包、螺蛳汤料包、酸豆角包、腐竹花生包、调料包等加工制作。

由于螺蛳粉行业赛道的被看好，众多企业纷繁挤入螺蛳粉赛道。根据企查查数据显示，2020年，全国共有超过20 398家企业名称/产品、品牌或经营范围含"螺蛳粉"。其中，柳州就有2 113家螺蛳粉企业，且螺蛳粉加工企业还在新增。另外，餐馆、便利店、线下商超、线上微店、电商直播等购买渠道的拓展，也为螺蛳粉消费市场规模进一步扩大提供了支持。

现如今，柳州螺蛳粉逐渐实现生产标准化、加工现代化、发展规模化。当地通过激励企业科技创新，加快螺蛳粉生产车间向机械化、自动化、智能化换挡升级。多家螺蛳粉加工企业目前的生产线已经实现机器人自动包装分拣、封口打码、检测等功能，大大提高了生产效率，释放产能，减少人工成本，进一步提升螺蛳粉产品加工质量。

综上所述，螺蛳粉起初是仅限于街头巷尾的小吃，随着米粉加工工艺、物理杀菌、真空包装等食品科技的引入，以及保鲜技术下的螺蛳粉高汤原本风味的保持和保鲜期延长，不仅为商品的存储和运输、确保螺蛳粉产品风味和品质提供了便利，也为开拓更广阔的市场提供了便利。据广西柳州市邮政管理局统计，2021年通过快递渠道寄出的袋装柳州螺蛳粉达到100 000 138件，同比增长42.8%，是广西年寄递量过亿的单类产品。

3. 净菜

净菜是指新鲜蔬菜原料经过分级、清洗、去皮、切分、消毒和包装等处理加工，达到直接烹食或生食的卫生要求的蔬菜。不同于以往去菜市场买回的菜往往还带着泥土、杂质，处理起来很不方便，还会担心农药残留等问题，净菜的原材料在被送进冷库之前，就先进行严格的清洗工作，确保蔬菜表面没有农药或者化学物质的残留，清洗之后还要经过人工去杂叶、削皮等工序，再次清洗后方可切分包装入库。

目前，我国大多数净菜经营企业的原料都是由农产品批发市场供应。由种植蔬菜到向消费者提供净菜的过程中，经过农户、产地批发市场、销区一级甚至二级批发市场、净菜加工者、超市（或物业、便利店）等六七个环节，净菜成本逐层递增，导致净菜的价格比普通蔬菜贵30%～40%。建立产地与销售终端之间的"源头直采"合作，在产地将蔬菜加工成净菜，然后直接运往销售终端，有助于降低在运输过程中的损耗，既保证蔬菜新鲜，又能让消费者享受到较低的产品价格。据业内人士预测，未来5～10年，我国净菜产业会呈现快速发展的趋势。

4. 预制菜

预制菜是指以农、畜、禽、水产品为原料，配以各种辅料，在预加工（如分切、搅拌、腌制、滚揉、成型、调味）过程中，按照《中国居民膳食指南》所指导的营养结构，进行食材搭配、营养管理而成的成品或半成品，经简单烹饪或加热后，可作为日常正餐食用。

预制菜主要可分为以下三类。

（1）依托地方菜系，打造家常菜，为消费者提供了三餐的便利，既能秒变大厨，又能增加仪式感。

（2）以小食为主，例如小酥肉、甜饭、糍粑这类地方特色小吃，成为餐后休闲食品。

（3）以快餐为主，例如小面、炒饭或者汤类。

预制菜需要专业人员通过食品工业手法，对各类菜品原料进行专业分析，针对食材的不同特点运用不同的制作方法有针对性的研发，严格控制油、盐、糖及各类营养成分的含量与配比，通过中心厨房集中生产。预制菜采用科学包装保持菜品的商业无菌环境，且部分菜品需采用急速冷冻技术并在-18℃存储与运输，以及时保障菜品的新鲜度和口感。

5. 天然植物萃取

随着科技的发展和保健品消费的变化，萃取技术不再只是围绕药材进行，在非药经济作物中也已使用。辣椒、茶叶、柑橘、金银花、黄连、银杏、当归……深加工能助推农产品和经济作物销售无忧，是乡村振兴的重要方法。从天然植物中获取有效分子成分及原材料，将是未来中国农业参与国际竞争必须面对的重大技术革新，这也是一个技术升级的创富风口。

案例

晨光公司的增值"魔棒"

做辣椒不赚钱？1公斤鲜辣椒价格为1.2元；晒制成干辣椒后，收购价格约为每公斤5元；把1公斤干辣椒制成辣椒酱，市场价格最高也不过10元左右。同样的红辣椒，当被晨光生物科技集团换成深加工方法，从中提取出红色素、辣椒精、辣椒籽油、辣椒碱后，得到的是令人振奋的新答案：1公斤干辣椒可提取辣椒红色素40克、辣椒精10克、辣椒籽油60克，还可以提取辣椒碱，剩余的辣粕等下脚料作饲料卖。这样一来，1公斤干辣椒能增值到35元，是干辣椒价值的整整7倍。

这就是晨光公司的增值"魔棒"。晨光公司掌控者全球辣椒红色素55%的市场，为世界染上"中国红"，也引领着河北邯郸曲周从"世界天然色素之都"到"世界天然提取物基地"的新跨越。

（资料来源：中农富通西部所，2022-10-11，https://www.scznfutong.com/4/13856/907462）

任务3 农产品仓储

9.3.1 认知农产品仓储的概念

农产品仓储是为了保留存货与保存产品，通过改变农产品的时间来创造价值。虽然农产品仓储活动一般不改变农产品本身的功能、性质和使用价值，只是保持和延续其使用价值，但是农产品仓储是农业生产的延续，是农业再生产不可缺少的环节。

9.3.2 农产品仓储的特点

1. 农产品仓储具有专业性

农产品所具有的生化品质特性，使得农产品物流具有很强的专业性。这就要求农产品生产、流通加工、包装方式、储运条件和技术手段具有专业性。同时，农产品物流的设施、设备和仓储、运输技术和管理方法也具有专业性。

2. 农产品仓储具有特殊性

农产品是具有生命的动物性和植物性产品，这样的鲜活产品在物流过程中，对包装、装卸、运输、仓储和防疫等均有特殊的要求。

3. 农产品仓储难度大

农产品生产具有季节性和区域性，因此要求物流的及时性。此外，农产品要具有较好的储藏特性和较长的储运期，以利扩大农产品市场的供应时间和空间，这反映出农产品物流具有难度相对较大，要求相对较高的特点。

9.3.3 农产品仓储期发生的变化

农产品在储存期间由于受内在因素和外界因素的相互作用，不断发生物理、化学和生物等各种变化，其使用价值不断被损害。只有了解这些变化情况并以此为依据，才能更好地选择合适的储藏方法。

农产品发生的变化主要有以下六种。

1. 霉变

霉变是引起农产品变质的一个主要原因。每年由于霉变所造成的损失，在农产品储存损失中占很大比重。霉变多数是由储存环境的温度、湿度不合理引起的。要防止霉变，最重要的是合理控制农产品储存环境的温湿度。

2. 鼠害虫害

鼠害虫害是引起农产品品质变化的一个重要原因，每年因此造成的农产品损失也比较大。造成这种危害的老鼠和害虫多数是由商品或包装物入库时带入或仓库本身滋生的，也有从仓库外飞入或爬进的。因此，要防治鼠害虫害的发生，先要对入库商品进行严格验收，同时要保持库内外清洁，勤于检查，及时采取灭鼠灭虫措施。

3. 溶化或结块

某些加工农产品，如蔗糖当吸收水分达到一定程度时，就会发生溶化或吸湿结块现象，造成损失。空气湿度越大，商品接触空气面积越大，吸湿速度越快，溶化或结块程度也越严重。因此，要防治发生溶化或结块，基本措施是采取措施降低商品周围环境的空气湿度，并采用密封包装。

4. 氧化

某些农产品，如棉、麻、丝、毛等纤维品，由于长期接触阳光和空气，与氧发生化合作用，从而造成这些天然纤维变色、褪色、老化、脆化、分子链裂解，致使纤维强度下降，使用价值降低，这种现象就是氧化。要防止储存期间氧化造成损失，就保证商品不裸露在外，避免阳光直射和曝晒，保持储存环境的通风散热和阴凉干燥。

5. 破碎

这种损失主要指那些怕挤压、易破碎的农产品,比如鸡蛋、鲜果、蔬菜等。为了避免这类产品受到机械力的碰撞或挤压,主要是采用科学合理的包装材料和包装方式。另外,在装卸搬运、翻堆倒垛时,要注意轻搬轻放。

6. 渗漏

渗漏是某些液态农产品,如食油、蜂蜜等,由于包装容器的破损或密封不严而造成的商品漏出。防止这种损失发生,主要是合理选用包装容器,并勤于检查,及时发现,及时处理。

9.3.4 农产品储存的方法

1. 常规储存

常规储存就是一般库房,不配备其他特殊性技术措施的储存。这种储存的特点是简便易行,适宜含水分较少的干性耐储农产品的储存。采用常规储存应注意两点,一是要通风,二是储存时间不宜过长。

2. 窖窑储存

窖窑储存的特点是储存环境氧气稀薄,二氧化碳浓度较高,能抑制微生物活动和各种害虫的繁殖,且不易受外界温度、湿度和气压变化的影响,是一种简便易行,经济适用的农产品储存方式方法。较适宜对植物类鲜活农产品进行较长时间的储存,例如,冬储大白菜、萝卜、马铃薯、大葱等。

3. 冷库储存

冷库储存也叫机械冷藏储存,是一种采用机械制冷储存农产品的方法,能够延缓微生物的活动,抑制酶的活性,以减弱农产品在储存时的生理化学变化,保持应有品质。这种储存方式方法的优点是效果好,缺点是费用较高。

4. 干燥储存

干燥储存分自然干燥和人工干燥两种。干燥的目的是为了降低储存环境和农产品本身的湿度,以消除微生物生长繁殖的条件,防止农产品发霉变质。凡干燥后不影响使用价值的农产品,一般都适宜采用这种方式方法保存,如干菜、香菇和木耳等的干燥和储藏。

5. 密封储存

密封储存也叫气调储存。密封储存的常见设施有密封库、密封垛、密封柜等。此外,密封储存还有更先进的气调储存方法,如建设自动化的气调冷藏库等。密封气调储存虽然投资较大,但储存效果良好,是现代农产品储存研究和发展的方向。它适宜各种农产品,特别是鲜活农产品(如果品、蔬菜等)的储存。

6. 放射线处理储存

放射线处理储存是指利用放射线辐射方法消灭危害农产品的各种微生物和病虫害,

延长储存时间,是一种有效保证农产品质量的"冷态杀菌"储存方式方法。

9.3.5 农产品仓储管理

1. 重点突出,特殊保护

重点突出,特殊保护就是对贵重、易损、易漏、保质期短的商品进行重点管理,定期盘点、整理,降低库存损耗风险。生鲜损耗控制是生鲜企业关注的重中之重,比如叶菜类娇贵无比,怕挤怕压怕摩擦,一个周转筐必不可少,闲时码货节省空间,分拣时订单直接入框、装车降低搬运损耗。

2. 生鲜商品分类存放

仓储按功能分为保鲜区、冷冻区、常温区、卸货区、分拣区、投框区、分区。归类有助于员工记忆,形成熟练的工作路径。对商品分类存放、集中装车,既有益于生鲜存储,也是提升工作效率的好方法。比如瓜果类、根茎类、肉类、蛋类、米面粮油等要分类存放。一种单品集中存放,不同的单品不得混杂在一起。这种分类管理方法是按照唯一区域的原则或某一小范围内唯一区域的原则存放的。

3. 商品存放栈板上

商品存放栈板上,不仅可以防潮,还便于挪动减少损耗,地牛、叉车等都可实现快速移动(见图9-2)。

图9-2 商品存放的栈板

4. 流量大、保鲜要求高的商品存放

流量大的商品要存放在靠近通道的位置;保鲜要求高的商品晚进早出。流量大的商品意味着订单量大,靠近通道便于就近加工处理,减少挪动频次与劳动量。类似豆制品、鲜肉类对保鲜度要求高,在采购与供应链订购过程中,尽可能压后进库时间,做到分拣完即配送,以此降低运维成本。当夏天气温较高时,青菜类商品要用湿麻布覆盖,保持水分与新鲜度。

案例

移动冷库走上田间地头　有效提升农产品保存期限

夏秋季节是水果集中上市的时间，往往在这个时期，果农总要为水果销售期短或天气问题而犯愁。2021年，韶关首个租赁式田头移动冷库在乐昌市落地运营，这些水果保鲜贮藏的痛点难点问题有了解决的方法。

乐昌老白农场是黄圃镇水果种植大户，今年有约30万斤的水果产出，租赁式田头移动冷库在农场落地运营，大大减少了农场负责人对发展水果产业的后顾之忧。

田头移动冷库因其租金成本低和租赁模式多样化受到果农的欢迎，水果采摘后快速预冷保存，不仅能最大限度降低采摘后的破损率，还能延长产品生鲜周期和市场销售期，通过错季销售实现更好的售价和收益。

市供销合作社党总支书记理事会主任邱鑑林说：我们供销社打造这个冷链服务新模式，目的是解决当地生鲜农产品存贮运销难、经销商散采质量不稳定等一系列问题，有效补齐"农产品上行最前一公里"短板。

（资料来源：南方号，https://static.nfapp.southcn.com/content/202108/18/c5647564.html）

任务4　农产品运输

9.4.1　认知农产品运输的概念

农产品运输是指以最快的速度，走最短的里程，经过最少的环节，花费最少的费用，及时、安全地把农产品运送到目的地。搞好农产品运输是农产品企业保证营销渠道畅通和提高流通效率的关键。

9.4.2　农产品运输的类型与方式

1. 按经济区划组织农产品运输

经济区划是指由自然地理位置、交通运输条件、生产力布局状况和产供销关系等各种因素决定的商品流通的地域范围。按照经济区划组织农产品运输，即按照一定的地域范围来科学、合理地设置农产品的批发机构和储运网点，确定农产品的运输路线和环节，使农产品流通符合客观经济规律的要求。它有利于消除农产品运输中的对流、倒流、重复、迂回、过远等不合理现象。

按经济区划组织农产品流通有两种情况：一是以大中城市为中心形成的经济区划，农产品流向基本是由这个城市周围地区的若干县镇向这个城市集中；二是以交通枢纽地城镇为中心形成的经济区划，农产品流向基本是以这个城镇为中心，先集中后分散。

按经济区划组织农产品流通可以打破行政区划的限制，实行农产品跨区（行政区）收购和销售。

案例

农特产进城"快车道"

"从采摘到送到消费者手中不能超过48小时"，在重庆巫山，"快递进村"增加了果农收入，壮大了集体经济，促进了脆李产业的提质增效。

从进村公路通达，到农特产出村"邮路"顺畅，为农特产进城铺好"快车道"，是贯彻落实中央一号文件要求，完善农村物流快递网点布局的应有之义。随着农村生态环境日益改善，农特产的品质不断提高，以及互联网基础设施的日渐完善，越来越多的城里人习惯通过网络采购农特产。在常态化做好新冠肺炎疫情防控要求下，畅通农特产进城"快车道"，有利于减少人员流动，推进农村社会信息化建设。据统计，2022年上半年，农村地区揽收和投递包裹总量超过210亿件，再次证明农特产出村、进城方兴未艾，畅通"快车道"助力提升农业"含金量"，有利于提升农民获得感、幸福感和安全感。

打通"中梗阻"、修好"断头路"，畅通农特产进城"快车道"，立足完善乡村的快递揽收和投递站点布局，让村民切实体会到"快车道"惠民便利。一方面，农特产通常难储存、易腐烂，如果物流配套跟不上，将造成较大损耗。之前囿于交通不便，巫山脆李"藏在深山人未知"，上市销售旺季却辐射半径小、价值有限，而留守乡村多为老年人、未成年人，对外运输较为吃力。另一方面，快递公司在设置乡村站点时要算经济账，本该设进村里的收揽点，到了乡镇就容易止步不前；那些人口稀少、路途遥远的边远山区，快递公司较难"光顾"。"要想富，先修路"，打通"中梗阻"，打通农特产出村进城"最前一公里"迫在眉睫。发挥政府公共资金的杠杆作用，运用提供站点、投递补贴、购买服务等方式，有效撬动了社会资本投入，激励快递行业市场主体到农村去、朝村里走，让农特产进城"快车道"真正动了起来、跑了起来。

畅通农特产出村、进城"快车道"，为农业高质量发展、农民高品质生活赋能添彩"造血"。收寄农特产的快递进了村，就不只是投寄土鸡蛋、李子等农特产，还会逐步扩大运营范围、丰富服务业态。比如，引导社会责任心强、服务质量好的快递企业，为农民网购站好"质量安全岗"，让乡亲们便捷消费、放心消费。再比如，让快递小哥一手揽收农特产，一手向村民"带货"新技术、新信息，"手把手"教授村民使用智能设备，"面对面"传播政策信息，促进城乡资源双向流通。

因势而为、因地制宜，引导高校毕业生等人群返乡就业创业，为畅通农特产"快车道"奉献青春力量。近年来，国家持续加大投入完善道路、网络等基础设施，为农特产进城"快车道"跑起来创造了良好条件。设置农村快递员专项岗位补贴等方式，引导大中专毕业生、转业退伍军人、外出打工年轻人等，返乡投入到农特产进城"快车道"建设中来。越来越多的年轻人投身农特产进城物流运输体系，在畅通农特产出村、进城"快车道"中焕发青春风采，让田野乡间多了一些矫健的身姿、欢快的步子，为农特产出村、进城抢时间，为农特产闯市场创便利，以踏踏实实的勤奋作业，为乡村振兴建功立业。

（资料来源：中农富通，2022-08-20. http://www.scznfutong.com/）

2. 合理选择运输方式、运输路线和运输工具

运输方式是指交通运输的性质（水、陆、空），运输路线是指交通运输的地理途径，运输工具是指运输承载物。运输方式是运输路线和运输工具的表现形式，运输路线和运输工具是运输方式的载体。三者是不能孤立存在的，在组织农产品运输时必须同时考虑。

合理选择农产品运输方式、运输路线和运输工具，就是在组织农产品运输时，按照农产品运输的特点、要求及合理化原则，对所能够采用的运输路线和运输工具，就其运输的时间、里程、环节、费用等方面进行综合比对计算，消除导致运输时间和费用增加的各种不合理因素，选择最经济、最合理的运输方式、运输路线和运输工具。

现阶段，我国交通运输的主要方式有铁路运输、公路运输、水路运输、航空运输、管道运输等，与这些运输方式相适应的运输工具是火车、汽车、轮船、飞机和管道。农产品运输，除了这些现代化交通运输方式及其运输工具外，还大量使用一些民间运输工具，如拖拉机、帆船、驳船、畜力车、牲畜等。这些运输方式和运输工具各有特点，各自适应一定的自然地理条件和自然属性不同的农产品的运输需要。只有区别情况，因地制宜，才能合理选择。

对于大宗农产品的远程运输，适宜选择火车。这是因为火车具有运量大、运费低、运行快、比较安全、准确性和连续性较高等特点。

对于短途农产品运输，适宜选择汽车。这是因为汽车运输具有装卸便利、机动灵活、可直达仓库，对自然地理条件和性质不同的农产品适应性强等特点。

对于鲜活农产品，可根据鲜活性、成熟度，选择具有相应保鲜条件的冷链运输工具和运输方式。

大宗耐储运农产品运输，如粮食的进出口和南北远距离调拨可选择使用轮船。轮船运输运量大、运费低，但速度慢一些。

一些特殊性急需的高价值农产品运输，也可选择利用飞机。飞机速度快，但由于运费较高，在选择应用时要注意成本核算。

🔗 **相关链接**

鲜活农产品运输绿色通道

鲜活农产品运输绿色通道，是指通过高速公路运输指定的农产品时，免收高速通行费。

鲜活农产品本身保存难度大，保质期也比较短，在调运过程中，为了避免因为运输时间而影响农产品的质量以及减少损耗，因此鼓励运输鲜活农产品的车辆选择走高速，并设立了专门的绿色通道，可以优先通过。建立"鲜活农产品运输绿色通道"的目的，可以提高鲜活农产品的公路运输效率，减少运输途中的损耗，更好地解决群众"菜篮子"供应问题。

鲜活农产品品种包括新鲜蔬菜、新鲜水果、鲜活水产品、活的畜禽、新鲜的肉蛋奶等五个大类、128个具体品种。

（资料来源：新农观，https://baijiahao.baidu.com/s?id=1730381825333737759&wfr=spider&for=pc）

3. 实行分区产销平衡，确定农产品合理流向

所谓实行分区产销平衡，确定农产品合理流向，就是根据农产品的产销分布情况和交通运输条件，按照近产近销的原则，规划农产品的调运区域，制定出农产品合理流向图，用以指导农产品的运输。这种方法把产供销关系和合理运输路线相对固定下来，使农产品运输制度化、合理化。农产品运输的合理流向图一般有两种类型。

（1）以采购地为中心的农产品运输的合理流向图。这种类型适用于产地集中、销地分散的农产品。由于商品采购的来源不同，这种类型又分为两种情况：

1）就地采购，就地供应的农产品。这种情况，采购地处于农产品流通的起点。从而形成了以采购地为中心，向四周辐射的合理流向。

2）采购地是农产品的集散中心，是从外地采购调进农产品，再调运出去，采购地处于农产品流通的中间环节。这种情况下，为避免倒流，集散中心的供应区域，一般不包括采购方向的区域，形成了以采购地为起点的扇形农产品合理流向。

（2）以销地为中心的农产品合理运输流向图。这种类型一般适用于产地比较分散，而销地又比较集中的农产品运输。如棉花、烤烟、麻类等轻工业原料类农产品，产地分散在几个省、市，而销地、加工厂又相对集中在几个大中城市。这类农产品要以销地为中心，根据

经济区划和就近收购、就近供应的原则，按其需要量大小，划分收购供应范围，进行产销平衡。其合理运输的流向图是以销地为中心，以产地为外围，由外向内聚集的形式。

4. 直达、直线与中转运输

直达运输是指将农产品从产地或供应地，直接运送到消费地区、销售单位或主要用户，中间不经过其他经营环节和转换运输工具的一种运输方式。采用直达运输方式运送农产品，能大大缩短商品待运和在途时间，减少在途损耗，节约运输费用。农产品尤其是易腐易损的农产品的运输，应尽可能采用这种运输方式。有些农产品，如粮食、棉花、麻、皮、烟叶等，虽然耐储运，但由于供销关系比较固定，而且一般购销数量多、运量大、品种单一，采用直达运输方式也比较合适。

直线运输是指从起运地至到达地有两条以上的运输路线时，应选择里程最短、运费最少的运输路线，以避免或减少迂回、过远、绕道等运输线路不合理的现象。

直线运输和直达运输的主要区别在于：直线运输解决的主要是缩短运输里程问题，直达运输解决的主要是减少运输中间环节问题。在实际工作中，把二者结合在一起考虑，会收到双重效果。因此，二者通常合称直达直线运输。

中转运输通常是指经销商在集散地将当地或外来的农产品集中收购起来，然后再转运到其他的消费地去。

5. 大力开展联运

联运，是指运用两种以上的运输工具的换装衔接，联合完成农产品从发运地到收货地的运输全过程。联运的最大特点是农产品经销商只办理一次手续即可完成全过程的托运。联运形式有水陆联运，水水（江、河、湖、海）联运，陆陆（铁路、公路）联运，（航空、铁路、公路）三联运和（航空、铁路、公路及水路）四联运。

开展农产品联运，既适应我国交通运输的客观条件和运输能力，也符合农产品产销遍布全国，点多面广的特点。只要联运衔接合理，就可缩短待运时间，加速运输过程。

6. 发展集装箱运输

集装箱是交通运输部门根据其运输工具的特点和要求，特制的装载商品的货箱。选用集装箱时，要根据农产品的重量和装载的车型来确定，以求装满载足，减少亏吨。

集装箱运输过程机械化自动化操作程度高，是现代高效运输形式。采用集装箱运输，有利于保证商品安全，简化节约包装，节约装载、搬运费，加快运输速度，便利开展直运和联运。

7. 冷链运输

长距离的货物配送大多需要进行物流运输，有些货物在常温条件下是无法配送的，因此就需要冷链运输。需要冷链运输的货物主要有以下三类。

（1）初级农产品。农产品涉及民生饮食的产品，包括蔬菜水果、蛋奶禽肉、水产品等。部分农产品本身鲜度流失速度快，冷链运输能很大程度地保存食材的鲜度。

（2）加工冷冻食品。如：冷却肉、分割肉和熟肉制品；鱼饺、鱼丸、贡丸等肉丸制品；速冻蔬菜制品、速冻猪肉、鸡肉、冻鱼等；速冻汤圆、速冻饺子、速冻包子等包装食品。

（3）花卉苗木。鲜花等珍贵苗木属于鲜活的植物，对于温度和湿度变化十分的敏感。为了防止运输途中植物的死亡腐败，就需要冷链运输，保证植物的存活率，以此实现长距离运输。

 项目案例分析

农产品供应链数字化的模式

2020年全国十大名椒中，河南辣椒占据两席。河南的辣椒产业已形成了大规模生产的局面。在第五届郑州农博会首届中国数字辣椒产业发展论坛上，隆重举行了"临颍辣椒，中国'椒'点"品牌战略发布仪式。品牌战略之根为"以数字化为引擎的辣椒现代化产业集群"，品牌灵魂为"中国辣椒现代化引领者"。临颍辣椒要做产业中心，更要做产业焦点。临颍辣椒的品牌口令就是"临颍辣椒，中国'椒'点"。

临颍依托省级现代农业产业园，联合产业链优势企业及河南农业大学等科研院所，把5G、物联网、大数据、人工智能等信息技术与辣椒种植充分结合，将新品种推广、种植、管理、收购、储存、加工、销售、服务等各个环节"串联"，利用"5G+智慧农业"，持续推进辣椒产业数字化转型升级。通过全程机械化生产、标准化种植、智能化管理等措施，临颍每亩仅劳动力成本一项可节约开支60%以上，1人可管理500亩农田。

（资料来源：百度百家号大河报，https://baijiahao.baidu.com/s?id=1744006599962145928&wfr=spider&for=pc）

辩证性思考

谈谈你对农产品供应链数字化发展的看法。

项目检测

营销知识目标检测

1.选择题

（1）多元化思想下的农产品供应链模式包括（　　）。

　　A.家庭农场的产、销一体化模式

　　B.以乡镇为单位的合作社整合模式

（2）农产品加工方法分类有（　　）。

　　A.物理机械加工　　　　B.化学加工　　　　C.生物加工

（3）冷链运输的农产品有（　　）。

　　A.初级农产品　　　　　　B.加工冷冻食品　　　　　C.花卉苗木

2.判断题

（1）农产品供应链就是农产品销售。　　　　　　　　　　　　　　　　（　　）

（2）农产品供应链最难的是农产品上行的"最前一公里"，最重要的是农产品进社区的"最后一公里"，最关键的是从源头开始的产供销全链路数字化。（　　）

（3）鲜活农产品运输绿色通道，是指通过高速公路运输的农产品时，都免收高速通行费。　　　　　　　　　　　　　　　　　　　　　　　　　　　　　（　　）

（4）农产品在储存期间由于受内在因素和外界因素的相互作用，发生的变化就是霉变。　　　　　　　　　　　　　　　　　　　　　　　　　　　　　（　　）

3.简答题

（1）简述完善农产品供应链的战略意义。

（2）简述全国统一大市场下农产品供应链的发展方向。

（3）简述农产品加工的方法。

（4）简述农产品仓储的方法。

（5）简述农产品运输的类型。

营销能力目标检测

检测项目：选择一种农产品产业链模式，进行分析、诊断，撰写分析方案。

检测目的：通过检测，进一步认识农产品供应链的战略意义，熟悉农产品供应链类型，具备分析、诊断、解决农产品供应链问题的基本能力。

检测要求：班级学习委员组织全员分团队对农产品供应链分析方案进行分析、讨论、交流，由教师进行评价。

项目10　农产品营销策划

项目目标

营销知识目标

正确理解农产品营销策划的概念及营销策划的误区；确立以德为尚、诚信立人的职业道德；掌握农产品营销策划的程序、农产品营销策划书的内容；掌握农产品营销策划的方法和技巧；掌握农产品事件营销策划的方法、休闲农业体验活动策划的方法和农产品新媒体营销策划的方法。

营销能力目标

能够运用农产品营销策划的方法，选择一个农产品企业或一种农产品进行营销策划，撰写营销策划书。

导入案例

钱大妈凭借"不卖隔夜肉"打造金字招牌，一举占领消费者心智

钱大妈，广东的生鲜连锁企业，在新冠肺炎疫情之下，发展迅猛，生意越来越好。截至2022年6月，钱大妈在全国布局共30余座城市，在营门店近3 300家。社区生鲜潜在的独角兽，开创生鲜便利店先河，不卖隔夜肉也成功占领用户心智，新鲜理念深入人心。

企业能够生存，并且发展很快，一定是解决了消费者的一个超级痛点。那么，钱大妈解决了一个什么超级痛点呢？那就是家庭主妇特别关心的问题：肉制品的新鲜问题。

怎么解决呢？钱大妈，不卖隔夜肉！

这个定位是精准的，让大妈们能够快速地接受。同时，家庭主妇还对优惠活动很感兴趣，搞一个卖不完就打折，7点开始打折，11点半免费送，直接就让家庭主妇缴械投降了。

从营销策划的角度分析，钱大妈的这个定位堪称经典。营销策划，就是需要找到认知，让核心消费群的口碑带动其他群体，实现广泛的覆盖，这就是互联网思维和互联网营销之道。

（资料来源：https://www.sohu.com/a/332216085_726120）

> **辩证性思考**
>
> 钱大妈"不卖隔夜肉"营销策划的创新点是什么？

10年开了3300家门店，钱大妈是怎么做到的？

任务1　认知农产品营销策划

10.1.1　认知农产品营销策划的概念

农产品营销策划是农产品企业对将要发生的营销行为进行超前规划和设计，以提供一套系统的有关企业营销的未来方案。这套方案是围绕农产品企业实现某一营销目标或解决农产品营销活动的具体行动措施。这种策划以对农产品市场环境的分析和充分占有市场竞争的信息为基础，综合考虑外界的机会与威胁、自身的资源条件及优势劣势、竞争对手的谋略和市场变化趋势等因素，编制出规范化、程序化的行动方案。

> **相关链接**
>
> **营销策划人的"三光原则"**
>
> 一、眼光原则
>
> 营销策划必须具有前瞻性，也就是说营销策划人要有"眼光"，要看得远，要看到他人没有看到的，这样才能抢占先机，出奇制胜，反之则整日被琐事缠身，裹足不前。不谋万世者，不足谋一时；不谋全局者，不足谋一域，说得也是这个道理。很多策划人都在实践中努力遵循这个原则，只是程度存有差异。例如，很多企业没有做品牌战略策划，就忙着请广告公司发布广告，大量资金砸下去之后，可能会有一定的收益，但必然是事倍功半。
>
> 二、阳光原则
>
> 这个原则是指营销策划必须见得着阳光，经得起日光的"曝晒"。换句话说，营销策划人必须心胸坦荡，不能做昧着良心的策划，也就是营销策划不能欺诈消费者，不能损害消费者利益，更不能有悖于社会道德和伦理。不容乐观的是，不少营销策划案都违背了这一原则，现在仍未能引起足够的重视。
>
> 三、X光原则
>
> 借指营销策划人要有"掘地三尺"的精神和能力，洞穿问题的本质，或者说找到问题的根源，然后再结合存在的资源进行营销策划。这样，营销策划方案实施后，才有可能实现釜底抽薪、药到病除的效果，否则必然是隔靴搔痒，治标不治本。

10.1.2　农产品营销策划的基本要求

1. 调查研究

荀子说："知道，察也。"讲的就是明白道理、掌握情况。任何一个项目的营销策划，首先要做的便是踏勘、访谈、调查，尽可能摸清真实情况，掌握第一手资料。除了依靠专人调查外，调查人员还要身临现场，细查、深究。调查是一切营销策划的基础、源头。策划成功与否，取决于掌握的情况准不准、全不全、深不深。

2. 善思后行

做好一个项目的策划，不仅要三思，甚至要十思、百思、日思、夜思、冥思、苦思。事实证明，许多金点子、新创意，都是在掌握大量第一手信息情报后，在勤思中迸发出灵感火花的。思要全神贯注，不分心。作为营销策划人，要善于纳集体之思，强调团队精神，把每个人的积极性都调动起来，以达到创新。

3. 以奇用兵

商场如战场，战场讲究出奇制胜。营销策划要遵循市场法则，因情循理，这便是正。但正不避奇，正中出奇，是制胜的法宝。奇就是独创、变化、标新，寻求差异化。事实上，出奇也是职业经理人个性的发挥和张扬，只有依据不同项目特点，扬长避短，度身制衣，将个性发挥到极致，才能尽显独特的风貌。

4. 杂糅相济

营销策划要避免单一，讲究交融、贯通，做到边界渗透、资源整合。具体而言，要做好市场调查、行业背景分析、区域环境分析，讲究消费模式，洞悉消费心理，注重营销策略和企业发展战略。即使做策划方案，也要避免严肃、艰涩、机械的文风，用语清新活泼、旁征博引。因此，营销策划人除了精通专业之外，还要用各种知识武装自己，以便融会贯通、灵活应用。

5. 大道至简

效率就是效益，而效率则取决于实施过程是否简便、快捷。营销策划方案必须简洁、明了，诸如对市场前景、行业背景、竞争对手、功能定位、形态布局、营销策划、整合推广等都要有清晰的结论、量化的依据，使人一看就明了，就可以操作。这就要求营销策划的职业经理人，要有超强的理解感悟能力，追求简约、高效的工作作风。

6. 以德为尚

品德是衡量一个人的道德规范标准，人品的好坏，决定着一个人在这个行业的寿命。营销策划人既要有人品，还要有良好的操守。做营销策划必须遵循这个行业的职业道德。市场经济是法制经济和道德经济，职业经理人的道德操守和职业道德是安身立命之本，也是个人的无形资产和品牌，应加强维护，使之增值。

7. 业精于勤

营销策划人必须适应市场变化需求，做到五勤：手勤、腿勤、眼勤、耳勤、嘴勤，以提升专业水平，降低市场风险。

8. 诚信立人

讲究诚信、信誉，既是对营销策划的要求，也是做人的基本准则。营销策划经理人应以高度责任心对待所负责的项目，不可敷衍塞责、欺世盗名、形而上学、闭门造车，更不可捣糨糊。虽然这会给经理人带来更大的压力，但会因尽责而实现价值感到心安理得，很有成就感，同时还会为自己赢得良好的信誉。

相关链接

营销策划的误区

1.策划就是"造势"

这种观点认为，策划就是要制造轰动效应，提高知名度，以获得媒介的免费宣传和消费者的关注。

营销策划是要将正确的信息传达给潜在的消费群，而追求"造势"的企业过于重视轰动性，想尽一切办法制造和传播知名度，而往往不能将正确的产品信息传递给有效的购买人群，最终导致营销策划工作只能停留在追求热闹的表面上。

2.策划是"包治百病"的良方

这种观点认为企业在经营与管理中遇到的问题可以全靠营销策划来解决。

首先，企业应该努力提高自己的综合素质和领导者的综合素质，加强企业的市场应变能力、核心竞争能力，这些才是决定企业成败的关键因素。其次，在提高自身能力的前提下，适时地学习他人的经验和智慧成果，达到内外结合、融入升华。任何一个企业离开了管理者自身管理能力的修炼和营销水平的提高，都无法取得市场竞争的胜利。

3.策划只要有实践经验就行

这种观点认为只要有实践经验就可以做好策划，这也是一种误解。

只有实践经验，而没有专业知识和工具的指导，做出的策划往往是盲目的、表面的、零碎的，不能从根本上和全局上系统地解决营销问题。因此，策划人不仅要有实践经验，还要具有丰富的专业知识。可见，只有实践经验并不能成为优秀的策划者。

4.策划只是专业性文章

这种观点认为有专业知识就能做好策划。有一部分人自认为有了一定的经济理论、营销理论、策划理论的培训经历，就能做策划、做好策划，结果把策划写成精美但没有实际意义的文案。

这牵涉到策划的效果问题。策划的效果要由实施策划方案后所产生的营销效果来决定。营销效益好，当然就可以说策划方案好；否则，则相反。

5.策划方案就是模仿着做

这种观点认为策划方案可以模仿着做,从而节省策划时间与成本。

策划的核心是创意,也就是说,每一个策划方案都是一种新思维的表现,是赢得竞争胜利的先决条件。在市场竞争中,市场的形势复杂多变,一个企业要获得竞争的优势,就必须对自己的竞争手段进行创新,这样才能战胜对手。因此,一定要从创新基点出发来构思符合自己企业的策划方案,这样才能体现策划方案的价值。

6.新办法能够更好地解决问题

这种观点认为只有新办法才能解决问题,像赌博似地把赌注压在每一个新创意的方法上,在工作中表现得非常浮躁,点子泛滥,连4P都没弄懂,只会滥用炒作。

10.1.3 农产品营销策划的程序

农产品营销策划的过程可以分为分析立项、形成方案、实施方案与评估总结等四个阶段10个步骤,简称农产品营销策划4阶段10步工作法(见图10-1)。

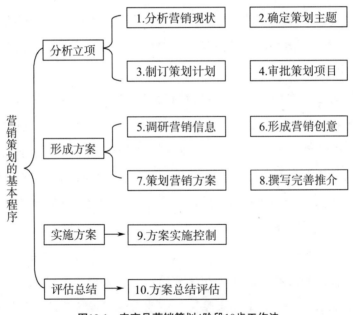

图10-1 农产品营销策划4阶段10步工作法

10.1.4 农产品营销策划书

营销策划书,是对策划后形成的概要方案加以充实、编辑,用文字和图表等形式表达出来所形成的系统性、科学性的书面策划文件。农产品营销策划书具有一定的基本结构(见表10-1)。

表10-1 营销策划书的基本结构

序号	构成	要素
1	封面	策划书的脸
2	前言	背景交代
3	目录	使阅读者一目了然
4	概要提示	要点提示
5	环境分析	策划的依据与基础
6	机会分析	提出问题
7	战略及行动方案	对症下药，因人制宜
8	营销成本	计算准确
9	行动方案控制	容易施行
10	结束语	前后呼应
11	附录	提高可信度

10.1.5 农产品营销策划方案实施的控制

为了对农产品营销策划方案实施活动过程进行有效的监控，有必要建立和确定科学的市场营销实施活动控制制度。而有效的营销实施活动控制制度是严格且科学的（见图10-2）。

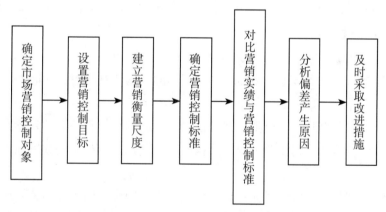

图10-2 市场营销实施活动控制步骤图

1. 确定市场营销控制对象

在确定控制内容、控制范围、控制费用额度时，应注意使控制成本低于控制活动所能带来的营销效益。营销控制内容是营销收入、营销成本和营销利润，但对市场调查、消费者服务、新产品开发和营销广告等活动，也应加强控制和评价的力度。

2. 设置营销控制目标

这是将营销控制与实施方案联结起来的重要环节。企业的营销控制目标就是营销方案中设定的目标，如利润、市场销售量、市场占有率、营销费用额、新产品增长率及为达到营销总目标而规定的战术目标等。

3. 建立营销衡量尺度

在很多情况下,企业的营销目标决定了它所控制衡量的尺度。如利润、市场占有率等,但有时问题比较复杂,如营销人员的工作效率可用一年内新增加的客户数及平均访问频率来度量,广告的效果则用熟悉和了解广告内容的消费者人数占全部消费者人数的比例来衡量等,由此可见,企业有若干管理目的,则营销控制的衡量尺度也会有多种。

4. 确定营销控制标准

它是以某种衡量尺度来反映控制对象的预期活动范围或可接受的活动范围,也就是对营销衡量标准加以量化。如规定每个推销人员全年应增加30个新客户、某项新产品在投放市场6个月后应达到3%的市场占有率等。营销控制标准一般应允许一个浮动幅度,如新产品市场占有率在2.8%左右是可以接受的。企业在设立标准时可参照市场同类行业的标准,并尽可能吸收企业内部各方面的意见,以使营销控制标准更切合实际,并具有激励作用。

5. 对比营销实绩与营销控制标准

对比营销实绩与营销控制标准是通过检查取得营销实际工作绩效资料后与原制定的营销控制标准进行对比,掌握实际情况和对比中出现的差距。对比的频率取决于营销控制对象的具体变动状况。

6. 分析偏差产生原因

工作实绩与控制标准可能产生偏差。若产生偏差,则说明控制标准与营销实际活动不相符,需要寻找造成标准与实绩偏差产生的原因,为修正原营销行动方案提供资料依据。

7. 及时采取改进措施

根据分析结果,应及时采取不同类别状态下的改进措施:

第一,分析结果表明营销控制标准脱离实际的,应认真对控制标准加以修订,以便真实地反映市场营销活动。

第二,分析结果表明营销控制标准是合理、正确的,而营销活动方案实施中出现问题,那就有必要在具体营销活动过程中寻找原因,迅速采取相应补救措施,以提高工作实效。

在市场营销控制中,营销目标和营销环境等多种因素不同,营销策划经理所采取的营销控制方式、方法也不一定相同。因此,营销策划经理应根据本企业实际情况进行正确选择。

任务2 农产品营销策划的策略、方法与技巧

> **相关链接**
>
> **营销策划中的痛点、痒点和卖点**

一、什么叫痛点?

痛点就是消费者在正常的生活当中所碰到的问题、纠结和抱怨,如果这个事情

不解决，他就会浑身不自在，他会很痛苦。因此，需要找到一种解决方案来化解这个问题，解开这个纠结，抚平这个抱怨，以达成他正常的生活状态。如：上火是不是一个问题？一个本来嗜好吃香辣火锅的美食爱好者，很可能因为怕上火而导致不敢吃了，这会影响他的食欲，影响他正常的生活所需。因此，王老吉发现了这个普遍存在的问题，然后名正言顺地提出来告诉消费者"我能帮你解决这个问题"，如此一举获得大成！

总之，消费者在生活当中所担心的、纠结的、不方便的、身心健康的问题，就叫痛点。营销策划要做的，就是发现某个问题，然后解决某个问题，最后堂而皇之、义正词严、毫不客气的提出来，告诉消费者：我能帮你解决这个问题。

二、什么叫痒点？

痒点是促使消费者心中的"想要"，让他一看到一听说你这样的产品，心里就痒痒的，就特别有兴趣，特别向往。痛点对应的就是解决消费者的问题，而痒点就是满足消费者的欲望。为什么说不疼不痒没感觉呢？如果某产品不能解决消费者切实的问题，又不能满足他心中的欲望，他就难以产生购买的想法。

三、什么叫卖点（也称兴奋点）？

卖点是站在卖家本身角度说的！狭义上的卖点，就是指品牌自身的特色，但这个特色在消费者的显意识里不一定能发现得了，只有等商家一说出来，如果消费者突然对某产品的特色有怦然心动之感，如此，商家所塑造的卖点就成功了，真正有杀伤力的卖点，能在瞬间打动人。藏鸡蛋为什么这么贵，敢卖5元一个，卖点在哪？怎么塑造？怎么也得告诉消费者，这不是一般的鸡蛋吧。这种鸡蛋不是一般鸡生的蛋，这种鸡是吃天山雪莲长大的，是吃冬虫夏草长大的，七天才生一个鸡蛋，放养在唐古拉山的野外环境中长大的。因为来源不凡，所以价值就不菲。

10.2.1 农产品营销策划的策略

1. 品牌化策略

实施品牌化策略，一是要提高农产品质量，提升农产品的品位，以质创牌；二是要搞好包装，美化农产品的外表，以面树牌；三是开展农产品的商标注册，叫响品牌，以名创牌；四是加大宣传，树立公众形象，以势创牌。要以优质农产品开拓市场。

2. 嫩乳化策略

人们的消费习惯正在悄悄地变化，粮食当蔬菜吃，玉米要吃青玉米，黄豆要吃青毛豆，蚕豆要吃青蚕豆，猪肉要吃乳猪，鸡要吃仔鸡，市场出现崇尚嫩鲜食品的新潮。农产品产销应适应这一变化趋向。

3. 多品种化策略

农产品消费需求的多样化决定了生产品种的多样化，一个产品不仅要有多种品质，而且要有多种规格。要根据市场需求和客户要求，生产适销对路的各种规格的产品。实行"多品种、多规格、小批量、大规模"策略，可满足多层次的消费需求，开发全方位的市场，化解市场风险，提高综合效益。

4. 标准化策略

中国农产品在国内外市场上面临着国外农产品的强大竞争，为了提高竞争力，必须加快建立农业标准化体系，实行农产品的标准化生产经营。制定完善一批农产品产前、产中、产后的标准，形成农产品的标准化体系，以标准化的农产品争创，抢占市场。

5. 土特产化策略

近年来，人们的消费需求从盲目崇洋转向崇尚自然野味。热衷土特产品，市场需求要求搞好地方传统土特产品的开发，发展品质优良。风味独特的土特产品，发展野生动物。野生蔬菜，以特优质产品开拓市场，抢占市场，不断适应变化着的市场需求。

6. 加工化策略

发展农产品加工，既是满足农产品市场营销的需要，也是提高农产品附加值的需要。发展以食品工业为主的农产品加工是龙头农业发展的新方向、新潮流。一些发达国家农产品的加工品占其生产总量的90%，加工后增值2～3倍；我国加工品只占其总量的25%，增值25%，可见我国农产品加工潜力巨大。

7. 反季节化策略

农产品生产的季节性与市场需求的均衡性的矛盾带来的季节差价，蕴藏着巨大的商机。要开发和利用好这一商机，关键是要实行"反季节供给高差价赚取"策略。

8. 低成本化策略

价格是市场竞争的法宝，同品质的农产品价格低的，竞争力就强。生产成本是价格的基础，只有降低成本，才能使价格竞争的策略得以实施。要增强市场竞争力，必须实行"低成本、低价格"策略。

10.2.2 农产品营销策划的方法

1. 联想法

联想法是依据人的心理联想而创新的一种创意方法。许多新的创意创造都来自人们的联想。联想可以在特定的对象中进行，也可在特定的空间中进行，还可以进行无限的自由联想。这些联想都可以产生出新的创造性设想，获得创造的成功。

（1）接近联想法。在时间、空间上联想到比较接近的事物，从而产生创意，设计出新的发明项目，这就叫做接近联想法。

（2）对比联想。由某一事物的感知和回忆引起跟它具有相反特点的事物的回忆，从而产生新的创意项目，这就叫做对比联想法。

（3）相（类）似联想法。这是根据事物之间在性质、成因、规律等方面有类似之处而建立起来的联想方法。当一种事物和另一种事物相类似时，往往会从这一事物引起对另一事物的联想。如在外语单词里，有发音相似的，有意义相似的，这些都可以利用相似联想法来帮助记忆。

（4）从属联想法。这是根据事物之间因果、从属、并列等关系增强知识凝聚的联想方法。通过关系联想，引导思考、理解知识彼此之间的关系，使思考问题有明确的方向，有规律可循。

（5）聚散联想法。这是指运用聚合思维对一定数量的知识通过联想，按照一定的规律组合到一起或运用发散思维对同一知识，从多方面进行联系的方法。包括聚合联想记忆法和发散联想记忆法，互为逆过程。运用聚散联想法有助于举一反三，触类旁通，扩大思路，建立知识的"联想集团"。

（6）形象联想法。这是把所需要记忆的材料同某种具体的事物、数字、字母、汉字或几何图形等联系起来，借助形象思维加以联想。形象联想既有利于激发兴趣、调动思维的积极性，又有利于加深记忆。

2. 头脑风暴法

头脑风暴法又可分为直接头脑风暴法（通常简称为头脑风暴法）和质疑头脑风暴法（也称反头脑风暴法）。前者是在专家群体决策尽可能激发创造性，产生尽可能多的设想的方法，后者则是对前者提出的设想、方案逐一质疑，分析其现实可行性的方法。采用头脑风暴法组织群体决策时，要集中有关专家召开专题会议，共同商议，各抒己见，主持者以明确的方式向所有参与者阐明问题，说明会议的规则，尽力创造融洽轻松的会议气氛。一般不发表意见，以免影响会议的自由气氛，由专家们"自由"提出尽可能多的方案。此后的改良式脑力激荡法是指运用脑力激荡法的精神或原则，在团体中激发参加者的创意。头脑风暴法是在会议中运用集思广益的方法，以收集众人的构想的一种思考。

运用头脑风暴法的操作程序如下三项。

（1）选定项目。确定所面临的问题或所需要解决的问题，并由此确定有关会议的主题。

（2）头脑风暴。召集会议集思广益，召集会议的注意事项如下：

1）选出5~7名会议参加者。人数过多将会减少每个人发言的机会并增加管理难度，会议参加者应尽可能来自不同领域。

2）确定会议主持者。

3）召开会议前，给参加会议者最低程度的预备和知识等相关资料。但有时为了避免先入为主，也可以不提供资料。

4）会议的时间安排在90分钟左右较为适宜。

另外，会议中还应遵循以下基本原则：

1）禁止批评他人意见。

2）充分自由发挥，荒唐无稽都可以。

3）注重数量不注重质量，其目的是提出尽可能多的想法。

4）可自由组合、改善、追加他人的想法。

（3）选择与评估。头脑风暴引出的创意是否有效，还需要针对目的及目标进行选择与评价，并考虑其实现的难度及障碍。一般来说，选择与评估创意的常用方法是矩阵评价表法。

3. 文化创意法

文化创意是以知识为元素、融合多元文化、整理相关学科、利用不同载体，对文化资源进行创造与提升，通过知识产权的开发和运用，产生出高附加值的产品。文化创意法，用一句话概括就是"文化+创意+产品"，将文化通过创意融入产品。当今，从农产品的种植和加工，到农业品牌的设计和推广，产业趋向文创化。文化创意已经成为现代农业发展的核心动力，文创的融入让农产品摆脱了陈旧古板，通过情感诉求，使得农产品变得时尚、生动有趣。

（1）农产品文化的类型。农产品文化可分为三种。

1）农产品的产品文化。产品文化是和产品的起源、生产直接相关的人和事件。农产品发展过程的文献、种养殖技术的经验和故事属于农产品的产品文化，如河南嵩县山茱萸，种植历史有300年，最早从南召县铁佛寺引进五株；1951年，开始山茱萸树的人工移栽；1958年，开始育种；1971年发展到2万余棵；1984年，达到400万颗，现在已经发展到了7万多亩。

2）农产品的历史文化。一个农产品经历的时间越长，其历史文化就越丰富多彩。农产品的历史文化，不仅仅是产品本身的写照，还是人们生活方式的历史写照，是中国农业社会人们寓情于物，借物托情的精神文明生活的再现。如万县糖水坝萝卜有关王母娘娘蟠桃宴的神话故事让糖水坝萝卜有"仙萝卜"的美誉；甘肃秦安长把梨治好唐太宗李世民的故事，让长把梨成为千年"贡品"；山西沁州黄小米因为受到康熙皇帝的青睐，被奉为皇家贡米，赐为"四大名米"之首。因此，福来为沁州黄提炼出"黄金产区，皇家贡米"的品牌价值诉求，并以"鼎"为载体，把"小米"两字融合进去，设计了全新的企业logo，大气、厚重、彰显文化品位。

3）农产品的饮食文化。中国千万种的农产品，以及这些农产品各具特色的饮食方式，造就了各地特有的各式各样的风味小吃，而招待远方的客人时，却可以在农产品的特色风味里叙说本地的特色风情和特色故事。例如，山西应县的大蒜，不但是调味的上品，当地人还用来加工成糖蒜、醋蒜，当地人制酱也要加应县紫皮蒜，米醋里也要放这种特色的紫皮蒜，这和南方大蒜一般调味的吃法显然不同。

4）农产品的民俗文化。民俗文化是一个区域或者一个民族历史的见证，是优秀历史的传承。民俗文化包括当地人的生产习俗、各种农事节庆、当地人的禁忌、各种生活习俗，以及自然崇拜等。农产品的民俗文化，重点的是和农产品直接相关的民俗文化。例如，北方民间的婚礼有一种"撒帐"习俗，新婚夫妇入洞房前，由一名亲属长辈妇女手执盛满枣栗的盘子，边抓枣栗撒向床上，边唱《撒帐歌》："一把栗子，一把枣，小的跟着大的跑",用这种方法祝早生贵子,子孙满堂。又如傣族的"尝新米"习俗,先将一部分煮熟的新米饭送去寺院贡佛,再将一部分用于祭祖,然后全家人再共食。

5)农产品的区域文化。直接和农产品相关的区域农产品文化,例如嵩山少林寺里的1 000多年的银杏树,就是和银杏有关的国家级保护植物。间接和农产品相关的农业类文化,例如云南的哈尼梯田,对于梯田产的特色米来说,就是直接相关的区域农产品文化,而对于哈尼别的农产品如核桃、板栗等来说,就是间接相关的农业类文化。

(2)农产品文化创意的方法。

1)种植+创意。在农产品的种植方式、种植主体、种植搭配上,进行推陈出新,将科技理念、艺术设施应用于农业生产之中,将文化创意融入,使农产品艺术化,给消费者带来新奇的体验和美的享受。

稻田画是稻田艺术的一种形式,农民在稻田中种植不同品种的水稻,并通过画线、定坐标、描图样等一系列步骤,在稻田中"绘"出预先规划的图像或文字成为各种造型奇特、惟妙惟肖的稻田图画。

2)加工+创意。通过艺术植入、功能创新、工艺改进等手段,将农产品与手工完美结合,使农产品独特化,开启创意农业新玩法。麦秆工艺源于民间,它利用民间自然资源麦秆,通过熏、蒸、烫、漂等十几道加工处理工序,在保持麦秆自然光泽和纹理的基础上,又大胆吸收了国画、版画、剪纸、烙画、贴画等诸多艺术表现手法,以精湛的制作手法,巧妙的制作出了古朴典雅,惟妙惟肖的手工艺品。

3)包装+创意。包装是实现农产品商品化、提升附加值和竞争力的重要媒介。农产品包装的核心,要植入乡村文化符号。通过乡村材质包装材料、创意包装设计、创意logo设计等,提升农产品包装形式,形成农产品自身的知识产权,使农产品品牌化。

4)营销+创意。拥有好的农产品,还需要营销方式的创意提升,才能带来农产品销售的成倍增长。营销过程的创意提升,是指抓住消费者的消费心理,通过文化注入、名人品牌带动等方式,将产品特色进行极致展现,进而实现农产品销售的持续升级。

4. 讲故事法

农业跟故事结合,农产品就像插上了翅膀,能够得到快速的传播,并且能驱动消费者购买。因为故事,是最能打动人心,同时也是最能触发人们购买的武器。农产品拥有独特的优势,因为它本身的故事性就很强,几乎每种农产品都有独特的地理条件,一方水土养育一方人民,同样孕育一方特色农产品。故事是通过文字声音和图像来传播的事件。没有故事的农产品是单调的,农产品生产者不仅要生产出好产品,还要讲好自己农产品的故事,这样才能做好营销。

案例

难道好吃就是黄焖鸡唯一的标准吗?

在一个小镇上,有三位卖黄焖鸡米饭的老板。第一家老板立了一块招牌写着

"全国最好吃的黄焖鸡米饭",第二个老板跟着也挂出招牌,写上"全世界最好吃的黄焖鸡米饭"。第三个老板一看,卖个黄焖鸡都这么卷,谁说小镇竞争弱。便在自己的牌子上写上几个大字:"小镇上最好吃的黄焖鸡米饭"!

如果你在小镇上,你相信哪一位?

(资料来源:百度百家号消费界,https://baijiahao.baidu.com/s?id=1736211685415858632&wfr=spider&for=pc)

(1)策划农产品故事的内容。

1)地理环境和来源——农产品品质的天然剧本、安全品质的注脚。农产品生长的地理环境很重要。那些农产品地理标志产品,标示着农产品来源于特定地域,产品品质和相关特征本身就具有当地自然生态环境和历史人文因素的烙印。如"射阳"大米、砀山酥梨、"安溪铁观音"茶叶、贵州国酒"茅台"等。农民生产者精选优良种子也是为了产出优秀、安全的品质。好的血统基因,好的来源,自然是好品质的保证。

2)独特的种养殖方法或制造工艺——让故事出彩。农产品从幼小到长成、成熟,其成长经历以及是否还保留了其优秀本色,决定着品质的高低。人的成长过程是鲜活的,农产品的成长过程也可以融入人格化特征,如不畏恶劣生存环境的励志故事等,成为卖点。

3)乡土风情、地理文脉、历史文化等资源——故事重要题材。农产品与农耕文化一脉相传。而农耕文化在我国已有千年之久,其中一些可以与农产品嫁接,营造具有文化美感的产品氛围。浙江青田稻鱼共生系统,是中国第一个世界农业文化遗产。青田自公元9世纪开始一直保持着传统的农业生产方式——"稻田养鱼",并不断发展出独具特色的稻鱼文化。

4)创始人的成长故事——让故事更有说服力。新品牌没有把创始人介绍得多么传奇,而是可以通过创始人的成长经历,表现出他是多么热爱自己的这份事业,多么希望通过自己的努力用自己的品牌和产品改变人们的生活,带给消费者幸福和快乐。比如江西的80后女生康敏创立甘姥姥品牌,这个品牌本身就有她自己的成长经历:甘姥姥里的甘指的其实就是甘蔗,因为主打产品红糖是用甘蔗熬制的,所以就用了其中的一个字。而姥姥代表的是她的外婆,在那个缺爱的年代,外婆给了她最多的温暖,每到周末,她就会偷偷跑去外婆家,而慈爱的外婆总会塞给她很多自己亲自做的好吃的。直到现在,她都觉得,世界上最好吃的零食,就是外婆做的红薯干、南瓜酱、李子干等,所以,用了姥姥这个温暖的名字。用"甘姥姥"作品牌,意为希望她的原生态农产品能让大家回忆起童年的自己,能让大家品尝到最纯真的味道。

(2)农产品故事策划的方法(以《我叫山果》故事为例):

1)有吸人眼球的标题。好的开头就是成功的一半,一个故事能不能成功,开头也是很重要的因素之一。

2)有完整的故事框架。这篇故事从日常生活中作者的处境开始写

关于"农产品故事"的误区

起,如一幅写意水墨画卷徐徐向读者展开。从一群十二三岁大山里的孩子背着背篓挤火车的广角镜头,浓缩到一位穿着打了补丁衣服满脸汗水的背篓小姑娘的特写镜头。通过列车上乘客们从开始迷惑到后来同情小姑娘,并通过购买她的核桃,向孩子伸出援手的全部过程。文章虽短,但故事完整,并且紧紧围绕着核桃展开,通过核桃来写人写事。

3)有打动人心的情感。通过讲故事的形式,将产品功能与价值巧妙带出。故事人物是产品生产者、使用者或者消费者,通过故事情节中人的行为,体现出一种向上的价值,感染读者,消除消费者内心的矛盾。这是农产品故事中最重要的一环。比如这篇文章中,让人看到了善良,这是人性的光辉。穷山恶水或许有刁民,但在这里所有人都看到了同车厢里虽贫穷但善良、向上的农民。正是这个群体,虽然贫穷得让人心颤,但也善良得叫人落泪。

4)传递积极向上的价值。在这篇文章中,小姑娘虽然贫穷,但却没有向命运屈服,用自己的努力去改变着自己的生活。这对于作者而言,对于我们坐在电脑前或者用手机看微信的人相比,我们比她要强得多。她的行业,也会让我们更加有信心有勇气面对生活中的困难。车厢内人们也是善良的,不仅给予同情,还给予帮助。这正是一种向上的正能量,也正是这种行为,这种正能量,感染着所有的读者对情境进行假设:如果我在场,一定也会买这核桃,也会帮助她!

案例

我叫山果

我常抱怨日子过得不称心。我知道这么想没有什么可指责之处,人朝高处走,水往低处流嘛。但是怎么算过得好?应该和谁比?我不能说不模糊。前些日子我出了一趟远门,对这个问题好像有了一点感悟。

我从北京出发到云南元谋县,进入川滇边界,车窗外目之所及,都是荒山野岭。火车在沙窝站只停两分钟,窗外一群约十二三岁破衣烂衫的男孩和女孩,都背着背篓拼命朝车上挤,身上那巨大的背篓妨碍着他们。

我所在的车厢里挤上来一个女孩,很瘦,背篓里是满满一篓核桃。她好不容易地把背篓放下来,然后满巴掌擦着脸上的汗水,把散乱的头发抹到后面,露出俊俏的脸蛋儿,却带着菜色。半袖的土布小褂前后都是补丁,破裤子裤脚一长一短,也满是补丁,显然是山里的一个穷苦女娃。

车上人很多,女孩不好意思挤着我,一只手扶住椅背,努力支开自己的身子。我想让她坐下,但三个人的座位再挤上一个人是不可能的。我使劲儿让让身子,想让她站得舒服些,帮她拉了拉背篓,以免影响人们过路。她向我表露着感激的笑容,打开背篓的盖,一把一把抓起核桃朝我的口袋里装。我使劲儿拒绝,可是没用，她很执拗。

慢慢地小姑娘对我已经不太拘束了。从她那很难懂的话里，我终于听明白，小姑娘十四岁了，家离刚才的沙窝站还有几十里。家里的核桃树收了很多核桃，但是汽车进不了山，要卖就得背到很远的地方。现在妈妈病着，要钱治病，爸爸才叫她出来卖核桃。她是半夜起身，一直走到天黑才赶到这里的，在一个山洞里住了一夜，天不亮就背起篓子走，才赶上了这趟车。卖完核桃赶回来还要走一天一夜才能回到家。

"出这么远门，你不害怕吗？"我问。

"我有伴儿，一上车都挤散了，下车就见到了。"她很有信心地说。

"走出这么远，卖一筐核桃能赚多少钱？"

"刨除来回车票钱，能剩下十五六块吧。"小姑娘微微一笑，显然这个数字给她以鼓舞。

"还不够路上吃一顿饭的呢！"我身边一位乘客插话说。

小姑娘马上说："我们带的有干粮。"

那位乘客真有点多话："你带的什么干粮？"

"我已经吃过一次了，还有一包在核桃底下，爸爸要我卖完核桃再吃那些。"

"你带的什么干粮？"那位乘客追问。

"红薯面饼子。"

周围的旅客闻之一时凄然。

就在这时，车厢广播要晚点半小时，火车停在了半道中间。我赶忙利用这个机会，对车厢里的旅客说："这个女孩带来的山核桃挺好吃的，希望大家都能买一点儿。"

有人问："多少钱一斤？"

女孩说："阿妈告诉我，十个核桃卖两角五分钱，不能再少了。"

我跟着说："真够便宜的，我们那里卖八块钱一斤呢。"

旅客纷纷来买了。我帮着小姑娘数着核桃，她收钱。那种核桃是薄皮核桃，拿两个攥在手里一挤就破了，生着吃也很香。一会儿，那一篓核桃就卖去了多半篓。那女孩儿仔细地把收到的零碎钱打理好，一脸的欣喜。

很快到了站，姑娘要下车了，我帮她把背篓背在肩上。然后取出一套红豆色的衣裤，放进她的背篓。对她说："这是我买来要送我侄女的衣服，送你一套，回家穿。"她高兴地侧身看那身衣服，笑容中对我表示着谢意。此时，一直在旁边玩儿扑克的四个农民工也急忙站起来，一人捏着五十元钱，远远伸着手把钱塞给小姑娘："小妹妹，我们因为实在带不了，没法买你的核桃。这点儿钱拿回去给你妈妈买点儿药。"小姑娘哭了，她很着急自己不会表达心里的感谢，脸憋得通红。

小姑娘在拥挤中下车了，却没有走，转回来站到高高的车窗跟前对那几位给他钱的农民工大声喊着："大爷！大爷们！"感激的泪水纷挂在小脸上，不知道说什么好。那几位农民工都很年轻，"大爷"这称呼显然是不合适的。她又走到我的车窗前喊："阿婆啊，你送我的衣服我先不穿，我要留着嫁人的时候穿。阿婆……"声音是哽咽地。"阿婆，我叫山果，山——果——"

灿烂阳光下的这个车站，很快移出了我们的视线。我心里久久回荡着这个名字：山果！眼里也有泪水流出来。车上一阵混乱之后又平静了。车窗外那一簇簇漫山遍野的野百合，静静地从灌木丛中探出素白的倩影倏尔而过，连同那个小小的沙窝站，那个瘦弱的面容姣好的山果姑娘，那些衣衫不整的农民工，那份心灵深处的慈爱消隐在茫茫群山中……

（资料来源：美篇，https://www.meipian.cn/88pr62）

10.2.2 农产品营销策划的技巧

运"势"、驾"时"、使"术"是农产品营销策划的技巧。"势"指在营销策划中组织环境的发展变化，对"势"的运筹是对谋略所处的宏观战略、长远形势的筹划。"时"指谋略根据形势的发展变化而决定运演的最佳时机。"术"指谋略所采用的招数，任何一种招数要以人为对象，符合自己的行动方向，对谋略的行使方式进行战略性、整体性的筹划。

1. 运"势"策划的技巧

"势"，就是一种趋势，是组织本身环境形势的发展变化，也就是通常所说的"氛围""大环境""形势""趋势""潮流"等。从哲学的角度来看，势的发展是事物运动的必然结果，是不可阻挡的。借势、顺势，是治国之大略，是人生之要领，更是营销策划者所必须看重的。因此，营销策划者在策划之前，要先"度势"，后"运势"，只有认清了势的发展规律，并且顺应它，才能使"势"真正为我所用。营销策划中"势"的运用包括借"势"、造"势"、顺"势"、转"势"等。

（1）借"势"策划的技巧。借"势"就是借助具有相当影响力的事件、人物、产品、故事、传说、影视作品、社会潮流等，策划出对自己有利的活动。借"势"在营销实践中的做法很多，例如，借鸡下蛋、顺路搭车、借花献佛、别人搭台我唱戏等，其实质是"乘着东风好远航"。

1）借行业演进之"势"。借助行业成长阶段与发展趋势、技术创新等进行营销策划。

2）借决策之"势"。借决策之势，也可称为借政策之势，主要是指借助各级政府的重大经济决策进行营销策划。面对政府的重大经济决策，营销策划人总可以从中发现商机，抢住先机，趁势而为，取得佳绩。借政策之势的要点是对政策的理解、把握、熟悉和运用，政策不是一成不变的，因此，营销策划人要敏锐地观察政策在不同时期的变化。

3）借人物之"势"。借人物之势就是指借助于某一名人的影响，策划出相应的活动或开发项目，以达到自己的目的。人物可以分为古人和今人，只要他们有一定的影响，都可以"为我所用"。但要注意名人的知名范围有所不同，有不同的等级，影响力也有时期性。不同的名人拥有不同的认知对象，关键还要分析企业所要传播的目标对象与名人的拥戴者的重合部分的多少，名人在企业目标顾客群中能否引起共鸣。

4）借舆论导向之"势"。借舆论导向之"势"是指借助一定时期内，借助大众和新闻舆论的关注焦点、热点、倾向和走向进行营销策划。舆论导向有着引起人们心理共鸣的特征，有益于从深度和广度传播企业品牌。

5）借时间之"势"。借时间之势就是借助某一特殊的、有重大纪念意义的时间进行营销策划，以达到自己的目的。特殊的时间往往具有特殊的意义。有些活动，在平时显得毫无意义，一旦将其放到某一个特殊的时间里举行，就显得意义非凡了。

借"势"策划应注意的问题：所借之"势"与本企业策划项目有无关联性，能否带来非常效应。所借之"势"的发展趋势如何，有无发展潜力。所借之"势"的影响指数如何，能否产生较强的影响力，价值意义怎样。所借之"势"是否合法、合理。

（2）造"势"策划。造"势"就是制造声势，组织和制造具有新闻价值的事件，吸引媒体、社会团体和消费者的兴趣与关注，促使消费者在不知不觉中受此信息的影响而产生消费的欲望。

营销策划的本质就是"迎势""谋势"。"谋势者"方能执市场之牛耳，花小钱办大事。具体而言，处在不同发展阶段的企业，谋势的重点又有不同：初级阶段要造势，发展阶段要蓄势，成熟阶段要乘势。

农产品品牌借势国潮营销的途径

1）找准造势的基础。如一个新产品、一件公益事件、一个大众话题、一个新奇概念等，所有宣传造势的有关活动都要建立在这个基础之上并围绕其展开。

2）定位造势的高度。如果造势的前提是一个宏观的高度，那么就可以给造势形成宣传推广的良好氛围，并创造出造势的外部生态环境。

3）造势策略的合理组合。这要求软、硬性广告的铺排，新闻发布会的召开，焦点任务的策划，花絮事件的制作，以及其他重要组合方式的应用。

4）关注点的形成。造势的落脚点必须与民众关注的热点相结合，这样才能最大限度地唤起民众的心理共鸣。

5）第三方的借用。在造势的过程中，如果要有更好的说服力，必须在客观性的基础上，以第三方，如社会、消费者、媒体评价的方面来表现。

（3）顺"势"策划。顺"势"就是顺应潮流之"势"，也就是常说的顺水推舟。消费者的消费需求是随时代发展而不断变化的，因此，营销策划人员在进行营销策划时，要顺应时代发展潮流，顺应人们的消费需求变化趋势，不断进行项目和活动的创新，从而使企业立于不败之地。

（4）转"势"策划。转"势"就是通过一定的手段和方法将某种"势"转化为另一种对自己有利的势。通过转"势"，劣势往往能够转化成优势。

2. 驾"时"策划的技巧

"时"就是时机、时间、机会和机遇。因为时来去不定，转眼即逝，所以人们尤为看重时机，甚至认为"时"是决定事情成败的关键。"万事俱备"，但因为"只欠东风"，即便再好的营销策划，也只能付诸东流。对"时"的把握要求：要与时俱进，适应主流文化，要牢牢地树立时间观念和时效原则，要有善于发现和把握机会的头脑，要根据形势的变化发展，机动灵活地决定营销策划的最佳时机。

（1）"时"的类型。具体可分为以下三点。

1）寻时。寻时是指寻找营销策划的最佳切入时间。可捕捉的营销策划时机是多方面的，主要有三项：①社会节假日，包括国家性节庆、民族性节庆、外来节庆、各种文化艺术节、纪念日等。此外，还有许多地方性的节庆活动。因此，营销策划者应该抓住这些节庆契机，精心策划营销项目，借题发挥，借鸡生蛋，以达到事半功倍的效果。②重大社会活动。社会上具有一定影响的重大活动比较多，如各种体育盛会、政治活动、外交活动、教育活动、大型展览会等。③公众热点。公众关心、议论的热点和焦点，也是营销策划的最佳时机。如果抓住这些时机，则可以吸引公众的眼球，引起人们的关注，从而提升企业的知名度，创造良好的效益。

2）等时。策划的时间效应与时间变更有时并无绝对关联，也就是说，时间可不断行走，而策划时机可储存，等到时机成熟时再蓄势迸发，从而创造策划奇迹。例如，在我国人们利用黄金周长假营造假日经济，利用中国传统节日春节大力促销产品等都是很好的证明。

3）用时。用时是指策划活动所用时间的期限，用时长短直接关系策划成本的高低，一般来说，时间越少，策划效率就越高，收益就越大。

（2）驾"时"策划的操作程序。具体主要分为以下三项。

1）知"时"。这是指捕捉营销策划时机的第一步，即充分地掌握和了解多方面的信息，仔细判断和评估这些信息所表明的营销策划空间的运动轨迹。一旦发现营销策划空间的势态发展对己有利，便蓄势准备，待势态运动到最佳时刻，迅速推行营销策划。这里预先的"知"是非常重要的，杰出的营销策划正在于预先洞察到推行的时机。

2）算"时"。在"知"的基础上，对有可能出现的机会，在利用上认真计量、分析各种可能影响营销策划活动的内部因素和环境因素，以便准确把握。

3）胜"时"。高人一等的计谋准备，不打无把握之仗，有效地利用可能出现的机会，使之一蹴而就。

3. 使"术"策划的技巧

营销策划的"术"是指营销策划过程中所采用的战术、招数、套路或手段。营销策划者根据不同的形势和时机，采用不同的招数和手段，可以使形势和时机符合自己行为的方向，从而用最少的资源撬动最大的市场，获得最大的利益。

（1）对"术"的运用，要求在遵循基本游戏规则的前提下，先守正后出奇，敢为天下先，为别人所不能，出奇制胜，非同寻常，标新立异，新奇百怪，想别人想不到的，做别人做不到的。

（2）营销策划之"术"要有让人眼前一亮的"兴奋点"。这个"兴奋点"的实质就是要及时捕捉消费者的心理导向，抓住消费者特有的需求变化，注入某种情感、审美思想和文化品位，凭借感情的力量打动消费者，激发其潜在的消费动机，最终实现占领市场的目的，同时还要诱发需求，创造市场。

任务3 专项农产品营销策划

10.3.1 农产品事件营销策划

1. 认知农产品事件营销策划的概念

农产品事件营销策划是农产品企业通过策划、组织和利用具有名人效应、新闻价值及社会影响的人物或事件，引起媒体、社会团体和消费者的兴趣与关注，以求提高农企业或农产品的知名度、美誉度，树立良好的品牌形象，并最终促成年产品或服务的销售目的的手段和方式的决策。

互联网的飞速发展给农产品事件营销带来了巨大契机。通过新媒体，一个事件可以迅速传播，传播面积更大，而且互动性强，能够引起更多的关注，使其产生更大的价值。

2. 农产品事件营销策划的借助要素

（1）借助名人效应与名人合作共推产品与品牌。名人效应是指利用名人的影响力，达成的引人注意、强化事物、扩大影响的效应。在选择名人时，应选择在自己所从事的领域具有一定权威性的名人，他们的选择和言论对于大众具有一定的导向性，容易为消费者信赖。消费者更倾向于接受专家、行业精英们所推荐的产品。除了借助现有的名人之外，还可以借助古人与该产品的故事来进行品牌提炼；通过自己的包装和策划，以自己的名字来形成自己独有的互联网品牌。目前，在新农人市场上有很多这样的产品与自由品牌，比如土豆姐、柚子哥、蟹老师、李金柚等，都是以自己的身份或者特长而形成名人效应的产品与品牌。

（2）借助地名提升品牌。借助地名提升农产品品牌的大多是区域性农产品，这些农产品可能传承几百年，但也有因传播渠道或者创始人的内敛导致知名度一直得不到传播的，比如酉阳青蒿、滨海白首乌、万年贡米等。

（3）借助热点事件提升品牌。比如"徐闻菠萝滞销事件"，尽管菠萝大家都经常吃，但知道徐闻菠萝这个品牌的恐怕寥寥无几。"徐闻菠萝"被全国人知晓，恰恰是因为滞销事件。这种迫不得已的走红,说明了借助社会热点事件,真的可以让农产品成为"网红"。

案例

从"滞销"到"紧俏",徐闻菠萝成富民果

2016年4月末,徐闻菠萝价格遭遇20年一遇的新低,大量菠萝滞销。往年可以卖1.5元一斤的菠萝,2016年0.15元一斤都无人问津。很多熟了的菠萝只能任其烂在地里。徐闻县曲界镇是全国最大的播散中心,据统计全镇有1.6亿斤的菠萝滞销中。菠萝虽然丰收了,可是却连肥料的成本都收不回。一车2 000斤左右的菠萝只能卖300块钱,果贱伤农,连采摘的人工费多都不够。有个果农种了13亩地的菠萝,只卖了7 000元钱。而且不收还不行,成熟的菠萝会继续吸收养分,影响到种子的生长。

这么出名的"徐闻菠萝"为何滞销了呢?原因如下:

(1)客观因素。因受超强寒流影响,"中国菠萝之乡"广东湛江市徐闻县种植的菠萝果品质量下降。

(2)市场因素。菠萝与凤梨外形十分相似,都是在相同的季节4~6月上市。台湾凤梨一直成为南方消费者热衷的水果之一,其以其果形好、甜度高、香味浓郁深受市场欢迎。由于天气原因,徐闻菠萝的口感较差,其果大、甜、香、靓等也不及往年,因此,很多消费者放弃菠萝,转而购买凤梨。

(3)渠道通路制约。徐闻菠萝除了出口和被加工之外,主要的渠道流通大道是超市、批发市场。因市场震动,必将会导致市场放弃菠萝。

"徐闻菠萝滞销",作为本土主流媒体《湛江日报》第一时间介入报道。之后,京东、苏宁易购、天猫等大型电商平台积极帮助果农寻销路,及时让菠萝"上线"。随后,当地政府非常重视菠萝滞销的问题,开始通过各种渠道积极救市。徐闻县举办的首届菠萝文化旅游节,除了宣传菠萝产业之外,也吸引了许多商家前来洽谈菠萝收购业务。5月10日,获悉伊朗一商家要采购7个集装箱菠萝(每个集装箱重25吨)、10个集装箱香蕉。该市的农业部门进一步就徐闻菠萝及当地农产品的种植、销售、物流、推广等问题展开探讨,改变农民"靠天吃饭"的现状。徐闻县菠萝行业协会会长吴建连说,媒体的宣传效应,让"菠萝滞销"问题得到缓解,为果农挽回了一定的损失,解决了果农的燃眉之急。

在当地政府和相关部门的支持下,近几年,通过建立标准化示范基地、制定相关技术标准、加强新品种新技术普及,徐闻菠萝产业逐步朝着标准化方向发展。截

至目前，徐闻共建立菠萝标准化种植示范基地13个，1 000亩以上绿色标准化示范基地2个。徐闻农业龙头企业、合作社、家庭农场等新型农业主体如雨后春笋般接连冒出，菠萝种植规模经营的比例逐步提高。成立于2017年的徐闻县香甜菠萝种植专业合作社是一家集菠萝基地种植、交易市场、农业生产资料为一体的合作社，采用"公司+基地+合作社+农户"等模式，重点发展标准化种植示范推广。

2021年霜降过后，湛江徐闻"菠萝的海"迎来了最繁忙的种植季。连绵起伏的红土地里，逾十万农户忙着栽种菠萝苗，播撒着来年丰收的希望。徐闻菠萝田间收购价每斤普遍1.8~2.5元，最高价达3元，与去年最高价1.5元相比增长一倍，是30年来最高的价格。"我奶奶说种了一辈子菠萝，头一回遇到行情这么好。"徐闻菠萝果农林茂说，今年徐闻菠萝品质好于往年，好品质卖上了好价格，带动果农普遍增收。

近四年来，徐闻菠萝总产值达63.6亿元，其中，2021年菠萝产值达22亿元左右，同比增长30.9%。

（资料来源：百度百家号生活商报，https://baijiahao.baidu.com/s?id=1716567968210036942&wfr=spider&for=pc）

3. 农产品事件营销策划的类型

（1）紧跟政策型。国家政策具有最大号召力与影响力。各大平台为了借势，往往会紧跟国家政策、抓政策热点来策划活动，吸引眼球。农业主体可结合自身情况，响应政府政策，借助平台提供的机会，整合资源，参与活动。

（2）社会热点型。信息时代，信息的传播速度很快，社会热点层出不穷，能瞬间吸引很多人的眼球，农产品营销就要随时关注时事，留意社会热点，评估事件性质与影响力，策划有创意、有意义的活动，借助热点吸引关注。

（3）名人影响型。借助名人的影响力，邀请名人、有社会影响力的企业家、各国大使、政府官员等"权威人士"为活动助力，可让活动在吸引人气方面起到事半功倍的效果。

（4）讲故事型。抓不到政策、热点，那就讲好一个故事。每个辛勤创业者背后都有或悲怆，或激昂的感人故事，历史悠久的中国，每片土地上都有自然风景、人文故事可挖。

4. 农产品事件营销策划的操作程序

（1）寻找接力点。无论是找人还是找事件，都必须要从农产品本身出发，借力点与农产品的点要能够强粘连、强互动。策划者需要与借力点多沟通、多调研、多评估，并不断地进行推演，找出农产品点与借力点的核爆会有多大。

1）原点打造。原点打造，就是根据农产品本身来塑造农产品的品牌，把借力点当作一个烘托或支撑来提升品牌的知名度。

2）品牌再造。品牌再造，就是指没有品牌的农产品或者品牌比较弱的农产品，通过裂变成新的互联网品牌或者新品牌，这是很多农产品品牌打造的常用手法。"褚橙""柳桃""潘苹果""潘大米"等都是通过品牌再造的手段来塑造新的品牌名称，以便新媒体、新环境下的传播与推广。

（2）发布接力点。农产品的点与借力点都找到之后，就要通过一定的途径来发布这个点，让更多的人了解这件事情。

1）召开新闻发布会。通过新闻发布会的形式，邀请媒体参加，通过媒体的渠道来推广新品牌。

2）让名人发声。利用名人效应，通过他们来发声，推广产品。

（3）引爆接力点。引爆接力点是指通过品牌核心点引爆出其他的新话题、新讨论。这一阶段也是媒体或公众最关注的阶段。媒体会探求品牌的故事、品牌的社会价值、商业价值。

1）与用户、公众、媒体形成互动。把品牌更多的点展示给公众，让公众读懂品牌、了解品牌。

2）不断放大品牌的亮点。把已确定的亮点不断放大，引起公众的讨论、探究、评论。围绕着策划的核心的点找公众共鸣的点、解决用户的痛点。

3）引导价值回归。与其单纯地宣传品牌，不如宣传品牌背后的故事。应善于引导公众或媒体正确的思考和讨论，让探讨能回到品牌的社会和商业价值上，并提出积极意义。人性是品牌的回归的焦点，品牌的人格化、人性化就是引导品牌回归的正确之选。

（4）丰满接力点。满足公众和媒体对产品、品牌的好奇心，让他们来体验优质产品和品牌服务。要做好农产品与品牌的体验，丰富农产品、品牌、服务等一系列的体验。在农产品的外形包装和设计上要符合品牌的特性、符合用户的需求。便捷、人性、共鸣的设计理念让用户体验农产品与品牌。供应链是农产品营销的核心，要能够让用户得到产品和服务。对品牌而言，好的用户体验有利于让用户二次购买，帮忙宣传和传播。

值得注意的是，农产品事件营销不能把差的农产品变成好产品，而"引起公众的关注，让农产品品牌传播得更远"才是农产品事件营销的出发点。因此，在做农产品事件营销时，一定要能够保证农产品的质量、做出独特的农产品。

10.3.2 农民丰收节活动策划

我国是世界农业文明的发源地之一，几千年绵延不断的农业实践深刻地影响了国家的社会结构和精神文化，各民族祈愿五谷丰登、庆祝享受丰收的传统和民俗活动亦代代相传。2018年，国家专门为农民设立"中国农民丰收节"，旨在提升农民的获得感、幸福感、光荣感，传承弘扬中华农耕文明和优秀文化传统，凝聚推动乡村振兴战略实施。

这个节日是对亿万农民巨大贡献的致敬，也是对他们最真诚的鼓励和承诺。千百年来，他们用辛勤的汗水和默默地耕耘，让中国人把饭碗牢牢的端在自己的手中。这是农民自己的节日，也是一个礼赞丰收，鼓舞奋斗的节日：提振的是亿万人的精气神，鼓舞的是奋斗者的士气。

1. 农民丰收节庆活动的构成要素

（1）民族性要素。中国农民丰收节是在国家层面设立的各民族共同参与、共庆丰收的节日，是继承和弘扬各地庆丰收传统，增进民族团结和区域交流的媒介。中国农民丰收节带有独特的民族色彩。民族性是最具有传统的节庆，是各地体现差异性的明显特征，随着新时代新民俗的延伸和拓展，要坚持突出民族性以及地方特色性。

（2）文化性要素。一个节庆活动之所以能长久延续和传承，是由于文化的长期发展、积淀、演变和发展而来，它已深深植根于人民大众的民族感情、民族信仰和生活习俗之中。丰收节庆文化包括传统文化、时代文化和外来文化：传统文化就是节庆文化本身具备的体现地区本土风情的文化，是节庆活动的基石；时代文化是随着时代的发展，节庆文化与时俱进，在传统文化的基础上增加的创新元素；外来文化是节庆文化吸取西方先进文化，弥补传统文化不足的内容进行创造性综合。

（3）演绎性要素。农民丰收节庆活动是历史和现实的共同发展需求，包括大量的时代演绎活动。农民丰收节的活动形式和节庆主题都是通过丰收节庆活动原始要素演绎而来，使参与者通过互动来体验节庆的深刻内涵，在活动中演绎性成为总体活动中最重要组成部分，其演绎文化、演绎故事、演绎人物贯穿于活动的始终。

2. 中国农民丰收节庆活动策划要点

（1）主题鲜明。主题是节庆活动的主旋律，反映了节庆活动的理念，也是其形成竞争优势并保持长久生命力的有力工具。它在整个策划过程中，起到了方向指导作用，直接关系到节庆活动的成功与否。挖掘中国农民丰收节节庆自身的本土要素，结合当地的地脉、文脉、人脉等特征，运用各种方法和技巧进行充分论证、反复推敲和归纳总结。

（2）特色突出。特色是节庆活动的灵魂。创新农民丰收节庆活动策划，要扩大旅游节庆的影响力，吸引更多的游客并让其成为该旅游节庆的忠实拥护者、参与者，就必须突出节庆活动的区域特殊性和个体性。特色突出主要包括两个方面。一是突出每个丰收节的个性，旅游节庆策划应利用本地的特殊资源，开发出具有个性和特色的节庆活动，突出本地区达到鲜明个性与魅力。二是突出丰收节的创新性，旅游节庆策划的创新，做到求新、求异、求变，可以是节庆概念、节庆主题、节庆理念、活动内容、活动形式、举办体制的创新。突出展示其独特的个性色彩，把节庆活动与当地的历史文化、民俗风情、产业特征和自然风光结合起来，突出节庆活动的民族特色、地域特色、文化特色和时代特色。

（3）群众参与。丰收节是以农民为主体的节日，也是全国人民的节日。要打造全国性的农民丰收节，要做到全体人民共同参与，充分发挥团队组织独特优势和作用，不断增强全民参与的广泛性，充分吸引各类人群参与，最大限度地调动人们的参与热情。在节庆活动设置中，重点考虑项目的体验性项目，充分调动广大农民参与度高、互动性，让人们切身感受到沉浸在丰收节日活动氛围中。

（4）市场运作。按市场化机制举办节庆活动，对节庆活动的品牌价值进行全面开发，实现市场化运作。首先，丰收节庆组织要逐步实现以企业或涉农组织为主体，使企业在市场中运作，具有自主性，有利于节庆活动的灵活发展。其次，节庆项目的策划要以市场为导向，节庆活动的策划应该建立在市场分析的基础上，这样才是面向大众的节庆。再次，节庆活动的筹资方式要以多元化为目标，要实行企业化运作。充分利用市场化手段，调动市场主体积极性，大力培育节日经济。

（5）联动办会。一是文化联动，利用中国农民丰收节开展乡村旅游、农事体验、文化传承等活动，吸引城镇居民走进乡村，活跃农村消费市场，提升节日吸引力和生命力。二是宣传联动，充分运用信息化手段，有效利用各大媒体平台；创作符合全媒体传播规律的对外宣传体系。三是市场联动，充分利用市场化手段，调动市场主体积极性，农产品出村进城工程、产销对接和消费扶贫等手段调动市场的积极性。

10.3.3 休闲农业体验活动策划

1. 认知休闲农业体验活动策划的概念

休闲农业体验活动策划是通过创造性思维，整合农业休闲资源，实现资源、环境、市场与项目优化拟合的创造过程。以休闲农业园区为舞台，以山林田园景观为布景，以游客为主角、农产品为道具通过创造性思维，创造出值得游客回忆的活动。农产品是有形的，体验是无形的，而其创造出的感觉是令人难忘的。

2. 休闲农业体验活动策划的原则

（1）特异性原则。休闲农业的体验活动项目的目标市场主要是都市人。因此，要设计有别于都市人日常生活的另类体验。只有都市人日常无法切身体验的活动才具有吸引力。甚至有时候体验项目的设计可以超越现实，让游客有充分的体验空间。如经营人员可以配合体验主题、氛围身着特定的服饰，以更好地营造体验的情境。此外，体验活动项目的设计也可以与创意农业结合起来，通过共享创意农业的成果，将其合理地引用到体验项目设计当中，促进创意农业的成果转换，以提升市场价值。

（2）参与性原则。体验活动项目的宗旨就是让消费者主动参与进来。因此，在设计体验活动项目时，要为消费者参与提供必要的缺口。如在节庆活动中留出消费者参与的角色。

（3）协调性原则。协调性原则不仅指整个活动项目的风格和周边环境相一致，而且体验活动项目的设计也必须与当地乡村自然环境和人文环境相协调。如对乡村休闲体验空间分割设计时，就可以采用篱笆墙而不是水泥墙。此外，体验项目、景观营造确立的主题，也要与当地特色农业资源相一致，否则就会显得突兀。

（4）科技性原则。可以将最新的现代农业科技成果与休闲农业相结合，设计多种类型、风格等高科技型的休闲农业体验产品。如通过无土栽培繁殖的农作物、嫁接的农作物展示增加消费者的感性认识；也可以利用科技手段在体验产品中加入感官的刺激，包括视觉、听觉、味觉、嗅觉、触觉等，以增强消费者参与的真实感，并结合现代农业科技的更新换代不断设计新的体验产品。

（5）文化性原则。在进行休闲农业体验活动项目设计时要充分挖掘当地的文化资源，包括历史文化、美食文化、民俗文化、民间艺术、农耕文化等，对其进行整合和包装，并融入体验产品中，设计出消费者可以亲身感受的体验产品。这样一方面可以提升乡村休闲农业体验产品的档次，另一方面也是对乡村文化的保护和传承。如婺源篁岭鲜花小镇地晒秋农事体验活动，就是融入了"晒秋"民俗文化，从而发展成为篁岭鲜花小镇的超级引擎。

3. 休闲农业体验活动的构成要素

（1）赏——休闲农业体验基本的构成要素。观光游览、体验农业美是休闲农业体验活动的基本构成要素。因为"赏"比"游"更能体现休闲农业体验给人心灵上带来的愉悦。

（2）采——吸引游客和盈利的抓手。采摘作为近年迅速兴起的新型休闲业态，以参与性、趣味性、娱乐性强而受到消费者的青睐，已成为现代休闲农业与乡村旅游的一大特色。采摘聚人气、带财气、成本低、收益高，是休闲农业园吸引游客和赢利的抓手。

（3）尝——为消费者带来味蕾绽放之旅。伴随着人们对健康饮食方式的日益推崇，城市居民越来越崇尚乡村美食的生态自然和简单朴实，对于一些出游者而言，品尝特色乡村美食，满足味觉享受，就是到乡村去游览的原动力。

（4）学——发挥农业的教育功能。休闲农业中，"学"无处不在，如农业科普、农业生产劳动中渗透出人们的智慧和勤劳，以及人与自然的和谐。

（5）耕——休闲农业的灵魂。农耕是休闲农业与乡村旅游区别于其他休闲类产品最本质的体现。农耕文明作为中国几千年的历史沉淀和传统文化的核心组成，在发展现代休闲农业的过程中，应对其精髓加以继承、弘扬和创新。

（6）戏——快乐农业。轻松有趣的玩耍、嬉戏活动，对青少年有着强大的吸引力，也很容易将成年人带回到无忧的童年时代，引起情感上的共鸣，延长旅游者停留的时间，提升游客满意度。

（7）憩——放松心情、释放压力。休闲农业中的"憩"不只指住宿体验，而是从各个方面，给消费者带来身体和心灵的放松与享受，契合旅游者出游目的。

（8）养——发现农业的康养功能。农村不仅可以为游客提供新鲜的空气，轻松的氛围，原生态的食品等有利于身心健康的环境，更重要的是农业生产的丰富性、完整性和前后关联的连续性，给劳动者的生活带来了变化和节奏，是完整人性的体现。

（9）淘——快乐"淘宝"。休闲农业中，"淘"实现了农产品的直销，使乡村生产者与城市消费者直接对接，减少了中间销售环节，生产者的利润大幅度提高。

（10）归——休闲农业高层次的体验。都市生活的紧张繁杂，使人们对于返璞归真的纯手工农业生产及生活越来越喜爱，休闲农业应本着"生态乡野、回归本真"的原则，让消费者情不自禁地产生回归大自然的情愫，产生心灵的归属感。

4. 休闲农业体验活动主题创意的方法

（1）休闲农业体验活动主题创意考虑的内容包括：为什么要举办这次活动？游客是否喜欢这次活动？活动在什么时间举行？活动在哪里举办？活动内容或主要推广的产品是什么？

（2）体验活动主题创意的方法。体验活动主题创意的方法主要有以下六个方面。

1）从农业生产经营活动中找主题。根据不同的生产农事时节推出各种"节日"，比如春天看花的"桃花节""樱花节"等；夏天的"荷花节"，各类果蔬品尝节等；秋季的采摘项目节，丰收节等，以及冬季温室中的草莓采摘节等。

2）从民族节庆要素中找创意。体验活动也可以根据不同民族生产生活习俗举办节庆活动。如藏族沐浴节、高山族的丰年节、伊斯兰教的开斋节、侗族的林王节、蒙古族的那达慕大会、不同民族的过年节、纳西族的骡马会、朝鲜族的梳头节等。

3）从乡村生产、生活、生态中找方向。利用乡村的生产、生活、生态资源，发挥创意、创新构思，研发设计出具有独特性的创意农产品或乡村活动体验活动，提升农业的价值与产值，创造出新的、优质的农产品和农村消费市场与旅游市场。

4）从传统民俗节庆和新兴现代节庆中找思路。传统民俗节庆包括春节逛庙会，端午节划龙舟、吃粽子，中秋节赏月、吃月饼，重阳节登高、赏菊等习俗等，是我国传统的民俗节庆活动，具有很强的事件性特征。现代节庆包括哈尔滨冰灯节、上海桂花节、大连槐花节、洛阳牡丹节、江苏宜兴陶瓷节、广西民歌节、安徽砀山梨花节等，都是新兴节庆活动的典型代表。休闲农业在挖掘和打造体验活动的时候，要注重事件性要素的发掘，充分丰富节庆活动的文化内涵，促进节庆活动的可持续性。

5）从已有的节庆活动文化要素中找灵感。节庆文化包括传统文化、时代文化、外来文化。传统文化就是节庆文化本身具备的体现地区本土风情的文化，是节庆活动的基石；时代文化是随着时代的发展，节庆文化与时俱进，在传统文化的基础上增加的创新元素；外来文化是节庆活动在举办的过程中，随着当地居民的观点逐渐发生变化，吸收外来游客带来的文化的产物，节庆活动文化是这三种文化的综合体。

6）从食、住、行、游、购、娱中找亮点。根据休闲农业特色服务产品创意不同主题的民宿节、美食节、游乐节、产品节等。

相关链接

休闲农庄如何创意休闲产品

一、培育新奇特农产品

农庄要在农业科技应用中融入艺术元素，培育一批外形独特、工艺考究、具有内涵的创意农产品，提高农产品附加值。

（1）特色品种创意。将农业生产与观赏结合，培育引进有别于常规品种、主栽品种的农畜作物特色品种，通过艺术造景、趣味活动，满足大众的猎奇心理。如：改变农产品形状、色彩、口味，制作方形西瓜等异形产品；改变农作物生长节令，实现反季节或四季性生长。运用新技术提升农业在生产培管、产品加工、品牌包装、用途转化等方面加大创新，让农产品由"土"变"洋"，成为市场喜爱的商品。

（2）生产模式创意。农庄重点是还原自然农业生产，打造种养结合、农牧循环、立体栽培等农业生产模式展示园，让游客体验人与自然和谐共生的意境；运用节水、节肥、节药、节能新设施新设备，打造农业科技综合示范基地，让城市居民感受现代科技的奇妙。

（3）智慧农业创意。农庄要将科技与视觉结合，用信息技术、装备技术改造农业，建设集产品生产、品种展示、农业众筹特色为一体的兼具生产与营销创新的智慧农业示范基地，让农庄会员在互联网、手机平台就能看到田间现场、参与生产管理、作物生长发育过程。

二、挖掘农耕文化元素

农庄要突出文化元素在农业创意中的应用，挖掘利用当地农耕文化和农业资源，提升农庄文化内涵。

（1）挖掘历史经典产业。农庄要重点寻找具有文化印记的产品，如茶叶、盆景、蚕桑、地方畜禽、"三品一标"产品等，推进文化挖掘、产品开发、产业提升，打造特色农庄。

（2）发掘农业文化遗产。农庄要开展传统农业生产、农村历史遗存、古村落、古民居，农村传统文化、民间技艺、民俗风情、农耕文化园、生态博物馆等的设计与应用，促进民俗文化的推广、保护和延续。

（3）传承乡风民俗。农庄要围绕农业生产过程、农民劳动生活、农村风情风貌等，将乡村餐饮文化、服饰文化、婚俗文化、游艺文化等整理创作成艺术性、观赏性、时代性强烈的农村文化作品，促进游客对农民生产生活的敬重和对农村精神文明建设的支持，满足城市居民的思乡情怀和体验农耕情结。

三、一二三产融合发展创意

农庄要对主导农业产业链及其经营场所等进行包装、设计、创意，培育打造多功能的创意农业精品，推进创意农业产业化。

（1）农旅结合创意。农庄要结合当地自然资源和农业生产，合理布局农庄发展空间，对农庄休闲体验项目不断进行创意提升，打造农庄品牌和经营服务产品品牌。

（2）康体养生创意。农庄要瞄准绿色健康食品消费市场，在农产品食药用功能上进行创意，大力开发具有降血压血糖血脂、抗辐射、美容养颜等功效的食品与保健品，为消费者提供满意的健康食品。农庄要依托当地山水特色和农业资源，积极培育农业疗养、农村养老等新产业，强化生态景观营造、康体健身设施配置，让游客乐在其中、赏心悦目、修心养生。

（3）科普教育创意。农庄要积极与教育部门对接，针对学龄前儿童组织开展果蔬采摘、动物喂养、趣味运动会等亲子活动，针对中小学生开设农业科普、农事劳作、书画写生、素质拓展等户外教育课程，结合农时节令开展丰富多彩的体验活动，增强青少年儿童的乡土情结和劳动意识。

四、绿色生态创意

农庄创意农业要把产业发展与美丽乡村建设有机统一，与农业生态、农业景观创意有机统一，让绿水青山变成金山银山。

（1）田园景观创意。农庄要充分依托稻田、茶园、果园、花园、菜园等农业产业资源，结合丘陵岗地、江河湖水面、村庄庭院等进行合理开发利用，通过融入文化、科技、美术、动漫等创意元素，设计打造美丽田园景观，培育具有较强视觉冲击力和艺术观赏性的创意农业景观，促进农业生产性同艺术审美性结合，打造生产、生活、生态的有机结合体。

（2）园区策划创意。农庄要结合时尚潮流、当地文化、美食特产，建设不同主题的休闲农庄，如爱情园、香草园、米粉农庄、菌菇农庄等主题农庄，布置与主题相呼应的景观小品、卡通形象、指示标牌等，营造浓郁的主题氛围，吸引游客观光消费。

（3）循环农业创意。农庄要创新利用农业废弃物，开发稻麦秸秆编织麦秆画、玉米皮制作干花装饰品等创意产品，变废为宝、循环利用。

五、营销服务创意

农庄要通过新奇别致的产品包装、友好亲切的品牌形象和丰富多彩的营销推介，促进产销对接、优质优价。

（1）包装工艺创意。农庄可利用竹子、柳条、农作物秸秆以及其他绿色环保材料，通过创意设计和特殊工艺制作成具有时代性、民族性、地域性、独特性的各类农副产品、民间工艺品、旅游商品等的包装箱、包装盒、包装袋、包装纸、商标贴等，打造创意产品。

（2）品牌培育创意。农庄要注重农产品品牌培育，不断开展品牌创意，加大创意品牌资源整合力度，每个农庄最少都要有一个以上、名称朗朗上口、商标形象生动易记、社会影响力大的品牌产品。

（3）产业节庆创意。农庄要定期或不定期举办农业嘉年华、水稻节、草莓节、葡萄节、西瓜节、龙虾节、螃蟹节等农业节庆活动，围绕农业生产、农家生活、农村习俗等进行创意策划，组织开展互动性、参与性、娱乐性、新颖性等较强的农事体验活动，向游客展示创意农业的无限魅力，培育休闲农业节庆品牌，打造地方特色名片。

（4）"互联网+"创意。农庄可开展创意农业设计策划征集活动，激发员工设计、开发、培育创意产品的热情，积累创意景点、创意产品、创意点子。农庄要利用休闲农业互联网各种平台，如微信公众号、休闲农业APP等，全面打通创意景观、美丽乡村、乡村民俗、农村工艺品、绿色农产品与消费者的通道，在市民与农庄之间搭建一座桥梁。

5. 休闲农业体验活动的操作程序

（1）制定体验活动计划方案。休闲农业体验活动组织计划方案，包括活动的战略方案与操作计划两大部分，主要包含活动人员管理、农产品卖场与人员配备、市场营销传播推广、休闲活动设计与管理、活动日程安排与人员责任分工、活动流程与时间管理、活动风险控制、节目编制、商品广告推销、媒体报道与公关、公众与安全、游客服务等方面内容。

（2）合理安排节庆活动的程序。节庆活动，一般需要以下五项程序。

1）人员安排。要重点考虑体验活动启动时的主持人的安排，重要来宾，组织负责人讲话，领导及重要来宾致词或讲话、现场剪彩、来宾留言及题词、开放参观等事宜。

2）制造气氛和促进理解的活动组织，如庆祝活动和娱乐活动。

3）宴会、便餐、座谈会、参观与活动参与及馈赠礼品组织等。

4）新闻及传媒报道，扩大庆典活动的社会传播面及影响面组织。

5）来宾的送别和其他善后工作等。

（3）精心准备体验活动细节工作。这包括活动环境、场地、照明、音响、后勤、保卫、新闻媒介、来宾接待、签到、剪彩、休息、座谈等。对体验活动现场的音响设备、音像设备、文具、电源等都应提前测试安装。

（4）制定节庆活动应急措施。体验活动的规模一般都比较大，在活动中随时都可能有意想不到的情况发生，因此体验活动的全部方案应留有余地，以便应付临时事件的发生。

10.3.4 农产品新媒体营销策划

1. 认知农产品新媒体营销策划

（1）农产品新媒体营销策划的概念。农产品新媒体营销策划是指农产品企业内部或外部的策划人员，为了达到一定的营销目标，借助新媒体平台为传播和购买渠道，整合经营资源，在准确分析企业营销环境的基础上，激发创意。通过策划出优质、高度传播性的内容和线上线下活动，向客户广泛或精准推送消息，提高参与度和知名度，充分利用粉丝经济，达到相应的营销目的。

（2）农产品新媒体营销策划的内容。具体包括以下六点：

1）农产品新媒体营销目标设定。营销目标不仅要围绕"转发""点赞"之类的指标，更要注重销售额、人气度和网站流量的效益指标。

2）农产品新媒体定位策划。在进行农产品营销之前，首先要明确农产品企业的核心产品和核心卖点是什么，也就是要明确目标消费群体是哪些人，要给他们一个明确的购买理由。

3）农产品新媒体运营策划。新媒体运营策划就是通过研究用户心理，结合用户的心理和需求编写用户喜欢的内容，进而让用户对农产品企业有持续的关注和信赖。农产品新媒体运营包括：策划阶段、执行阶段、收尾阶段。

4）农产品新媒体内容策划。农产品新媒体内容策划包括内容定位、内容设计、内容传播三大要素。新农产品媒体内容策划并不是简单地写一篇文章、录一段视频、做一张图片，而是让更多的用户打开、完整浏览并进行转发。重点是设计传播宣传模式。

5）农产品新媒体推广渠道策划。农产品新媒体推广渠道策划的关键是整合企业的营销目标及主要消费群体的特征选择合适的新媒体平台帮助企业进行推广宣传。在进行策划时，要熟悉不同的新媒体平台特点，根据其特点进行有针对性的营销策划，主要的新媒体平台有微信、微博、短视频平台、社交自媒体平台、视频直播网站、问答平台等。

6）农产品新媒体展示形式策划。农产品新媒体营销展示是指在营销策划中如何选择展示方式。包括H5动态页面、文字、图片、视频、音频等，不同的展示方式具有不同的特点，带来的营销效果也不一样，需要根据营销目标及主要消费群体特征进行选择。

（3）农产品新媒体营销策划思维的方式。具体包括以下七点。

1）用户思维。首先，企业是什么不重要，关键是用户认为企业是什么。在新媒体时代做营销，第一个就是"以用户为中心"，以用户为中心的第一个原则就是体验。用户体验决定了成交量。策划人员在考虑方案时，首先要做的就是将用户体验做到极致。而体验至上更是要做到沉浸式体验，既包括人的感官体验，又包括人的认知体验。其次，以用户思维为前提，抛弃专家思维，用普通用户的眼光看产品。用户是来买东西，不是来上课的。海量信息时代，谁会有那么多耐性去比较这个产品比那个产品多了几毫克呢？从用户的角度出发，聚焦产品核心差异点，不断放大。

2）互动思维。一个好的农产品新媒体营销策划方案，一定要有用户参与互动的设计。例如营销策划人员在进行广告投放策划时，以前一般是做年度计划，然后按计划投放。但现在不同，广告投放必须考虑如何与目标客户建立联系，最好能和目标客户更好地互动。现在官博、官微、贴吧、社交媒体等新媒体平台就是企业跟粉丝、用户之间连接的纽带，企业可以根据用户的需求和倾向，利用新媒体平台的特点设计营销方案，达到充分互动的目的。

3）大数据思维。大数据时代很多决策都是根据大数据显示与分析做出的，更加科学、精准。譬如广告投放，就可以有目的地圈定目标人群进行精准投放。数据思维是由数据积累、数据分析和运营决策三个部分共同组成的。数据分析的大前提是要锁定目标，也就是说要将落脚点放在业务、产品和用户上。利用好大数据，就相当于站在巨人的肩膀上眺望远方。营销策划人员在策划时，应运用各种方法收集用户数据，了解用户需求，进行分析，从而改进方案设计。数据分析不能为了分析而分析，而要将落脚点放到业务、产品和用户上。

4）逻辑思维。逻辑思维是指人们在认识事物的过程中，借助于概念、判断、推理等思维形式能动地反映客观现实的理性认识过程，又称抽象思维。做营销也是非常重逻辑的一个工作，一个逻辑思维低的人在营销上是不具备优势的。简单来说就是要循序渐进、有条不紊。在营销策划过程中，可以围绕着目的、规划、执行、总结优化四个步骤去实行。

5）迭代思维。农产品企业的产品只能通过持续的小而快的迭代才能保持自身在市场上的热度，好的创意如微弱星火，很快会被衍生品和模仿物淹没，因此，产品要想保持热度、维护优势，只能通过马不停蹄的细小而快速的迭代来升级。

6）场景化思维。场景化思维的要素包括空间、时间、人物和事件。

7）跨界思维。跨界思维本质上是一种开放、创新、发散的思维方式。新媒体平台最大的特点就在于开放，营销策划要想产生更多的可能性，就需要与别人合作，擦出思想的火花。

2. 农产品直播营销策划

（1）农产品直播营销策划的概念。农产品直播营销策划就是策划人员在充分调研的基础上，根据新媒体直播平台的特点围绕营销目标，设计与策划营销方式、策略、活动等，以实现营销目标的一系列营销活动。

（2）农产品直播营销策划的基本要素。具体包括以下四点。

1）场景。策划人员需要用直播搭建出营销的场景，让观众仿佛置身其中。

2）人物。主播或嘉宾是直播的主角，他的定位需要目标受众相匹配，并友好地引导观众互动、转发或购买。

3）产品。将农产品企业的产品巧妙地植入主持人台词、道具、互动之中，从而达到将农产品企业营销软性植入直播之中的目的。

4）创意。这是营销策划的关键，人们对于常规的"歌舞晚会""朗诵直播"等已经审美疲劳，新鲜的户外直播、互动提问、明星访谈等都可以为直播营销加分。

在进行农产品直播营销策划时，一定要注意将这四个要素有机结合。借助人物、场景、产品组成万能的策略模板，也就是什么样的人（消费者）在什么场所（销售渠道）购买了该产品（直播中展示的产品），并在什么场所（使用场景）使用后获得了什么样的效果（产品功能及效果），而这个人物（消费者）正在通过直播的形式把以上环节展示给屏幕前的观众，让更多的人知道或购买。

（3）农产品直播营销策划的操作程序。

1）精确市场调研。要了解用户需要什么，农产品企业能够提供什么，同时还要避免同质化的竞争。因此，只有精确地做好市场调研，才能做出真正让大众喜欢的营销方案。

2）分析自身优缺点。对大多数农产品企业来说，没有充足的资金和人脉储备，就需要充分发挥自身的优点来弥补。一个好的农产品直播营销策划方案不仅是人脉、财力的堆积，更需要充分发挥自身的优点，才能达到意想不到的效果。

3）市场受众定位，要确定目标受众是谁，他们能够接受什么，这些都需要做恰当的市场调研，找到合适的市场受众是做好整个农产品直播营销策划的关键。

4）选择直播平台。要综合考虑目标受众、产品特征等因素来选择直播平台。

5）设计直播方案。在整个方案设计中，需要让农产品在营销和视觉效果之间恰到好处。直播过程中，过分的营销往往会引起用户的反感。因此，在设计直播方案时，如何把握视觉效果和营销方式，还需要反复不断地进行商讨斟酌。

6）后期有效反馈。营销最终要落实在转化率上，实时的及后期的反馈要跟上，同时通过数据反馈不断地修正方案，将营销方案可实施性不断提高，以求达到最优效果。

（4）农产品直播营销策划的内容。具有以下三点。

1）直播营销开场设计。直播开场形式有直白介绍、提出问题、抛出数据、故事开场、道具开场、借助热点。

2）直播过程的策划。直播互动的方式有弹幕互动、参与剧情、直播红包、发起任务、礼物打赏。

3）直播收尾策划。直播结束时的核心思路就是将直播间的流量引向销售平台、自媒体平台和粉丝平台三个方向。销售转化、引导关注、邀请报名。

3. 农产品短视频营销策划

（1）农产品短视频营销策划的概念。农产品短视频营销策划就是围绕营销目标，根据目标用户选择合适的视频平台，挖掘农产品特点，策划设计出视频内容、推广方式等系列活动的过程。

（2）农产品短视频营销策划的操作程序。具体内容主要有以下四点。

1）定位。认清自己的角色定位，做好内容定位，内容一定要让消费者有获得感。

短视频内容分为三类：

a. 产品科普类。产品科普类主要以产品知识及有关生活小常识科普。需要做到的是稳定输出相关信息，例如做水果的，需要每天或者稳定间隔多久就能输出水果类的科普信息。例如芒果可以如何吃、怎样搭配养生、怎样更美味等。

b. 美食教程类。美食教程类主要涉及农产品的各种吃法。可以做些美食教程，例如一些蔬菜水果如何制作成美味。这类的账号，其吸粉最精准且黏性最强，转化率最高。

c. 农业教育类。例如可以根据每个农产品的生产全过程做一个细分拍摄。假若有生产基地，就拍摄生产从种苗到成熟到销售的整个全过程。每一个小过程，都可以做一个知识点来做视频。例如说到了挂果期，需要怎么做、如何管理、要加点什么东西？然后每个环节都仔细挖掘，直至产品流通销售到用户手中，全程都可以通过做这样一个内容输出。

2）高质量视频制作。做完定位的前期准备后，开始拍摄上传的内容，拍摄时尽量不要无计划拍摄，更不要去拷贝复制他人的内容。需要做的是，根据平台的规则来进行拍摄，这样才有可能达到想要的效果。以抖音为例，针对拍摄视频有以下三点要求：

a. 原创比例。现在的规则对原创度要求比较高。因此，在条件允许的情况下，最好是可以用抖音直接进行拍摄。用抖音软件直接拍摄上传的视频优先被推荐。

b. 视频分辨率。如果觉得抖音软件难以满足需求，建议使用单反，因为如果使用其他视频拍摄机器，在上传下载过程中分辨比率会降低，系统容易自动判定为盗用视频。上传视频一定要高清，尽量不压缩。

c. 语音清晰、字幕、logo尽量减少。为了增加被推荐概率，最好不要添加logo。没有logo、分辨率高、画质清晰的高质量视频在过审和推荐上相对有优势。拍摄完成后，不是直接发布就结束了。发布环节一样不可忽视。这个环节是是否能获取到真正流量的关键。

3）发布。很多人在制作高质量内容后，却很纳闷为何没有太多推荐。所以，在发布环节需要注意以下五点：

a. 标题引导语冗长，削弱点击欲。引导语最好一两句概括内容，能让人初步了解视频内容。

b. 关联话题、蹭热点让推荐关注量剧增。在抖音界面有一个"话题"栏。可以选择一个跟农产品比较相关的话题关联，其次如果没有比较相关的，就关联最热点的话题。

c. 封面选择，做第一眼"美女"。封面的美观程度影响你主页的美观度同时也影响着点击。我们在发布过程中最好选择看着最舒服的那一帧作为封面。

d. 地点定位，最大限度获取周边老乡关注。抖音会根据你的选择做一个定位，优先给周边用户推荐。

e. 学会@抖音小助手。"@功能"原本是用来跟好友或其他账号互动的，但农创人新开的号，能够用来互动的人相对较少，如果我们无缘无故@其他账号，人家一般不会跟你互动。但如果你@抖音小助手的话，就有可能提升你上热门的概率。

4）推荐引流。有时候会发现作品已经发布出去了，但却没有人看。原因可能在于——审核。平台根据停留时间、循环播放次数、点赞数、评论数，自动评价作品是否受用户喜欢，并根据这些指数调整推荐量。如果点赞、评论等较多的作品其推荐也会成翻倍的推荐。慎重对待每一个评论，回复评论一样可以增加推荐。同时，这也是在为你后期转化引流做基础。因此，这个环节要特别重视。

（2）农产品短视频营销策划应注意的问题。具体有三点。

1）明确短视频营销推广的目的，选择恰当的平台。认真思考短视频的定位和营销的目的,全面了解各平台的调性与用户特征,看其与自己的目标用户是否吻合,短视频营销推广的目的是策划方案设计的依据。

2)选择短视频发布的频率与时间。短视频发布的时间点需要根据农产品企业的定位人群确定。各平台的时间大致分为6:00—11:00、16:00—18:00、20:00—23:00,所有视频和文章都离不开这三个时间段,可以根据内容,先在每个时间段试发,记录每个时间段的数据,然后根据自己的实际情况调整发文时间,让视频和文章的浏览量达到一个极致。

3)获取渠道资源,多渠道推广引流。平台上一个好的推荐位至关重要,如果能够联系渠道给自己的栏目一个好的推荐位。例如绿色通道,可以成为自己内容分发重点渠道的依据。想让策划方案吸引更多的粉丝,可以找到平台中活跃的影响者和品牌合作,这是扩大影响力最有效的方式。另外,尽可能与相关领域的其他平台或者企业进行合作,互相引流,实现二次传播或多次传播、将视频的影响力不断扩大,保持热度。因为领域相同,大家能够互相聚合粉丝。策划人员要选择不同的渠道、方式、策略让策划的短视频得到有效推广,使播放量增加,以实现营销目标。

 项目案例分析

"老干爹"营销策划方案

一、公司简介

1.1 所属公司

贵州老干爹食品有限公司于1999年正式成立,是一家以辣椒为主要原材料,集研发、生产、销售为一体的调味食品加工企业。旗下拥有"油辣椒系列""发酵腐乳系列""苗家系列""LGD战队系列"等多种辣椒调味品。

1.2 品牌故事

老干爹前身是贵阳"流花饭店",主厨师傅从事烹调三十多年,饭菜美味可口,深得顾客的欢迎,因老师傅待人热情,和蔼可亲,每当顾客前来就餐总有一种回家的感觉,便亲切地称呼为"老干爹",品牌因此得名。

1.3 发展历程

1999年,迁址贵阳乌当,贵州老干爹食品有限公司正式成立。2009年,LGD电子竞技俱乐部的前身FTD战队成立,队伍获得了老干爹的支持,战队因此得名"LGD"(老干爹)。

1.4 品牌文化

经营理念:在竞争中求发展,在发展中守诚信。

核心价值观:安全、诚信、品质、创新、感恩。

企业远景：打造中国调味食品的著名品牌，成为最具投资价值的公司。

1.5 品牌管理

管理理念：知行合一。

团队精神：思想民主，意志统一，心情舒畅，纪律严明。

人才标准：有大局观、有进取精神、有适应岗位的能力、能积极适应变革、懂得感恩与分享、懂得个人、团体、公司之间的辩证关系、勇敢、坦荡、光明磊落。

1.6 主要产品

先后开发出"风味豆豉、辣三丁、油辣椒、鲜剁椒"等二十多个辣椒调味品系列，产品投放市场以来，深受广大消费者喜爱。

"俊仁牌"老干爹辣椒品，由于辣味适度，美味可口，餐餐不离有着"辣得起、放不下"的美称。

"老干爹"公司的经营理念：在竞争中求发展，在发展中守诚信。

1.7 品牌使命

致力于食品的研究与开发，用安全、健康、好吃的食品丰富消费者的味觉体验，满足消费者饮食安全性与多样性的需求。通过快速发展壮大企业，为投资人创造客观的回报，为员工创造体面生活的条件，实现经济效益与社会效益的共同进步。

二、辣椒酱行业分析

2.1 PEST 分析

政治：国家和企业应加大辣椒酱科研的投入，以高新技术和国内外先进技术改造现有的加工产品，实现产业技术升级，政府政策扶持。

经济：近年来，随着居民消费水平的提高，家庭消费、餐饮业和食品企业的增长都带动了对消费品的需求，为辣椒酱行业的发展创造了广阔的空间。目前，中国辣酱消费人群超过5亿人。《辣酱产品蓝皮书》显示，2010—2019年，中国辣酱产量增长了80%。数据显示，我国现存辣酱相关企业1 213家。近7年来，我国辣酱相关企业注册量呈现波动变化。2017年以前，我国辣酱相关企业注册量逐年上升，2017年后整体呈下降趋势。2018年我国新增辣酱相关企业228家，同比减少9.52%。2019年新增214家，同比减少6.14%。2020年新增181家，同比减少15.42%。2021年新增111家，同比减少38.67%。中国辣椒酱市场规模在不断地扩大，一直呈现上升趋势，说明市场对于辣椒酱的需求是在不断增加的。

社会：网络媒体服务接触外国文化的频率日增后，中国消费者开始对国外调味品感兴趣，口味趋于多样化，推升了国外辣椒酱近几年的市场需求。可以与国外辣椒酱企业合作，联合生产多种不同地域，不同国家风味的辣酱，满足不同口味的消费者。

技术：互联网辣椒酱是依赖互联网技术与渠道推广营销达到与传统辣椒酱品牌定位、产品、渠道的差异化的新消费模式。国家和企业应加大辣椒酱科研的投入，研究不同风味辣酱的配方，提高辣酱的储存时间，研究辣椒的选育配种，提高原材料的质量，做到绿色无污染，以高新技术和国内外先进技术改造现有的生产设备，提高生产效率，实现产业技术升级。

三、行业竞争对手分析——老干妈

为什么选择老干妈呢，因为老干妈和老干爹有着相似的背景，同样出自贵州，都是做辣酱起家的，而老干妈又是传统辣酱行业的龙头老大，辣椒酱远销海内外，深受海内外消费者喜爱，占领市场份额大，因此是老干爹发展路上的主要竞争对手。

3.1 4P

产品：老干妈辣椒酱。

口味：咸、香、麻、辣、脆五味俱全，优雅细腻，香辣突出，回味悠长。

生产规模：老干妈是国内生产及销售量最大的辣椒制品生产龙头企业，市场覆盖率大。

历史：自老干妈销售开始，在国内外品牌知名度极高，深受民众喜爱，产品种类丰富，不再局限与辣椒酱，各种附属产品增加，而老干爹产品比较单一，种类较少。

价格：老干妈辣椒价格在十元左右，不同配料的辣酱价格也相差不大，老干爹辣酱价格也与老干妈价格基本一样，辣酱价格都是稳定在十元左右。价格已经不是竞争的主要方面了，市场上的辣酱价格基本一样，随着消费者的经济水平的提高，口味的多样化，对生活水平更美好的追求，辣酱行业需要走高端路线，满足市场需求。

渠道：老干妈主要的销售渠道是直接选大区的经销商，再由大区经销商自主开发各级分销商，公司主要负责经销商管理维护、运输、物流等基础工作。通过简政放权，激励经销商搭建分销网络，逐渐就开始流通、餐饮、商超等格局。抢占餐饮渠道制高点，打造高壁垒。餐饮企业注重菜肴风味的稳定性和产品性价比，老干妈价格亲民，是辣椒酱里单价最便宜的，进入行业早，很多餐饮一旦菜品使用了这个调味品品牌并确定了，短时间内不会改。现销模式：老干妈对下游经销商坚持"先款后货"原则，而对上游供应商则是"先货后款"，由此保证了充足的现金流，快速壮大了自己。

促销：老干妈本人就是老干妈企业的有效宣传，不找明星代言，不上市，从不做广告，不去瞎折腾，没有新闻，是稳扎稳打成为老字号品牌。老干妈其实重视的是线下的体验，注重线下营销，着重于对经销商的管理，对于产品价格的管控，生产和销售速度，老干爹可以借鉴他的管理模式。

四、SWOT分析

4.1 优势

（1）历史悠久，口味保障。1999年，贵州老干爹食品有限公司正式成立，前身是贵阳"流花饭店"，主厨师傅从事烹调三十多年，深得顾客的欢迎。

（2）自主研发，拥有多款系列产品。贵州老干爹食品有限公司一家以辣椒为主要原材料，集研发、生产、销售为一体的调味食品加工企业。先后开发出"风味豆豉、辣三丁、油辣椒、鲜剁椒"等二十多个辣椒调味品系列，产品投放市场以来，深受广大消费者喜爱。"俊仁牌"老干爹辣椒品，由于辣味适度，美味可口，餐餐不离有着"辣得起、放不下"的美称。

现旗下拥有"油辣椒系列""发酵腐乳系列""苗家系列""LGD战队系列"等多种辣椒调味品。

（3）我国消费需求大。我国消费人群基数大，辣椒酱的需求也随着变大，而追求品牌的消费者较多，就我国市面上辣椒酱品牌而言，"老干爹"与"老干妈"的名声相差无几，有不少的消费者会选择"老干爹"的辣椒酱。

（4）从年轻群体入手，拿下新一代消费者。2009年老干爹斥巨资赞助了当时打入SMM决赛的黑马战队FTD，从那以后，战队的名字也正式改为LGD。LGD不是什么故弄玄虚的英文单词缩写，就是老干爹拼音的简称。"老干爹"以这样独特的方式，在年轻人心里有了位置。

4.2 劣势

（1）商标问题，一度退市。老干爹商标早已被老干妈抢先注册了，因此之后老干爹自己就不能再用老干爹这个商标，辣酱也就不能卖了，在2007年的时候无奈退出了市场。2011年，国家工商总局裁定"老干爹"商标归原持有人所有，贵州老干爹食品有限公司正式拥有了"老干爹"商标的使用权。由于自己的商标被抢占过一段时间，又因为老干妈的极度火爆，老干爹常常被认为是老干妈的抄袭品牌，导致了老干爹很难打破这个人们的普遍印象。

（2）市场占有率低。通过统计，"老干妈"占市场的大头有20.5%，再往下是"李锦记""辣妹子"，分别占9.7%以及9.4%，而"老干爹"只能和"饭扫光""海天""茂德公"等不主攻于辣椒酱的产品占了辣椒酱产业的60.6%。由此可见"老干爹"市场占有率还是很低的，需要通过不同方式营销以获得更大占有率。

4.3 机会

（1）线上宣传，打开国外市场。现在处于网络时代，不再局限于一个国家或一个地区的售卖,可以通过各种网络平台进行"老干爹"产品的宣传,同时可以在瓶身印上企业文化或是中国的文化,不同于"老干妈"的国内国外相同包装售卖,"老干爹"在售卖产品的同时进行一次文化输出,不仅通过风味更能通过文化更好地打开国外市场。

(2)研发新风味,满足不同人群。在许多网络媒体接触日韩文化的频率日增后,中国消费者开始对韩式料理感兴趣,推升日韩式辣椒酱近几年的市场需求,"老干爹"可以通过自主研究研发适合国人的"日韩"辣酱,会是一次新颖的创新,能吸引一大批消费者购买。

4.4 威胁

(1)品牌的认可度低。由于之前的商标事件,导致"老干爹"一度退市,很多消费者都误以为老干爹是山寨货,对其品牌认可度低,导致现在"老干爹"在市场上很难和"老干妈"直接竞争。

(2)同行竞争大。除了三个占大比的品牌之外,"老干爹"与其他的小微企业共占60.6%的市场占有率,不仅仅有"老干妈""李锦记""辣妹子"这三个大头企业遮蔽了"老干爹"产品的市场在销量,消费者购买量,更有可能有其他小微企业的异军突起,同行竞争力是"老干爹"产品的主要威胁,需要更好的打出"老干爹"自己的品牌,更多的让消费者选择、喜爱。

五、营销目标市场定位

5.1 品牌闻名市场

打造安全、诚信、品质、创新、感恩的品牌。老干爹应该根据消费者的需求及竞争情况,确定自己的目标,塑造独特的形象,包括独特的企业品牌文化和差异化的产品或服务,使得消费者能够将老干妈与其他竞争者很好地区别开。从品牌定位上来看,老干爹的形象定位正从大众化走向偏低端化,其主要的消费群体是工薪阶层、大学生和进城务工人员。打造中国调味食品的著名品牌,成为最具投资价值的公司。

5.2 质量碾压市场

老干爹要改进原材料的采购方式,改变企业现有原材料的采购方式,不再施行市场收购、随行就市的方式。在原材料的供应上可以采用供应商招标的方式或者直接选择战略合作伙伴关系建立固定的供应链模式,以保证老干爹的原材料需求。加大企业生产基地的建设,同时在全国开展主要原材料的收购。在原材料的收购上把好质量关。同时要加强法制化管理,建立统一的辣椒制品质量安全标准。

5.3 升级规模市场

老干爹目前的市场定位是中低端市场,居民收入的增加及局部地区的空白市场,是中低端市场需求增加的部分,应该仍然依据此定位扩大这部分市场。同时,老干爹应加大销售力度占领海外空白市场。由此可以看出,老干爹的主要消费群体是中低端消费者,可以增加其品牌价值发展成为高端市场产品。其主要销售渠道是商场和超市,在专卖店和上架到高端商场进行销售还是一个空白,可以开拓。高端市场是老干爹占领市场的一个空白,而高端消费者对其创新性的产品仍然较大的需求。老干爹应扩充这部分高端市场,满足高端消费者的需求。

5.4 服务满意市场

秉承着在竞争中求发展,在发展中守诚信的经营理念,贯彻安全、诚信、品质、创新、感恩的核心价值观,老干爹始终以为客户提供高品质产品与服务而自豪,以良好的诚信经营理念和商誉为顾客和合作伙伴提供售前、售后专业跟踪服务,形成了完善的售后服务体系,满足了消费者一站式购物需求,为客户提供从产品选择到售后维护等全方位、权威性的销售,服务网点信息,为消费者提供更加优质便捷的服务,深受广大消费者的喜爱。

六、公司网络整合营销策略

6.1 线下营销策略

(1)产品营销。所谓产品营销,就是在产品身上进行精致的封装,使产品看上去更加美观。而老干爹辣椒酱,进行封装就是将瓶子的设计再改进,将产品设计外包给中汇设计企业,同时在瓶子外围的卡纸上换成八种口味的辣椒酱,并且每一种口味的辣椒酱可以给它写一个关于配料的小故事附着在外包装上,让每种口味都有自己的特点,提供给消费者选择。

(2)二次营销。已经购买过产品的顾客,在食用过产品后对其有了一定的了解。顾客对我们的产品就会有一个满意度,如果满意度高,说明还可能进行二次购买的行为,这时候可以在线下门店推出优惠活动,凡是购买过产品的顾客带领新顾客到店购买任意产品,即可获得一张5元的优惠券。如带领两人购买,获得两张5元优惠券,以此类推。该优惠券不受产品限制,凡是店铺内的产品都可以使用,优惠券可叠加使用。

(3)景区战略。推出一种烧烤旅游景点投放自动售卖的机器,售卖的商品是我们的各种口味的辣椒酱、油、酱油、耗油、番茄等商品。产品的价格统统提高40%销售,例如牛肉香菇我们的售价为20元一瓶,在景区我们的价格设置为28元一瓶。同时我们给机器涂上美味辣椒酱的照片给消费者参考选择。我们计划投放5个景区,每个景区根据规模投放8~10台机器。景区地点选择杭州和苏州,优先选择旅游城市和大人口城市。计划共投放40~50台机器。每台机器的点位费一般每年租金为

2 000元。

6.2 线上营销

（1）短视频营销法。第一，首先在抖音平台注册自己的企业账号（注册蓝V账号可以进行广告拍摄以及商家活动的能力如团购等有效地增加自己的营业能力）。第二，发布时间需要进行控制，抖音的黄金发布时间为周一至周五的早上7~9点、中午的12~13点，下午的16~18点，晚上的21~22点，周六周日的全天，这一点尤其要注意。时间的固定性以及特殊性能将让视频的浏览量最大化。同时参考抖音的直播黄金时间，可以在周五、周六、周日的晚上6~8之间进行直播带货，在直播中给商品进行部分折扣，推出团购、送礼品等限时活动。第三，投dou+，通过购买dou+，增加定向用户（年龄25~50岁，兴趣标签为美食，绑定相似达人粉丝如干饭达人等）的浏览量，将流量变现。第四，与网络话题的绑定，比如冬奥会祝贺冬奥中国健将力夺金牌可以推出相关套餐例如买一赠一等。

（2）搜索引擎推广法。在百度搜索引擎上进行推广，通过百度营销平台进行付费推广，首先在用户通过搜索关键词可以显示出网站的相关信息，同时通过用户的点击，分析消费者的习惯兴趣爱好，有利于公司挖掘出更多关于用户的痛点。其次进行定向推广，在百度数据支撑的情况下进行定向推广，设置时间、地域、关键词、每日最高消耗额，在企业掌握推广的相关事宜之后，可以获得更好的推广收益。

（3）KOC种草推广法。在小红书上寻找美食类的素人博主（例如甜老虎辣酱、一碗不够吃），将我们的产品寄给博主进行品尝，博主在品尝之后给出相关点评，通过这些KOC的带动，将他们的推荐给到粉丝，同时在他们的博文下面放置我们的链接，再一步推动我们的销售量，以及企业曝光率。

七、公司网络营销预算

营销策划经费预算包括两大方面，一是策划活动本身发生的经费，二是营销活动需要发生的经费。策划活动本身发生经费指企业要为策划活动所支付的费用主要项目支出明细如下。

7.1 线下

（1）市场调研费用。我们需要了解市场同等级的辣椒价格，为了保证不会造成调查资料失真以及误差，我们选择了专业的调查人员。大概需要支付2万元。

（2）信息收集费。其指资料置购、信息处理、复印、封面设计等。封面外包给中汇设计企业。这一项的费用在6万元左右。

（3）人力投入费。为了完成不同的分工需要投入一定的人力，包含自助机投放过程中运输产生的费用、各项工作人员的车费报销餐饮补贴，以及在谈合作时的交际开销,这一项费用在2万元左右。

（4）策划报酬。这是通过企业营销策划人员自行策划,以奖金形式发放1万元。

（5）线下门店发放优惠券。预计开支2万元。

（6）旅游景点及烧烤摊位摆放自助机。多门格子柜类型的一般几千元一台,弹簧螺旋货道的售货机一般一万多元一台。初步估计投放50台选择多门格子柜预计需要花费15万元。

（7）在景区以及烧烤摊投放自助机需要花费租金。点位费一台机器一年一般在1 000~3 000元之间,50台需要花费10万元。

7.2 线上

（1）与抖音合作进行广告宣传,并购买dou+。抖音平台的广告计费包含了以下内容:①CPC,按点击次数收费;②CPM,按曝光量收;③OCPM,按用户转化率收费;④CPA,按播放效果收费;⑤CPV,按播放效果收费,播放大于10秒算有效,每条0.2元。可见这一项的推广费用大概花3万元。

（2）与干饭大人合作进行推广。这项预计开销2万元。

（3）线上买赠活动开支15 000元。

（4）在百度搜索引擎进行广告投放,百度广告推广首次开户仅需缴纳基本预存推广费用6 000元（起）,服务费1 000元（起）。这一项预算2万元。

（5）策划报酬。这是通过企业营销策划人员自行策划,以奖金形式发放1万元。

（6）与小红书博主甜老虎辣酱、一碗不够吃合作,进行软文推广,这项开销3万元。

（7）人力投入费。人力投入费包含谈合作过程中社交花费,以及车费报销餐饮补贴。这项花费5 000元。

八、网络营销效果评价

8.1 方案可行性分析

（1）经济可行性。本次营销策划落地实施费用约51万元,短期内处于亏损,但长远来看是值得的,品牌声望能得到一个很好的提升,并且通过预估成本与销售额,是可以获得经济收益的。

（2）技术可行性。自动售货机的硬件技术,物联网技术,移动支付技术,新包装的设计,网络推广方面涉及的内容制作与推广技术,这些都可以采用外包,不成问题。企业可以更加专注于新产品的研发。

（3）管理可行性。本次营销策划共整合了视频营销、网络广告、话题营销、搜索营销、微信营销以及线下营销多种营销方式。线上部分安排人员做好数据监测,以便及时发现问题。线下部分安排人员定期补货,可通过统计畅销款去摸索适合大众的口味，有助于新产品的研发。

（4）时间可行性。选择烧烤旺季，需求大，可以迅速扩大知名度。

8.2 需要规避的风险

（1）前期宣传不到位，产品口味不受众从而影响销售，需加强对市场营销环境的调查研究。

（2）营销实施人员不可靠，多家对比，慎重选择外包公司。

8.3 营销效果预估

指标一：销售量。按照销量不断增加的形势，预计2个月可促进回本，3个月开始盈利（估计平均一瓶老干爹除营销费用外利润为3元，需要卖出17万瓶足以回本）。

指标二：好评数量。好评数量得到提升，对于顾客购买起到促进转化作用。

指标三：抖音账号粉丝量、视频播放次数、互动率。老干爹抖音官方账号粉丝量6.14万户，通过定期发布优质内容，定向投放推广，粉丝量将会有一个大幅提升。

指标四：竞价的关键词所产生的点击、转化率数据（SEM）、品牌关键词、产品关键词在搜索引擎的表现（SEO）。指标四主要是针对百度的搜索优化与营销，提升了搜索排名，带来了更多流量。

指标五：小红书笔记的阅读量、互动频率。借助于"甜老虎辣酱""一碗不够吃"等美食类博主的推荐，老干爹品牌知名度得到了提升。

（资料来源：微信公众号，https://mp.weixin.qq.com/s/loEg_ZU9JmROmmsnvkdoMw）

辩证性思考

你从"老干爹"营销策划方案中受到哪些启发？有什么创新性意见？

项目检测

营销知识目标检测

1.选择题

（1）营销策划人应该坚持的原则有（　　）。

　　A.眼光原则　　　　B.阳光原则　　　　C.X光原则

（2）农产品文化创意的方法有（　　）。

　　A.种植+创意　　　B.加工+创意　　　C.包装+创意　　　D.营销+创意

（3）借势策划的技巧包括（　　）。

　　A.借行业演进之"势"　　　　　　　　B.借决策之"势"

　　　　C.借人物之"势"　　　　　　　　　D.借舆论导向之"势"
　　　　E.借时间之"势"
　　（4）农民丰收节庆活动的构成要素有（　　）。
　　　　A.民族性要素　　　B.文化性要素　　　C.演绎性要素
　　（5）农产品直播营销策划的基本要素有（　　）。
　　　　A.场景　　　　　B.人物　　　　　C.产品　　　　　D.创意
2.判断题
　　（1）营销策划是"包治百病"的良方。　　　　　　　　　　　　　　（　　）
　　（2）以德为尚、诚信立人是农产品营销策划对职业道德的基本要求。（　　）
　　（3）消费者在生活当中所担心的、纠结的、不方便的、身心健康的问题，就是营销策划要解决的痛点。　　　　　　　　　　　　　　　　　　　　　　　　（　　）
　　（4）农产品故事策划要有打动人心的情感。　　　　　　　　　　　（　　）
　　（5）休闲农业体验活动主题创意就是从食、住、行、游、购、娱中找亮点。（　　）
3.简答题
　　（1）农产品营销策划的策略有哪些？
　　（2）简述策划农产品故事的内容。
　　（3）简述农产品事件营销策划的操作程序。
　　（4）简述农产品新媒体营销策划的内容。

营销能力目标检测

　　检测项目：选择一个农产品企业或一种农产品，运用营销策划的方法，进行分析、策划，撰写营销策划方案。

　　检测目的：通过检测，进一步明确农产品营销策划的职业道德要求，熟悉农产品营销策划的程序，掌握农产品营销策划的方法和技巧，具备农产品营销策划的基本能力。

　　检测要求：班级学习委员组织全员分团队对农产品营销策划方案进行分析、讨论、交流，由教师进行评价。

参考文献

[1] 陈国胜.农产品营销[M].北京：清华大学出版社，2020.

[2] 李崇光.农产品营销学[M].北京：高等教育出版社，2021.

[3] 刘厚钧，苏会侠，张晓丽.农产品营销[M].西安：西北工业大学出版社，2019.

[4] 刘厚钧.食品营销[M].北京：电子工业出版社，2017.

[5] 童斌.食品市场营销[M].北京：中国轻工业出版社，2020.

[6] 刘厚钧.市场营销实务[M].北京：电子工业出版社，2020.

[7] 河南省职业技术教育教学研究室.市场营销知识[M].北京：电子工业出版社，2019.

[8] 何钢.农产品营销[M].南京：东南大学出版社，2021.

[9] 李冬霞，李莹.食品标准与法规[M].北京：化学工业出版社，2020.